Axel

nachrichten aus berlin

Antoni Graf Sobański

nachrichten aus berlin

1933–36

Parthas

Aus dem Polnischen von Barbara Kulinska-Krautmann

1. Auflage März 2007

© 2007 Parthas Verlag GmbH

Alle Rechte vorbehalten

Parthas Verlag GmbH

Stresemannstraße 30, 10963 Berlin

e-mail: info@parthasverlag.de

www.parthasverlag.de

This publication has been funded by the Book
Institute – the ©POLAND Translation Program.

Lektorat: Robert Barkowski, Gabriela Wachter

Gestaltung und Satz: Pina Lewandowsky

Umschlag: Gabriela Wachter / Pina Lewandowsky

Umschlagabbildung: Willy Römer, *Tanz im Dachgartencafé
des Berolina-Hochhauses am Alexanderplatz*, Berlin 1932
(Ausschnitt), ©Agentur für Bilder zur Zeitgeschichte, Berlin

Gesamtherstellung: Elbe-Druckerei Wittenberg

ISBN 978–3-86601-737-5

vorbemerkung 7

1933 – ein besuch in hitler-deutschland 11
    die ankunft 12
    ein volk in uniform 24
    die zivilbevölkerung, der reichstag und die bücher 34
    revolution 48
    die juden 66
    eigenheiten der rasse 85
    wehrhaftigkeit 101
    abreise 116

**1934 – das nationalsozialistische deutschland
ein jahr danach** 131
    die hauptstadt und die arbeitslosigkeit 132
    gibt es eine opposition? 145
    die ikonografie und der tag der arbeit 156

1936 – deutschland drei jahre unter hitler 171
    nürnberger impressionen 172
    ein festival für den nationalsozialismus 194

über den autor 217
anmerkungen 226

»Seit dem Tag, an dem der Reichstag brannte, sind die Augen der ganzen Welt auf Nazideutschland gerichtet. Selten erreichen uns Nachrichten darüber, was hinter unserer Westgrenze passiert. Eine riesige Terrorwelle überflutet ganz Deutschland und erstickt die Schreie der Tragödie des deutschen Volkes, die nach draußen dringen sollten. Deshalb verdient Sobańskis Buch besondere Aufmerksamkeit. Es ist das erste Buch, das uns ein wahres und vollkommen vorurteilsfreies Bild der heutigen deutschen Realität vermittelt. Ob es sich um die Judenfrage handelt, um revanchistische Stimmungen, die militärische Aufrüstung, die wirtschaftliche Lage oder innenpolitische Kämpfe – auf all die damit verbundenen Fragen liefert Sobańskis Buch Antworten. Er sucht nach den Ursachen, die für die Prozesse dort entscheidend sind: Er beschreibt die Stimmung in allen gesellschaftlichen Schichten und Gruppierungen und zeichnet damit ein facettenreiches Bild dessen, was die deutsche Realität steuert. Weil das Buch von einem Menschen ohne jegliche politische Ambitionen – unter denen so oft die Glaubwürdigkeit von Reportern und Politikern leidet – geschrieben wurde, wird es für uns zur Quelle der Wahrheit über die Ereignisse in Deutschland.«

Mit diesen Worten bewarb die polnische Verlagsgesellschaft »Rój« 1934 eine Buchausgabe mit Texten aus der Feder von Antoni Graf Sobański. Es handelte sich dabei um einen Nachdruck der ersten acht Reportagen, die der Autor im Auftrag der Warschauer Wochenzeitschrift »Literarische Nachrichten« 1933 in Berlin verfasst hatte.

Die erste Ausgabe der »Literarischen Nachrichten« erschien 1924 in Warschau, nur einige Monate nach dem gescheiterten Münchner Putschversuch der Nationalsozialisten. Von Anfang an verfolgte die Zeitschrift mit wachsender Besorgnis die Entwicklung des Nationalsozialismus beim westlichen Nachbarn. Nach Hitlers Machtübernahme wuchs in der Redaktion der Bedarf an Informationen aus erster Hand über das neu entstehende »Dritte Reich«, und so wurde entschieden, eine Person nach Berlin zu entsenden, die nicht nur mit der deutschen Sprache und Kultur vertraut sein sollte, sondern auch Freunde und Bekannte in diesem Land hatte. Für diese Mission konnte man sich kaum einen Besseren als den Grafen Sobański vorstellen. Er kam in der deutschen Hauptstadt Ende April oder Anfang Mai 1933 an. Die erste von ihm an die Redaktion gesandte Reportage erschien am 18. Juni. Die darauf folgenden Reportagen wurden bis einschließlich 6. August 1933 in den »Literarischen Nachrichten« abgedruckt.

Ein weiteres Buch mit Sobańskis späteren Reportagen konnte nicht mehr erscheinen. Erst jetzt, nach 70 Jahren wurden sie für eine polnische Neuausgabe wieder ans Licht geholt. Im Jahrgang 1934 der »Literarischen Nachrichten« erschienen unter dem Titel »Hitler-Deutschland nach einem Jahr« weitere drei Reportagen Sobańskis. Im Frühjahr 1936 besuchte der Graf die mehrheitlich von Deutschen bewohnte Freie Stadt Danzig. Dort notierte er: »Man darf das kleine, leere, aber dafür umso bedrohlichere Wort ›Prestige‹ nicht außer Acht lassen. Im Namen dieses Wortes zerreißt Deutschland Versailles' Fesseln, rüstet auf und besetzt das Rheinland. Im kommenden Krieg werden auf dem Altar dieses Wortes Millionen von Soldaten und Zivilisten elend verrecken.« Im nächsten Satz schreibt er von »einem Massaker, bei dem alles untergehen wird«. In seinen Überlegungen über den möglichen, weiteren Weg der deutschen Nation schließt Sobański »einen Krieg im gesamteuropäischen Konflikt, der sowohl Polen als auch Deutschland zugrunde richtet«, nicht mehr aus. Bezeichnend daran ist, dass Sobański noch drei Jahre zuvor in Berlin viel optimistischer war. Damals schrieb er: »Wenn ich mich mit dem deutschen Militarismus auseinandersetze, dann nicht mit dem Gedanken an ein unvermeidbares und zeitnahes Gemetzel. Vielleicht irre ich mich, aber momentan glaube ich an ein solches Gemetzel nicht. Bei meinem Besuch in Deutschland bekam ich entschieden den Eindruck, dass zum jetzigen Zeitpunkt dort niemand einen bewaffneten Konflikt anstrebt.«

Im Herbst 1936 besuchte Antoni Sobański erneut das »Dritte Reich«, wobei er diesmal nicht nach Berlin fuhr, sondern nach Nürnberg, um dort am Reichsparteitag der NSDAP teilzunehmen. Die Beschreibung der gesamten Feierlichkeiten mit den Kommentaren ihres Korrespondenten veröffentlichten die »Literarischen Nachrichten« in den Ausgaben vom 4. und 18. Oktober 1936. Beide Texte findet der Leser ebenfalls im vorliegenden Buch. Alle 13 Reportagen dieses Bandes erscheinen nun erstmals in deutscher Sprache. Einzelne Begriffe, die im polnischen Original in deutscher Sprache standen, wurden in der deutschen Ausgabe kursiv gesetzt.

Wir danken Elżbieta Czerwińska vom Verlag Sic!, deren Beharrlichkeit die Neuausgabe ermöglichte, und dem Polnischen Buchinstitut für die großzügige Förderung.

Gabriela Wachter, Februar 2007

1933 – ein besuch in hitler-deutschland

In Warschau ging die Angst um. Freunde und Bekannte verabschiedeten mich fast so, als sei es für immer. Ich solle vorsichtig sein. Ein Engländer, der in Berlin wohnte und den ich als wahrheitsliebenden Menschen kenne, erzählte schreckliche Dinge. Soll man diesen Nachrichten Glauben schenken? Wenn ich in Bentschen (*Zbasyzn*) die erste grüne Uniform eines deutschen Zöllners erblicken werde, werde ich dann Angst verspüren? Seit meiner Kindheit verbinde ich diesen Anblick mit dem Ausland, mit Fahrten in die Ferne, mit dem Zauber des Reisens.

Dieser deutsche Bahn- oder Zollbeamte, der auf den ersten Blick so schroff, wenn nicht gar grob wirken konnte, wie hilfsbereit und väterlich war er doch, wenn ein Fahrschein oder Gepäck verloren ging. Dieses Verhalten war für mich zum Inbegriff der Haltung der Deutschen gegenüber ausländischen Touristen in der gesamten Nachkriegszeit geworden. Soll sich das alles wirklich so verändert haben? Wird mir schon an der Schwelle des Dritten Reichs Feindseligkeit entgegenschlagen? Ich hoffe, dass das nicht geschehen wird. Ich wünsche mir so sehr, dass mir meine Sympathie für diese seltsame Nation (denn seltsam war sie schon immer, auch während der Weimarer Republik) nicht verloren gehen wird. Ich bin gewillt, jeden positiven Aspekt in diesem mir – im Geist und Ziel – so befremdlichen Umbruch zu entdecken. Ich wäre glücklich, wenn sie mich wenigstens ein wenig überzeugen könnten. Ich habe die Deutschen immer sehr geachtet – darauf will ich hier aber nicht näher eingehen – und jetzt fürchte ich mich, sie vom Podest stoßen zu müssen, all denjenigen recht geben zu müssen, die die Deutschen nur am *Kulturkampf* und an ihrer Kolonisierung der Region Großpolen oder in Afrika messen; dass ich gezwungen werde, diesen »Gott-schütze-unser-Vaterland«-Ton anzuschlagen. Ich habe Angst. Was, wenn unsere polnischen

Nationaldemokraten recht behalten? Vor allem fürchte ich mich jedoch davor, unseren zahlreichen kleinen Helden, den *Wołodyjowskis*[1] aus allen Lagern, weitere Waffen in die Hand zu spielen, all den jungen Leuten, die es kaum erwarten können, auf ein Zeichen hin eigene heimische *Sturmabteilungen* ins Leben zu rufen. Ich befürchte, dass selbst der kleinste Beitrag von mir die herrlich stolze und mannhafte, imposant undemagogische Außenpolitik unserer jetzigen polnischen Regierung beeinträchtigen könnte.

Nichtsdestotrotz werde ich die Wahrheit schreiben. Obwohl ich zur Nachkriegsgeneration gehöre, bin ich ein altmodischer Liberaler, Jüngere und Modernere halten mir meinen Hang zur Ehrlichkeit und zum Unparteiischen vor. Selbstgerecht bestehe ich auf Objektivität – sie verachten sie. Sie meinen, starke und kreative Menschen dürften nicht objektiv sein; sie wären sonst nicht in der Lage, etwas aufzubauen. Vielleicht stimmt das. Aber ich will hier und jetzt ja auch nichts Neues aufbauen. Ich möchte meine kleine, liberale und heute vom Untergang bedrohte Welt retten. Nur, wer hilft mir dabei? Meine Zeitgenossen huldigen dem Kult der Taten und Ideen, selbst wenn sie auf noch so brutale Lügen bauen. Es scheint, in dieser Hinsicht sind sich die jungen Menschen auf beiden Seiten der Grenze ähnlich.

Nun, wir werden ja sehen. Ich fahre dritter Klasse und in meinem Abteil sitzt ein junger Jude von vielleicht 15 Jahren. Er reist ganz allein nach Kolumbien zu seinem Vater. Er hat zwei Reisekoffer dabei, eine größere Gepäckkiste wurde direkt zu seinem Zielhafen nach Kolumbien verfrachtet. Für seinen Reisebedarf von Warschau bis Amsterdam, wo er an Bord des Schiffes geht, hat er eine Reichsmark bei sich.

In Posen setzen sich zwei Deutsche in unser Abteil. Einer von ihnen, ein Posener, hat seinen Militärdienst bei der polnischen Armee geleistet, und nun erzählt er uns Mitreisenden zufrieden und lobend davon. Der andere ist ein Reichsdeutscher, der oft nach Polen fährt und gerade von einer dreiwöchigen Reise nach Berlin zurückkehrt. Die beiden Herren nehmen sich des jüdischen Bengels an, der so weit fahren muss, aber nur polnisch und jiddisch spricht. Mit deutscher Gründlichkeit geben sie ihm Ratschläge mit auf den Weg, machen sich Gedanken, beraten sich, und als wir in Berlin ankommen, besorgen sie noch einen Gepäckträger, der sich um ihn kümmern und vier Stunden später in den Zug nach Amsterdam setzen soll. Als der Reichsdeutsche ihm zudem noch fünf Mark schenkt, küsst der Junge gerührt – auf dem Bahnsteig des Schlesischen Bahnhofs – die Hand des Deutschen und sagt, er habe jetzt keine Angst mehr vor der Reise, weil er nun wisse, dass es so gute Menschen gebe. ... Jetzt reicht es aber ... Obwohl? ... Ist das nicht ein überraschender Einstieg in meine »Deutschlandstudien«?

An der Grenze bemerkte ich schon dieselbe Freundlichkeit; an allen Bahnstationen dieselben fröhlichen Gesichter wie immer. Wie früher taucht unter ihnen sporadisch das ernste Gesicht eines Preußen auf, das durch seinen mangelnden Sinn für Humor aber eher Lachen als Entsetzen hervorruft. Dieselben unattraktiven, aber sportlichen Mädchen mit ihrem wunderbaren Teint, um ihre Taillen die Arme junger, ungewohnt sportlich gekleideter Männer, die immer etwas jünger aussehen als ihre Frauen. Wo sind denn hier Anzeichen von Hitlerismus? Aber ja doch, ein wenig erkennt man sie. Eine Anstecknadel mit einem Hakenkreuz an der Krawatte des Passkontrolleurs in Frankfurt/Oder, an den Zäunen der Berliner Vororte ein »Heil Hitler!«, in ordentlicher schöner Schrift, obwohl in Kreide geschrieben, und hin und wieder ein Hakenkreuz. Aber alles schon verwischt, nur noch blasse Spuren erkennbar, als würde man der Sache im Alltag bereits überdrüssig.

Und was schreibt die deutsche Presse? Noch in Warschau besorgte ich mir für die Fahrt die aktuelle Ausgabe der »Neuen Weltbühne«, ein radikalliberales Wochenblatt, das in Berlin selbstverständlich nicht mehr erscheinen darf. Heute wird es, nach ein paar Ausgaben aus Wien, in Prag gedruckt. Über den Inhalt dieser Zeitung bin ich mehr als verwundert. Da wird in erster Linie trocken und fachbezogen gegen die Pläne und das Vorgehen Hitlers polemisiert, über Terror oder Antisemitismus erfährt man kaum etwas.

Vielleicht stand in meiner Ausgabe dieser Zeitschrift rein zufällig nichts über diese doch höchst aktuellen Themen; vielleicht aber hatten meine Bekannten, deutsche Sozialdemokraten, Recht, als sie mir später erklärten, dass es sich dabei nur um eine Taktik handelte, um in Deutschland wieder zugelassen zu werden, wenn sich die Lage wieder etwas entspannt hätte. Vor Neu-Bentschen flog mein Exemplar der »Neuen Weltbühne« dann aus dem Fenster, und der polnische Schaffner bat mich freundlich, ihm die polnischen Zeitschriften zu überlassen: »Sehr geehrter Herr, Sie werden dies sicherlich nicht mit nach Deutschland nehmen wollen.«

In Deutschland besorge ich mir die Berliner Tagespresse. Ich bin neugierig, was ich dort finden werde. Das Erste, was einem auffällt, ist, dass die Opposition keine Stimme mehr hat. Alle Zeitungen behaupten, eine Opposition existiere eigentlich nicht, selbst die Blätter, die sich bis zum 5. März[2] für die Opposition stark gemacht hatten.

An exponierter Stelle finde ich eine Liste bedeutender Berlinbesucher aus dem Ausland. Sie soll wohl beweisen, dass hier alles ruhig und sicher ist. Ganz oben auf der Liste steht: »Albert Mond, ein bedeutender Industrieller aus England, Cousin von Lord Melchett, einer der wichtigsten Persönlichkeiten der englischen Chemieindustrie«. Man möchte glauben, dass sich auch jüdische Ausländer hier vor nichts zu fürchten brauchen.

Ich lese viele Mitteilungen über neu berufene Vorstands- und Aufsichtsratsmitglieder in Banken und Aktiengesellschaften. Nirgendwo steht, wen sie abgelöst haben. Dasselbe gilt für zahlreiche Berufungen von Oberärzten in verschiedenen Abteilungen der Berliner Krankenhäuser. Der Vorgänger konnte ein Jude sein, ein Kommunist, vielleicht sogar, oh Schande, ein Pazifist oder Sozialist. Und wo ist er jetzt? Lebt er noch? Vielleicht wieder ein »Selbstmord«, vielleicht ist er im Ausland, vielleicht bei der Armee, womöglich sogar im Gefängnis oder in einem der Konzentrationslager, die für »politisch falsch Orientierte« eingerichtet wurden.

Weiter gibt es einen Bericht über eine Ausstellung zur Kolonialkunst mit vielen »Bildern aus unseren Kolonien, die den Wunsch nach Rückgewinnung dieser Territorien wieder wecken«. Ich lese außerdem über eine Messe mit dem Titel »Gesundheit, Sport und Hygiene«, die rein national sei. Also keine jüdischen Aussteller dabei, schließe ich.

Ich schaue in die Theaterspalte. Die Berliner Theater waren immer hervorragend, sie verstanden es, auf der Bühne beherzt selbst die heikelsten Themen zur Sprache zu bringen und gegen Vorurteile anzukämpfen. Wie ich sehe, ist das jetzt vorbei. Es müssen auch Schauspieler und Regisseure fehlen, am Theater waren doch immer viele Juden. Und wie sieht es bei der Musik aus? Eine wahre Wagner-Manie! Zwei Opernhäuser spielen nur Wagner, den ganzen Monat, wenn nicht länger, die Vorschau informiert ja nur über den jeweils laufenden Monat.

In der »Deutschen Illustrierten Zeitung« finden sich 42 nationalsozialistische Fotos, davon allein 13 vom Führer. Dazu nur vier Fotos zu nicht deutschen, weder aktuellen noch ansatzweise wichtigen Themen. Später stelle ich fest, dass nicht alle Nummern dieser Zeitschrift so parteiloyal sind. Aber eins wird mir sofort klar: Die deutsche Presse unterscheidet sich in nichts von der sowjetischen, beide werden von den regierenden

Parteien total beherrscht und ohne jeden Vergleich sind sie viel weniger unabhängig als die italienische Presse.

Endlich Berlin. Als ich um sieben Uhr abends quer durch die Stadt fahre, sehe ich zum ersten Mal fünf herumspazierende uniformierte Nationalsozialisten und zwei Mitglieder des Stahlhelm. Überall sind Flaggen mit dem Hakenkreuz zu sehen, und man muss zugeben, die Farben sind eindrucksvoll. Es ist vielleicht die bestgelungene Flagge, die ich kenne, sehr dekorativ in ihrer chinesisch-japanischen Machart.

Ich sehe, dass das früher so wenig beachtete Denkmal des Unbekannten Soldaten heute rege besucht wird. Ohnehin ist es das stimmungsvollste und architektonisch gelungenste Grabdenkmal von allen, die ich in Europa kenne.

In meinem Hotel, in dem ich seit Jahren absteige, werde ich geradezu herzlich empfangen. Nein, doch nicht ganz. Irgendetwas stimmt nicht. Sofort stellt sich die erste Schlussfolgerung ein: Wenn es Terror und Fremdenhass geben sollte, dann sehr verborgen und unterschwellig. Die erste Frage des Portiers, des Fahrstuhldieners und des Hotelfriseurs, allesamt alte Bekannte von mir, ist stets dieselbe: »Wie wird über uns im Ausland gedacht und gesprochen?« Die Frage klingt beinahe demütig, aber das Interesse an der Meinung des Auslands ist brennend und zutiefst aufrichtig. Diese Frage stellten mir übrigens, glaube ich, ohne Ausnahme alle, die ich in Berlin getroffen habe, selbst die vom Auswärtigen Amt, die es eigentlich am besten wissen müssten. Alle waren gleichermaßen besorgt, als fragten sie sich: »Gehen wir vielleicht zu weit?« – zumindest konnte man so etwas bei fast allen heraushören, und besonders nüchtern Denkende fragten noch: »Machen wir uns nicht lächerlich?« Meine Antwort, im Ausland werde der Umbruch in Deutschland als ein Prozess gedeutet, der noch nicht beendet sei, und dass die Verhältnisse noch nicht als verfestigt gelten, wurde mit einem Lächeln der Erleichterung und einer Art Dankbarkeit für eine solch gerechte Beurteilung der Lage aufgenommen.

Von der Ankunft bis in den späten Abend hinein versuchte ich Kontakt mit meinen Bekannten aufzunehmen. Das Ergebnis war ernüchternd: Niemand zu Hause. Ununterbrochen ging mir ein und derselbe schreckliche Gedanke durch den Kopf: Und wenn sie sich von mir abwenden, mich nicht mehr kennen wollen? Angst und Patriotismus haben schon oft genug Freundschaften zerstört. Ich bin sehr glücklich, dass sich diese Befürchtungen während meines Aufenthalts in Berlin nicht bestätigten. Von allen Freunden und Bekannten, ungeachtet der politischen Orientierung und der Rasse, erfuhr ich später denselben herzlichen und gastfreundlichen Empfang wie in den alten »zügellosen« Zeiten der Weimarer Republik: Als ob das Wort »international« doch nicht ganz aus dem nationalsozialistischen Wortschatz gestrichen wäre. Als ob Goethe, dem der General Ludendorff persönlich viel vorzuwerfen hat und der nach dem gegenwärtigen politischen Kurs als gefährlicher Kosmopolit gilt, heute noch – 100 und ein Jahr nach seinem Tode – mit seinem edlen Geist unsterblich strahlen würde. Es ist wahr, dass am 10. Mai Bücher verbrannt wurden, wahr ist aber auch, dass ich an Goethe denken musste, als mich ein alter Bekannter, ein Kellner aus einem der Cafés am Boulevard Unter den Linden, von dem aus ich den Umzug beobachtete, der dem ungeheuren Autodafé vorausging, mit nicht vor Angst, sondern vor Scham gedämpfter Stimme fragte, ob je ein zivilisiertes Volk solch eine Schande auf sich geladen habe.

Nun aber genug der Abschweifungen, die zu vermeiden mir allerdings immer wieder schwerfallen wird. Ganz Deutschland, jeder anständige und denkende Mensch, durchlebt zurzeit eine Krise wie bei einer schweren Krankheit. Fieber und

Fieberfantasien schleichen auf Samtpfoten heran mit allen möglichen Komplikationen, vor allem jedoch quält den Patienten die Ungewissheit über den Ausgang der Krankheit. Bei hoffnungslosen Fällen pflegte unser alter Dorfarzt zu sagen: »Und dann tritt wohl ein, was wir im Ärztejargon *mors* nennen.« Der kulturelle Tod als möglicher Ausgang der deutschen Krankheit ist ohne Zweifel der gespenstischste von allen, nicht unmöglich, aber wenig wahrscheinlich, so hoffe ich doch. Ich kenne viele Menschen, die durch den Spuk der geistigen Verwilderung Deutschlands und der Veruntreuung seines Kulturerbes ihres Schlafes beraubt sind.

Es ist spät geworden. Ich verlasse das Hotel, um etwas zu essen und mir das Berliner Nachtleben in seiner neuen geistigen Verfassung anzusehen. Ungezwungenes Nachtleben – das gab es in Berlin immer und nur dort: Der Berliner amüsierte sich, der Provinzler und der Ausländer hatten zum munteren Treiben und Leben nicht viel beizutragen. Ich fahre in den westlichen, modernen Stadtteil mit den meisten guten und auch eleganten Restaurants, wo es auch amüsante Nachtlokale und Bars gibt. Was wird mein erster oberflächlicher Eindruck sein? Ich weiß, dass die Gefängnisse überfüllt sind, dass viele Menschen unter furchtbaren Qualen gestorben sind oder vielleicht gerade in diesem Moment sterben. Sind davon Spuren in den heiteren Straßen erkennbar?

Alle Restaurants sind geöffnet und ... leer. Auch die Cafés sind offen, fast alle, bis auf ein oder zwei. Die Besitzer waren Juden. Was? Wie? – Niemand weiß etwas. Jedenfalls geschlossen. Andere, ebenfalls im Besitz von Juden, haben doch geöffnet. Nur einige der Cafés erfreuen sich regen Andrangs, in den meisten herrscht ebenfalls gähnende Leere. In einem der feinsten Kaffeehäuser am Kurfürstendamm, der Hauptarterie des Berliner Westens, gab es kürzlich eine Polizeirazzia.

Der Grund ist unbekannt. Alle Gäste mussten sich ausweisen, alle wurden durchsucht, keiner verhaftet, mit dem Ergebnis, dass schon am nächsten Tag kaum mehr jemand das Lokal aufsuchte, nun steht es leer. Vielleicht wurde nach Kokainhändlern gesucht, vielleicht nach Sozialdemokraten, vielleicht wollte man das Lokal einfach nur »fertigmachen«.

Die Nachtlokale sind allesamt leer, und so werden sie nach und nach geschlossen. Ihre früheren Gäste waren meist reiche Juden oder Leute, die auf die eine oder andere Weise von reichen Juden abhängig waren. Klientel dieser Art gibt es heute nicht mehr. Teils fürchten die Juden, sich in der Öffentlichkeit zu zeigen, teils sparen sie. Die Zukunft ist ja so unsicher … Ein reicher deutscher Arier hält sich auch bedeckt mit seinem Geld. Wer ansatzweise politisch verdächtig scheint, und verdächtig scheint jeder, der sich nicht deutlich genug für das herrschende System ausspricht, darf nicht zeigen, dass er Geld hat. Er könnte leicht wegen Korruption oder Unterschlagung belangt werden, ein probates Mittel, um jeden Missliebigen zu vernichten.

Es gibt noch weitere belanglose, aber sehr bezeichnende Ursachen für den gegenwärtigen Stillstand des Nachtlebens. Der Jazz ist bei den Nationalsozialisten nicht gut angesehen. Einmal war ich Zeuge, als ein Parteimitglied verlangte, mit dem Foxtrott aufzuhören und stattdessen einen Marsch zu spielen. Wenn jemand mit dem Parteiabzeichen am Revers oder an der Krawatte ein Lokal betritt, wird es still und irgendwie ungemütlich, beinahe kalt. Mitglieder des Stahlhelm werden viel lieber gesehen, sie verhalten sich anders, ungefähr so wie ein polnischer Offizier in Zivil. Von Zeit zu Zeit betritt eine SA-Patrouille ein Lokal, hauptsächlich um zu prüfen, ob sich dort nicht andere SA- oder SS-Leute aufhalten. Hitlers Rollkommandos ist es untersagt, nach acht Uhr abends in Uniform ein Lokal zu betreten. Sie haben eigene Kaffeehäuser, Bierhallen und Restaurants, sogenannte Sturmlokale. Das sind Betriebe, deren Besitzer sich als besonders loyal erwiesen haben. Die Sturmlokale sind meist billiger und können übrigens von jedermann besucht werden. Dort werden immer Märsche, patriotische Gesänge und Kriegslieder gespielt. Auch ein bekanntes koscheres Restaurant ist heute ein Sturmlokal, das auf einem Schild allerdings versichert, die Bewirtschaftung sei »rein national«. Die Gäste in diesen Lokalen erheben sich oft und trinken ihr Bier im Stehen, ein sehr kompliziertes Ritual. Es ist mir nicht gelungen, alle seine Geheimnisse aufzudecken. Ein bisschen ist das so wie bei einem Priester auf Ablassbesuch. Man weiß nie, wer wen und warum nach dem Mittagessen auf den Ärmel küssen soll.

Im Zusammenhang mit dem Nachtleben muss ich mir wohl auch über die Frauen Gedanken machen. Es sind zum Beispiel Vorschriften für Eintänzerinnen über die Tiefe ihres Ausschnitts in Kraft getreten (die Leute denken auch an alles). Ich glaube aber nicht, dass diese Vorschriften eisern eingehalten werden. Eine Eintänzerin darf nach dem Tanz nicht an den Tisch oder an die Bar gebeten werden. Wer weibliche Begleitung wünscht, muss sie sich draußen beschaffen und den restlichen Abend mit ihr verbringen. Viele Männer lassen es dann lieber gleich ganz bleiben.

Derart widersprüchliche Verhältnisse veranlassen mich, bei Freunden nachzufragen, wie das denn zusammenpasst. Einerseits Puritanismus und Prüderie (der Kanzler Hitler kann ja angeblich ohne Weiteres auf ein Geschlechtsleben verzichten), andererseits aber diese Massen von Prostituierten; aufdringlicher denn je zerren sie die Männer am Ärmel in einen Hauseingang. Abends kann man das Hotel kaum verlassen, ohne sich mit mindestens einer Zigarette freigekauft zu haben. Als Erklärung höre ich: Obwohl das Ideal des Nationalsozialismus die Fortpflanzung, also die Ehe ist, wird der Geschlechtsverkehr als ein Akt der Männlichkeit geduldet, vorausgesetzt, der Mann zeigt der Frau, die nicht die Absicht hat, Mutter zu werden, gehörige Verachtung und Brutalität. Apropos Brutalität: Auf dem Leipziger Platz und neben dem KaDeWe konnte man spätabends immer Frauen in hohen roten Schnürstiefeln sehen. Sie spazierten umher, kokett die Peitsche schwingend. Sie warteten auf Herren, die diese doppelte Symbolik verstanden. Ich meine hier die etwas brutaleren Formen der Liebe, wenn man das so nennen darf. Eines Nachts wurden bei einer Polizeirazzia alle Frauen abgeführt. Mit Schlägen ließen sie sich aber nicht einschüchtern, drei Tage später bezogen sie wieder ihre alten Posten, etwas wund, aber mit nationalsozialistischem Abzeichen an der Brust. Angeblich traut sich seitdem niemand mehr, sie zu misshandeln, natürlich mit Ausnahme ihrer letzten Schläger, die nach dem Vorfall teilweise zu Stammkunden wurden.

Im Allgemeinen sind die Frauen in Deutschland arm dran. Das Schicksal meint es wirklich nicht gut mit ihnen. Vizekanzler von Papen[3] sagt, dass die Rolle der deutschen Frau – oh Ironie! – darin bestehe zu sterben, jawohl: zu sterben. Der Mann hat auf dem Schlachtfeld – und dass die Schlachtfelder nicht ausgehen, dafür soll schon gesorgt werden – und mit der Waffe in der Hand für das Vaterland zu sterben und die Frau – im Wochenbett, selbstverständlich nicht im ersten, frühestens im zehnten.

Am zweiten Sonntag im Mai feiern die Deutschen den Muttertag. In diesem Jahr soll er den kinderreichen Familien huldigen. Um Frauen im heiratsfähigen Alter und junge Mütter entsprechend zu motivieren, veröffentlichten alle Illustrierten Bilder und Aufsätze über verdiente Mütter, solche, die viele Söhne im Krieg verloren haben. Ich weiß wirklich nicht, wessen Mentalität sonderbarer ist, die des Propagandaredakteurs oder die der Mutter, die auf die Propaganda hereinfällt. Außer der Mutterrolle sind in der nationalsozialistischen Bewegung für die Frau keine weiteren Aufgaben vorgesehen. Zwar gibt es eine Hitler'sche Mädelorganisation, so eine Art Pfadfinderinnen, aber wie man mir berichtete, wird sie stiefmütterlich behandelt. Die armen Mädchen sehen scheußlich aus. Langes Haar ist Pflicht. Da ihnen bis zu den siegreichen Wahlen noch keine Zöpfe à la Lorelei wachsen konnten, laufen sie nun mit sehr kurzen, steifen Zöpfchen herum, als wahrhaftige Karikaturen unserer Warschauer »Gänslein« aus der Vorkriegszeit. Die Partei wünscht, dass die deutsche Frau langes Haar trägt, ihr Gesicht nicht pudert, die Lippen nicht schminkt und in öffentlichen Lokalen nicht raucht. Angeblich haben Leichner und andere Kosmetikfirmen tatsächlich einen großen Absatzrückgang verzeichnet. Die 13-jährige Tochter einer guten Bekannten von mir erfuhr viele Unannehmlichkeiten von ihren Schulkameradinnen wegen ihrer jüdischen Herkunft, von der sie bis dahin nichts wusste. Sie leidet sehr darunter, dass sie nicht als Deutsche angesehen wird, obwohl sie sich als Deutsche fühlt. Ich war gerade bei ihrer Mutter zum Teetrinken, als sie plötzlich in den Salon stürmte und laut jubelte: »Aber dafür kann ich mich schön kleiden, ich werde immer schick sein, ich darf es, weil ich Jüdin bin.« Heureka!

Diese Episoden und Eindrücke, auch wenn im Einzelnen an sich nicht wichtig, bilden den Hintergrund für die zahlreichen, recht unalltäglichen Vorfälle und Phänomene, die sich im heutigen Deutschland ereignen. Wenn ich an meinen ersten einsamen Abend in Berlin zurückdenke, fallen mir immer wieder diese kleinen Alltagsdetails ein. Ich hatte mich noch mit niemandem getroffen, niemanden ausfragen können, und ich konnte noch nicht ahnen, wie schwierig sich dieses Unterfangen gestalten würde.

Der erste Morgen in Berlin. Ich verlasse mein Hotel und stelle sofort fest, dass mein Eindruck vom Vorabend nicht ganz der Realität entsprach. Heute sehe ich, dass sich das Straßenbild doch sehr verändert hat. Gestern, im Westen der Stadt, war das nicht so deutlich zu erkennen. Hier jedoch, im Zentrum (neuerdings englisch »city« genannt, aber von den Deutschen »Zitty« ausgesprochen), sieht man ganz deutlich vor allem zwei Veränderungen: Eine Flut von Uniformen und keine Ausländer.

Zuerst kurz etwas zu den ausländischen Touristen. Das Thema lässt sich schnell abhandeln: Es gibt sie einfach nicht. Ich war überall, wo man ihnen früher unvermeidlich über den Weg hätte laufen müssen: bei Wagons Lit und in anderen Reisebüros, in den Foyers und den Bars der besseren Hotels. Während meines zehntägigen Aufenthalts hörte ich nur zwei Mal Französisch und kein einziges Mal Englisch. Bei American Express, wo ich täglich, also mindestens zehn Mal Geld wechselte, begegnete ich alles in allem drei Ausländern. Früher wimmelte es dort trotz der Wirtschaftskrise den ganzen lieben Tag lang von ihnen.

Unter den Linden, wo immer eine lange Schlange von Reisebussen auf Touristen wartete, um mit ihnen die Berliner Sehenswürdigkeiten abzufahren – mit Dolmetschern, die in verschiedenen Sprachen die *Rundfahrt* lauthals anpriesen –, sieht man heute nur ein einziges dieser Vehikel, das sich gerade einmal zur Hälfte mit Deutschen aus der Provinz füllt. Es gibt bemerkenswert viele Reisende aus der Provinz, denn der Deutsche liebt es, seine Heimat zu besichtigen. Zudem bringt die Hitler-Revolution unzählige Tagungen, Jahrestage, Kundgebungen und andere Veranstaltungen nach Berlin, sodass die einfacheren Hotels und die Straßen keineswegs ausgestorben wirken.

Noch einmal zurück zu den Ausländern: Eine Ausnahme bilden die Italiener; ich habe viele getroffen, und auch viele junge Asiaten, offensichtlich Studenten. Angeblich hat die Tatsache, dass die Deutschen seit dem Krieg keine Konzessionsgebiete mehr in China besitzen, zu ihrer Popularität beigetragen und so den erstaunlichen Zustrom der »gelben« akademischen Jugend verursacht.

Ich kann nicht verstehen, was zum völligen Verschwinden der Touristen aus dem Ausland geführt hat. Deutschland ist immer noch ein ideales Land zum Reisen. Außer im Zentrum großer Städte kommt man überall preiswert unter. Die gutmütige Freundlichkeit des einzelnen Deutschen einem Ausländer gegenüber hat nichts von ihrem gewohnten Charme verloren. Im Gegenteil, ein ausländischer Tourist ist heute willkommener denn je. *Fremdenverkehr* – ganz Deutschland sehnt sich geradezu danach. Ich würde sogar ohne Bedenken eine rein polnische Touristengruppe auf Deutschlandreise schicken und wäre mir sicher, dass es zu keinen Unannehmlichkeiten käme. Vielleicht würde ich nicht unbedingt Schlesien besuchen. Französische Bekannte von mir sind mit dem Auto durch ganz Deutschland gefahren und haben kein einziges Mal eine Spur von Feindseligkeit erlebt. Vielleicht hätten eventuell einzeln reisende Juden in irgendwelchen Provinznestern mit rassistischen Anfeindungen zu rechnen. Aber selbst das scheint mir sehr unwahrscheinlich.

Wenn hier vom Ausbleiben der Ausländer die Rede ist, dann meine ich selbstverständlich nicht die ausländischen Journalisten und Diplomaten, die in Berlin wohnen. Die Journalisten kommen zur Mittagszeit in der Hotelbar des Adlon zusammen, spät am Abend trifft man sie dann in der italienischen Taverne. Dort habe ich viel Interessantes und Aufschlussreiches erfahren, teils in Gesprächen, teils indem ich mich sehr gewissenhaft einer allerdings ziemlich anstrengenden Lauschmethode bediente. Gleich beim ersten Zusammentreffen mit englischsprachigen Journalisten erfuhr ich, dass sie bis vor Kurzem, das heißt bis Januar, von Deutschland unerhört beeindruckt waren. Das Dritte Reich, das ja ein Sonderministerium für Aufklärung und Propaganda geschaffen hat, war ihnen bisher noch nicht lästig geworden. Die Stimmung unter ihnen war verhalten skeptisch. Und plötzlich stand Polen im Mittelpunkt ihres Interesses. In der Hotelbar des Adlon wurde ich Zeuge eines Dialoges zweier amerikanischer Journalisten, die seit dem Waffenstillstand in Berlin arbeiteten, also fast als Einheimische gelten konnten.

»Siehst du, du hast immer gesagt, die Polen wären die Ersten, die in Europa Unruhe stiften, und nun schau sie dir an, wie ruhig und beherrscht sie bleiben.« Der andere brummelte etwas verärgert zurück, wie jemand, der beim Rennen auf den Favoriten gesetzt hat und nun verliert, weil ein Außenseiter als Erster durchs Ziel geht. Diese Leute sind genauso desorientiert, wie jeder andere im Ausland auch. Der Umbruch in Deutschland ist ein wahrhaftiges Wunder – er lässt sich mit keiner Logik und keiner anderen »historisch-physikalischen« Gesetzmäßigkeit erklären.

Jetzt will ich ein bisschen auf die Uniformen zu sprechen kommen, wobei »ein bisschen« wohl nicht das richtige Wort ist, denn das Thema ist unendlich und kaum zu überblicken, genau wie die Vielfalt der Uniformen selbst. Es bedürfte einer eingehenden, mehrbändigen Abhandlung mit unzähligen Farbabbildungen. So ein Werk wäre teuer und wohl auch ein bisschen traurig.

Früh am Morgen weckt mich der Telefonanruf eines Bekannten; des ersten, der mit mir Kontakt aufnimmt. Es interessiert mich sehr, wie er zu dem Umbruch steht, weshalb ich jetzt neugierig zuhöre: »Na, wie geht's? Bist du in Berlin? Hast du irgendeine Uniform? Nein? Na, dann bist du ein Niemand. Übrigens, Vorsicht beim Telefonieren.« Ich sehe, man versteht sich.

Ich verlasse mein Hotelzimmer und sehe im Gang vor einigen Türen Stiefel stehen. Erst nach einer guten Weile wird mir die Bedeutung dieses Bildes bewusst. Früher, und besonders im entwaffneten Deutschland, gab es so etwas nicht. Der Anblick bringt mich auf die Idee, dass wir es hier vielleicht mit einem imposanten Natura-morta-Bild zu tun haben, in dem Senfgas und Patriotismus endlich einen ihnen gerecht werdenden Ausdruck gefunden haben.

Also, zuerst einmal die SA (*Sturmabteilung*) – braunes Hemd. Dieser spezielle Braunton ist wohl der hässlichste aller denkbaren Brauntöne. Er mag ja auf Leinen noch angehen, auf der Tuchuniform höherer Ränge – die man übrigens selten sieht – ist er einfach nur grässlich.

Dann gibt es noch die SS (*Schutzstaffel*). Sie ist so etwas wie die Elitetruppe der Hitler'schen Rollkommandos mit besonders loyalen und militärisch besser ausgebildeten Leuten. Sie tragen schicke schwarze Uniformen. Gerade ihr Schick unterscheidet sie deutlich von der SA, bei der alle ohne Ausnahme irgendwie zerknittert und schwunglos aussehen.

Es gibt außerdem die Organisation *Stahlhelm*, ausgesprochen konservativ und vorwiegend monarchistisch geprägt. Sie besteht zum größten Teil aus ehemaligen Frontkämpfern, die ihrem Wesen nach apolitisch sind. Der Stahlhelm ist gehorsam und staatstragend orientiert, könnte also ein wirksames Gegengewicht gegen die radikalen Schlägertruppen bilden. Die Uniform des Stahlhelm sieht der der Armee (*Reichswehr*) so ähnlich, dass man beide kaum voneinander unterscheiden kann.

Wenn man vom Stahlhelm spricht, kommt man nicht umhin, die weibliche Entsprechung dieser Organisation zu erwähnen: Die *Kölubu-Damen*. Obwohl die Damen eine vergleichs-weise unbedeutende Rolle spielen, strahlen sie so viel »couleur locale« aus, dass sie von keinem ausländischen Beobachter übersehen werden können. Die Damen also, meist schon in fortgeschrittenem Alter, sehr oft dicklich und unansehnlich, haben einen außergewöhnlich roten, gesunden, wie mit einem Ziegelstein abgeriebenen Teint, wobei eine wie die andere aus-sieht. Alles verdiente Mütter, vorbildliche Ehegattinnen und ty-pische *»gute Hausfrauen«*, sie tragen Kleider von unbestimmter, irgendwie kittelartiger Fasson aus kornblumenfarbigem Tuch und zwar, weil die Kornblume die allerallerliebste Blume der Königin Luise von Preußen war (siehe Napoleon), der geisti-gen Schutzherrin dieser Organisation. Kölubu ist nämlich die Abkürzung für Königin-Luise-Bund.

Die Oberweite dieser Damen, oft von stattlicher Größe, schmückt eine silberne Brosche mit dem Buchstaben »L«. Die Damen sind ausgesprochen konservativ und sehr patriotisch. Für ihr Alter und ihre Körperfülle schreiten sie der Militär-kapelle recht wacker hinterher, wenn diese um die Mittagszeit beim Wachwechsel Unter den Linden entlangmarschiert. Seit Mai findet diese Zeremonie wieder nach dem alten Protokoll aus der Vorkriegszeit statt und lässt manch eine der Kölubu-Damen eine Träne der Rührung vergießen. Aber ihrem ent-schlossenen Gesichtsausdruck nach zu urteilen, wäre wohl keine von ihnen zu einem diplomatischen Kompromiss bereit, wenn irgendein neuer Napoleon sie herausforderte.

Die meisten Damen des Kölubu, die ich Gelegenheit hatte zu beobachten, kamen zweifellos aus der Provinz. Zahlreiche Anzeichen verrieten dies: An einem Arm einen Fotoapparat umgehängt, am anderen ein unglaublich altmodisches, mit einem Schlüsselchen verschließbares Säckchen, und dazu – ir-gendeinen kleinen Hut auf dem Kopf. Die Frau in Berlin ist heute in den meisten Fällen ganz ausgezeichnet gekleidet, die

Hütchen unserer konservativen Damen dagegen haben nicht die geringste Ähnlichkeit mit der Pariser Mode. Unsere Frauen fahren oft mit Straßenbahn und Bus, immer in großen Gruppen und ziemlich lautstark; sie rufen sich heiter zu, wie es sie freut, in Berlin zu sein und dass in diesem Berlin der deutsche Geist wiederaufersteht. Alles in allem sehen sie gutmütig, etwas albern und sehr sympathisch aus. Würde man auch jede einzelne als Mutter adoptieren wollen, bleibt doch die Frage offen, ob das der Typ von Mutter wäre, der einem im Kriegsfalle helfen würde, sich in ein neutrales Land abzusetzen. Irgendwie habe ich den Eindruck, dass sie dafür nicht die Richtigen sind.

Zur Zeit meines Besuches in Berlin gab es noch die Deutschnationalen. Auch sie hatten ihre eigene uniformierte Organisation, den sogenannten Bismarckbund. Schwarze Hose, grünes Hemd, Militärmütze und am Arm eine rot-weiß-schwarze Binde mit dem Namen ihrer Organisation. Weil der Bismarckbund über vergleichsweise geringe finanzielle Mittel verfügte, warb er am eifrigsten um Spendengelder. Man muss aber wissen, dass auch Hitlers Schlägertrupps und der Stahlhelm ständig am Betteln waren.

Auf allen Hauptstraßen und verkehrsreichen Kreuzungen, selbst in den ärmsten Bezirken, sieht man Mitglieder der uniformierten Verbände mit der Spendenbüchse klappern. Der Stahlhelmler, der halbwegs mit Würde und am wenigsten aufdringlich um Spenden bittet, benutzt einen zur Spendenbüchse umfunktionierten Kriegshelm aus Stahl. Hoffentlich ersetzen die gespendeten Münzen im Helm nicht den Grips im Kopf der Opfer künftiger Gemetzel. Ich meine, dass diejenigen, die bei Verdun oder auf den Feldern von Flandern mit diesem Helm auf dem Kopf sterben mussten, heute, wenn sie noch lebten, sicher zusehen würden, dass ihnen keine Münzen in den Helm geworfen werden.

Vor allem die Mitglieder der NSDAP werden nicht müde, wenn es ums Geldsammeln geht: Ob im Nachtlokal, im Restaurant oder im Café, überall kommt ein martialisch aussehender, großer Kerl an den Tisch und bietet einem eine Postkarte mit dem Bild des Führers zum Kauf an. Am Anfang macht das gehörigen Eindruck, sodass es einer gewissen Zivilcourage bedarf, den Handel abzulehnen. Ich selbst fühlte mich nicht unter Druck gesetzt; hätte ich jedoch semitische Gesichtszüge, dürfte ich Berlin wahrscheinlich mit Dutzenden Bildern vom Führer im Reisekoffer verlassen haben.

Was für Uniformen gibt es noch? Sie alle aufzuzählen, bin ich nicht imstande. Bei vielen ist mir nicht einmal gelungen herauszufinden, zu welchen Verbänden sie gehören. Darum hier nur eine kleine Auswahl: die russischen Hitler-Anhänger, die Hitlerjugend (sie soll die schlecht angesehene, weil internationale Pfadfinderorganisation ersetzen), die Zöglinge der freiwilligen Arbeitslager (ehemalige Arbeitslose), die Polizei und Hilfspolizei (letztere eine reine Hitler-Truppe und eingesetzt vor allem bei Großrazzien, Massenverhaftungen usw.) – und zum Schluss die eigentliche Armee. Militärangehörige sind überall zu sehen. Natürlich lange noch nicht so viele wie bei uns, aber viel mehr als noch vor einem halben Jahr.

Neben den Uniformierten gibt es eine noch viel größere Menge von Zivilisten, die gezwungenermaßen oder auch aus Überzeugung sympathisieren. Abgesehen von der unbedeutenden Anzahl kasernierter SA gehen die meisten – wenn sie nicht gerade im Dienst sind (also Tätigkeiten für die Partei ausführen oder an Militärübungen teilnehmen) – in Zivil und tragen dann lediglich ein Abzeichen am Revers oder an der Krawatte. Von diesen Abzeichen gibt es so viele, dass man daraus nicht klug wird. Alles, was mit Uniformen oder Abzeichen zu tun hat, und die Frage, wer berechtigt ist, welches Abzeichen oder welche Uniform zu tragen, wurde zum beliebten Thema endloser Gespräche, die bei echten Puristen erheblichen Argwohn wecken müssen.

Der Stahlhelm trägt eine Miniatur des Helms am Revers. Das Abzeichen der SA berechtigt zum faschistischen Gruß. Unbeschreiblich drollig ist der Anblick, wenn zwei ältere, beleibte Herren mit Aktentasche unterm Arm, die sich auf der Straße begegnen, plötzlich, mit ganz und gar gleichgültigem Gesichtsausdruck, die rechte Hand mit den artroseverkrümmten Fingern nach vorn werfen. Die Geste erinnert an die bedrohlichen Bilder, die wir aus Filmen über das alte Römische Reich kennen. »Quo vadis?« oder »Im Schatten des Hitler-Kreuzes« – wären sicher hervorragende Titel für Kinofilme über das heutige Deutschland.

Aber ich will noch einmal auf die Uniformen und Abzeichen zurückkommen, weil das Thema so ergiebig ist. Man muss bedenken, dass manch ein Arbeitsloser als Zivilkleidung nur Lumpen am Leib trägt. Er wird die Uniform der SA natürlich nicht mehr ausziehen, sobald er sie einmal bekommen hat. Und er kann sie auch dann bekommen, wenn er nicht zu den Privilegierten der kasernierten Truppe gehört. So eine Uniform ist nicht teuer; ich meine, die Komplettausstattung durch die Partei kostet nicht mehr als zwölf Mark. Man kann sie nach Belieben abbezahlen, wichtig ist nur, dass man jeden Monat etwas zurückzahlt. Angeblich genügt schon weniger als eine Mark.

Ich sage »angeblich«, weil es unmöglich ist, Genaueres über die Lage und die Finanzverwaltung der nationalsozialistischen Partei herauszufinden. Im Allgemeinen herrscht die Meinung, dass die Partei nicht direkt aus der Staatskasse unterstützt wird; der Staat kann es sich schlicht nicht leisten. Die Mitgliedsgebühr soll drei Mark monatlich betragen, bei einer etwas höheren einmaligen Aufnahmegebühr. Ein aktiver

SA-Mann wiederum erhält (ebenfalls angeblich) als Unterhalt drei Mark täglich. Dieser Betrag scheint mir etwas übertrieben, nichtsdestotrotz müssen die Ausgaben für eine so aktive und mitgliedsstarke Organisation auf jeden Fall in die Millionen gehen, was allein mit Spendenbüchsen und Postkartenverkauf wohl nicht zu finanzieren ist.

Neben dem Abzeichen der SA ist das Abzeichen der sogenannten Betriebszelle am häufigsten vertreten. Die Betriebszelle ist das nationalsozialistische Pendant zur bolschewistischen Jatschejka. In jedem Betrieb und in jeder Institution, selbst mit nur wenigen Beschäftigten, muss es eine solche »Betriebszelle« geben. Diese Jatschejkas haben die Aufgabe, die Belegschaft im Geiste der nationalen Revolution zu missionieren und den Betrieb gegenüber Behörden, vornehmlich aber bei Kundgebungen, zu vertreten. Sie sind so etwas wie Arbeiterkomitees, die allerdings keinerlei Forderungen stellen sollen, sondern Befehle empfangen. Wie sonderbar sehen sie aus, meine sozialistischen und mit dem Kommunismus sympathisierenden Bekannten mit ihren Betriebszellen-Abzeichen. Nun, sie hatten keine Wahl, sie wurden von anderen für diese Aufgabe verpflichtet. Die Partei hat übrigens recht schnell erkannt, dass es gefährlich werden kann, in die eigenen Reihen Leute aufzunehmen, denen der Hitler-Geist fremd ist, und hat sowohl die Aufnahmen in die Betriebszellen wie auch generell die Neuaufnahme in die Partei vorläufig gestoppt. Als die Wahlen am 5. März den totalen Sieg Hitlers brachten, wurde unter den Kommunisten die Parole ausgegeben: Unverzüglich der SA oder der nationalsozialistischen Partei generell beitreten! Selbstverständlich wird diese Tatsache von Regierungs- oder Parteistellen nicht als Grund für die Aufnahmebeschränkungen angegeben. Offiziell heißt es, dass nach der Gleichschaltung der Arbeiter- und Gewerkschaftsorganisationen unter der Flagge des Nationalsozialismus die Jatschejkas und die Aufnahme neuer Parteimitglieder *ipso facto* überflüssig geworden seien. Außerdem sei ohnehin jeder Deutsche im Geiste Nationalsozialist, auch wenn er das nicht mit seinem Beitritt zur Bewegung dokumentiert. So will man jedenfalls glauben machen.

Ein gewisses Misstrauen gegenüber dem Fundament, auf das sich die Regierung stützt – also die Furcht vor der Unberechenbarkeit der eigenen jungen Leute und vor der übermäßigen Radikalisierung der nationalsozialistischen Bewegung – hat zu gewissen Verordnungen zur »Entpolitisierung« geführt, und zwar zu einem Verbot der Mitgliedschaft von Polizei- und Militärfunktionären in der nationalistischen Partei. Eine der wenigen vernünftigen und undemagogischen Maßnahmen dieser Regierung. Man muss in Deutschland sein, um den Mut zum Erlass solcher Verordnungen würdigen zu können.

Ich gehe die Straße entlang. Auf der einen Seite begegnet mir eine große Aufschrift am Schaufenster eines Schallplattenladens: »Alle Grammophonplatten der nationalen *Erhebung*«. Auf der anderen Seite, fast gegenüber, kann man sich zum Schaufenster eines Graveurs kaum durchzwängen. Dort steht an der Fensterscheibe: »Auszeichnungen, Orden und Ehrenabzeichen wieder erhältlich«, und im Schaufenster liegt eine wahre Fundgrube von allen möglichen Kreuzen, Sternen und Schleifen in natürlicher Größe und als Miniatur. Den Menschen fallen fast die Augen aus dem Kopf, sie sind verzaubert von dem, was sie sehen. Ohne Zweifel weckt die Schaufensterdekoration Erinnerungen an alte glanzvolle Zeiten. Das Eiserne Kreuz bedeutet doch Heroismus und Mannestaten in den Mannesjahren des Krieges (Das Wort »Mann« wird gern als Synonym für alles außergewöhnlich Vorteilhafte benutzt). Hat man eigentlich schon mal an einen Orden für Zivilcourage gedacht? Ich habe nichts davon gehört. Mangelt es womöglich an Kandidaten?

Was ist Zivilcourage? Zivilcourage ist ein Zeichen von Individualität. Wenn in einer Gruppe oder Gemeinschaft alle dasselbe fühlen, gibt es keinen Platz für diese Tugend. So findet man in einem Volk wie diesem, mit seinem angeborenen Sinn für Militärisches, kaum eine andere Form von Courage als die physische, wie die jüngsten Ereignisse zeigen. Alles andere wäre doch geradezu Unfug. Wie sollte das aussehen? Ein guter Soldat, der seine eigene Meinung hat, und auch noch darauf besteht? Das deutsche Volk wird seit Jahrhunderten im Kampfgeist erzogen. Das Heldentum – natürlich im Sinne kriegerischer Taten – wird hier wie nirgendwo sonst glorifiziert. Der Richthofen-Kult zum Beispiel ist heute in Deutschland so lebendig, als ob der übrigens wirklich außergewöhnliche Pilot erst gestern gestorben wäre. Zudem existiert im kollektiven Unbewussten des Volkes der Verdacht, jede Geistigkeit schwäche den Willen und könne deswegen in keinem Individuum und keiner Gruppe zusammen mit körperlichem Mut auftreten – mehr noch, sie sei ihm geradezu feindlich. Daher kann es leicht vorkommen, als »Schöngeist« beschimpft zu werden. Es ist auch bekannt, dass all die starken Männer, die heute in einigen Ländern Europas regieren, dieses Wort als frevelhafte und vernichtende Beleidigung auffassen. Wahrscheinlich empfinden so nicht nur Regierende, sondern allgemein die Leute von morgen. Ich glaube kaum, dass unsere studentischen Nationalisten, die wahnhafter Hass gegen alle Nachbarn Polens und seine Minderheiten verzehrt, in ihrem Inneren viel Platz für Geistigkeit finden, von Vergeistigung ganz zu schweigen.

Mein Urteil über Deutschland wird wohl als sehr streng empfunden werden. Es ist auch streng. Es kann auch als dreistes Vorurteil erscheinen. Aber ich würde es nicht fällen, wenn mich nicht kluge Menschen darin bestätigt hätten, Menschen, die Deutschland in- und auswendig kennen – die Deutschen selbst.

Ich habe meinen Ausführungen zur deutschen Mentalität viel Platz eingeräumt. Das ist auch nötig, denn bei der weiteren Annäherung an die deutsche Gegenwart werden wir immer wieder auf diese Fragen zurückkommen. Zum Beispiel fragen wir uns, warum bestimmte bedeutende Persönlichkeiten oder Gruppen nicht ihre Haut riskieren – vom Kopf will ich gar nicht sprechen, denn Märtyrertum darf man nur sich selbst abverlangen, es sei denn, man sitzt in der Regierung – oder weshalb Menschen, die ohne Zweifel nicht von Repressalien bedroht sind, sondern sogar die volle Kontrolle über den Staatsapparat besitzen, sich offenkundig feige verhalten. Man muss wissen, dass die Deutschen ihrer Natur nach schlicht unfähig sind, aus der Reihe zu tanzen. Der Gänsemarsch erträgt nun mal keine Arrhythmie; ein guter Soldat denkt nicht, er tut seine Pflicht. Dass aber die Pflicht des einen einen anderen das Leben kosten kann, nun ja.

Es wird Abend. Zum ersten Mal treffe ich mich zum Abendessen mit einem Berliner Bekannten. Wir gehen zu Schlichter, ein Lokal, in dem sich früher die ganze Bohème versammelte. Ich schäme mich dieses abwertenden Wortes nicht, weil es hier wirklich zutraf. Ich kenne Berlin zu wenig, um festzustellen, welche Stammgäste bei Schlichter fehlen, aber ich sehe sofort, dass das heutige Publikum anders aussieht, und zwar ausgesprochen bürgerlich. Wir setzen uns an einen Tisch. Der Telefonanruf am frühen Morgen verriet mir schon viel über diesen Bekannten. Aber wird er sich selbstkritisch einem Ausländer gegenüber, der Sensationelles über ein Land erfahren will, das gerade einen so gravierenden Umbruch erlebt, öffnen können?

Kurt gehört zum Vorkriegsdeutschland. Ich kenne ihn seit sechs Jahren. Gelegentlich schwamm er oben, dann lag er wie-

der am Boden, meist jedoch Letzteres. Seit ich ihn kenne, hatte
er nie eine feste Beschäftigung. In Posen geboren, wollte er
nicht bei seinen Eltern im polnischen Oberschlesien bleiben
und zerstritt sich mit ihnen. Ein anständiger Bursche, intelligent, abgebrochene Gymnasialbildung, frustriert und von
Grund auf »verkommen«. Ich habe mich schon immer gewun-
dert, dass er nicht Kommunist geworden ist, aber jetzt staune
ich noch mehr, weil er nicht nach dem rettenden Strohhalm
griff und in die Reihen der SA eintrat. Er erklärt mir, dass er
lautere Absichten schätze und jeglichen Opportunismus ab-
lehne. Alles, was er sagt, spricht dafür, dass er ein Individualist
ist. Schon nach seinen ersten Sätzen wird mir klar, dass er den
Nationalsozialismus verabscheut, und weil er Sinn für Komik
hat, kann er sich an das oft lächerliche Erscheinungsbild der
Revolution nicht gewöhnen. Ständig stößt er mir verschwörerisch mit dem Ellenbogen in die Seite. Ich indes bemühe mich
tapfer, mich zu »assimilieren« und an den ganzen Exotismus zu
gewöhnen. Wegen seines Humors erzählt Kurt lieber Anekdoten, statt sachliche Informationen zu liefern, aber im Grunde
genommen ist er müde und traurig.

Den ganzen Morgen hielten sie ihn auf dem Finanzamt fest;
wie er sagt, musste er sich dort einer leibhaftigen Inquisition
unterziehen. Darüber klagten übrigens alle meine Bekannten.
Die Nazi-Regierung zog die Steuerschraube so stark an, wie
noch keine vor ihr. Angeblich verdoppelten die Finanzämter
ihr Personal. Und nicht nur die Finanzämter, auch in manchen
anderen Ämtern wurden die aus parteipolitischen oder »rassischen« Gründen Entlassenen durch eigene Leute reichlich ersetzt.

Hier nun eine kleine unpolitische Geschichte über Kurts Erlebnisse auf dem Finanzamt. Wutentbrannt über die demüti-
gende, langwierige Prozedur, erklärte er, dass er über kein fes-
tes Einkommen verfüge und von einer Ehefrau ausgehalten

werde. Darauf der Beamte: »Den Namen der Dame bitte – wir werden das nachprüfen.« Kurts ritterliche Antwort: »Ich sagte doch bereits, die Dame ist verheiratet.«

Ich frage ihn nach seinen Altersgenossen, den Jungs unter 30. Was machen sie? Was denken sie über den Umsturz? Ich höre, dass alle in der Partei seien. Was, die Kommunisten und die Sozialisten auch? Und ob!

Das heißt also, dass du viele Bekannte in der Partei hast?

Oh, mehr als 100 bestimmt.

Was, alle aus Überzeugung?

Nein. Ich kenne keinen einzigen, der sich dafür begeistern würde.

Aus welchem Grund sind sie dann alle bei der SA?

Es folgt eine klare und sichtlich wohlüberlegte Erklärung. Es gäbe viele Gründe. Der wichtigste Grund sei die Armut. Das Essen, der Lohn und die fast geschenkte Uniform, möglicherweise eine Unterbringung in der Kaserne, all das lockt. Auch die Miete ist dann kein Albtraum mehr. Der nächste gewichtige Grund sei die Untätigkeit. Jeder Deutsche sei doch erzogen in einer Tradition der Hochachtung der Arbeit und ihrer unabdingbaren Notwendigkeit. Zumeist sei er zudem gesund und voller Tatendrang. Das Fehlen einer Beschäftigung sei erniedrigend und komme einer physischen Tortur gleich. Der Gedanke, dass die Partei jemanden, und sei es nur ab und zu, brauchen könne, ihn mit einer Funktion betraue, und sei es, um in Reihen zu marschieren, spielt hier eine entscheidende Rolle.

Ich schweife noch einmal ab. Der Grund für den geradezu hervorragenden physischen Zustand der deutschen Jugend, die ja seit so vielen Jahren in Armut und Massenarbeitslosigkeit lebt, wird mir wohl immer ein Geheimnis bleiben. Sport, Körperkult, Sonne und Wasser – das alles gibt es auch in Polen. Und dennoch, als ich mir einen Tag nach meiner Rückkehr aus Deutschland ein Defilee der polnischen Heeresrekruten anschaute und sie mit ihren deutschen Altersgenossen verglich, drängte sich mir die Frage auf, ob zur Zeit der Schlacht bei Tannenberg[4] das physische Kräfteverhältnis zwischen unseren Rassen schon dasselbe gewesen sein kann. Und wenn ja, was siegte dann worüber? Ich vermute, die deutsche Jugend ist sowohl erblich als auch durch ihren hohen Lebensstandard mit bester Gesundheit gesegnet. Offenbar konnten mehr als zehn Jahre Armut diesen Vorteil nicht zunichte machen. Aber zurück nach Polen: Wir erinnern uns doch noch, wie ein Gymnasiast bei uns vor dem Krieg aussah, selbst einer aus gebildeten Kreisen. Er war das lebendige Zeugnis einer schlechten Verdauung. Heute ist diesbezüglich immerhin ein gewisser Fortschritt zu sehen.

Ein weiterer wichtiger Grund für die Popularität der SA ist die Furcht. Nur eine verschwindend kleine Anzahl junger Leute in Berlin gehört keiner Organisation an. Man bedenke den typisch deutschen Trieb, sich unter irgendeinem Banner zu scharen. In der Weimarer Republik und besonders in Berlin waren diese Gruppierungen vorwiegend fortschrittlich, wenn auch vielleicht unpolitisch. Diese beschämende Vergangenheit muss jetzt ausradiert werden. Man könnte ja sonst seinen Posten verlieren, wenn man denn einen hat. Wie kann man seine Loyalität besser kundtun als durch den Beitritt zur SA?

Ein Freund von Kurt, ein Angestellter in einem großen Kaufhaus, wurde eines Tages zum Personalchef gerufen und gefragt, ob er je einer Partei oder einer anderen Organisation angehört habe, was er verneint. »Und gegenwärtig?« »Auch nicht.« »Na, dann bedaure ich. Wir werden uns wohl trennen müssen.« Der Angestellte war verzweifelt, fragte, was er tun solle, um seinen Posten zu behalten. »Vielleicht könnten Sie doch bei uns bleiben, wenn Sie zum Beispiel der Partei beitreten würden«, bekam er zu hören. Ob es viele ähnliche Zwangseintritte gab, bevor die Reihen der Partei geschlossen wurden, lässt sich kaum nachprüfen.

Nicht zu unterschätzen ist auch die Machtgier. Sie steckt in jedem von uns. Was also ist verwunderlich daran, wenn ein nervlich und körperlich ausgemergelter Arbeitsloser, der vielleicht bis vor Kurzem sogar betteln musste, heute der Versuchung erliegt und die Gelegenheit ergreift, befehlen zu können und jeden Zivilisten das Fürchten zu lehren?

Der nächste Beweggrund ist etwas, das man sonst gern den Juden unterstellt – Berechnung! Man weiß nämlich, dass am 1. Januar 1934 die allgemeine Arbeitspflicht eingeführt werden wird, wie sie jetzt schon in Bulgarien besteht. Ein junger Mensch, der den physischen Anforderungen des Militärdienstes genügt, wird in einen Sonderkader eingezogen werden, er wird uniformiert, kaserniert, zum Trockenlegen von Sümpfen abkommandiert, beim Straßen- oder Hochbau oder bei ähnlichen Tätigkeiten eingesetzt werden und wird sich selbstverständlich dem Militärdrill unterziehen müssen. Dieser Dienst kann sehr anstrengend werden. Aber diejenigen, die schon vorher der SA angehören und dort jetzt eine Militärausbildung absolvieren, haben große Chancen, in diesen Arbeitskadern als höhere Chargen eingesetzt zu werden.

Bei einem späteren Gespräch mit einem anderen Bekannten, einem hohen Tier in der nationalsozialistischen Bewegung, fragte ich mit boshafter Genugtuung, ob es wahr sei, dass die Angst vor der Zwangsarbeit im Januar nächsten Jahres schon jetzt der Grund für den stürmischen Zulauf zur SA wäre. Er sagte, er hätte nie darüber nachgedacht und es sei nicht auszuschließen. Man sah ihm an, wie ihn das betrübte. Offenbar rechnete er nach, wie teuer sie der Diskontsatz für diesen Eifer kam.

Das Gespräch stockt. Kurt verstummt. Er meint, die Tische stünden zu dicht. Zugegeben, ich habe nirgendwo sonst so viele ins Gespräch vertiefte Köpfe wie in den Berliner Lokalen gesehen. Bei jedem Tisch mit zwei Gästen könntest du schwören, dass es sich um ein Liebespaar handelt, das sich Zärtlichkeiten ins Ohr flüstert. Und auf der Straße klirrt unterdes ein Uniformierter mit den Sporen. Wie man sieht, sind die Rollen verteilt.

Wir gehen auf die Straße. Hier fühlt sich Kurt wesentlich ungezwungener und überschüttet mich geradezu mit seinen Witzen. Die meisten sind, wie überall in der Welt, für den Abdruck nicht geeignet. Es kursieren daneben auch eine Menge anständiger Witze politischen Charakters, die aber nur fürs Ausland geeignet sind. Man muss sie jedoch mit großer Umsicht erzählen (abgeleitet von dem Wort »sich umsehen«). Das Gericht lacht selten, und besonders empfindlich reagiert es, wenn es um den Reichstagsbrand geht. Für das Erzählen eines der folgenden Scherze wurden einige nicht einmal ausgesprochen konterrevolutionäre Witzbolde zu je eineinhalb Jahren Gefängnis verurteilt.[5]

Hier der erste: Am Abend des Reichstagsbrandes. Göring sitzt in seinem Büro. Plötzlich stürmt ein Amtsdiener hinein und ruft: »Exzellenz, der Reichstag brennt!« Göring schaut träge auf die Uhr und sagt: »Ach, jetzt schon?«

Der zweite Witz bezieht sich auf den Prozess gegen van der Lubbe, den angeblichen Brandstifter: »Warum verbrannte van der Lubbe im Reichstag sein Hemd?« »Weil es braun war.«

Was hat es mit der übertriebenen Empfindlichkeit ausgerechnet an diesem Punkt auf sich? Nun, wir sollten eines nicht vergessen (was sich in Europa heute kaum mehr jemand bewusst macht), dass Hitler nämlich vom Volke gewählt, also durch Volkes Willen an die Macht kam; dass – und dies meinen alle –

die Märzwahlen nicht gefälscht wurden. Hitler regiert also rechtmäßig; die Provokation mit dem Reichstagsbrand ist so gesehen ein unerfreulicher, nach Brand stinkender Vorfall, den man am liebsten schnell wieder vergessen möchte. Der Brand hat dem Ansehen des Dritten Reiches aber letztendlich nicht ernsthaft geschadet. Wenn aber der Reichstagsbrand schon kein Abelsopfer war mit seinem Rauch, der gen Himmel stieg, dann erst recht nicht der 10. Mai mit seinen ätzenden Schwaden brennender Bücher, die sich über ganz Europa verbreiteten. Die Bücherverbrennung lehrt uns, dass von seinen Folgen her gesehen nicht das wichtig ist, was wirklich geschieht, sondern das, was die menschliche Fantasie beflügelt.

Vergleichen wir zum Beispiel die Titanic-Katastrophe mit der erstbesten Schlacht im »Großen Krieg«. Dabei sind drei-, zehn- oder zigfach mehr Menschen eines gewaltsamen Todes gestorben als auf der Titanic, noch dazu nur junge und gesunde. Noch einmal so viele kamen aus dieser Veranstaltung als Invaliden zurück. Aber die untergehende Titanic war und wird immer die Ikone der Katastrophe schlechthin bleiben.

Ähnliches gilt auch für die am 10. Mai auf dem Opernplatz verbrannten Bücher. Wenn man dort so stand wie ich und den mangelnden Enthusiasmus, und vor allem die – in Anbetracht der Möglichkeiten des Standortes, des Spektakels und der Propaganda – verhältnismäßig kleine Menschenmenge sah; wenn man danach die verschämt beschwichtigenden Erklärungen bedeutender Persönlichkeiten der nationalsozialistischen Bewegung hörte, die besagten, dass hier lediglich die Jugend mit Flammen und Wärme ihren Sieg kundtun wollte; wenn man sah, wie sehr sich die Regierung wünschte, dass es zu dieser Verbrennung überhaupt nicht gekommen wäre, dann muss dieses ganze wilde Ritual doch weniger monströs erscheinen, als es im ersten Moment durch die zu Recht empörte öffentliche Meinung der ganzen Kulturwelt vermittelt wurde.

Am interessantesten daran ist nicht das Phänomen der Massenverführung, die man ja recht leicht durch Hasstiraden hervorrufen kann, sondern das Fehlen jeglicher Zivilcourage seitens der Regierung, die sich ja vor den Studenten nicht zu fürchten brauchte und doch nicht einschritt – trotz der Gefahr des Aufsehens, welches dieses Autodafé hervorrufen musste – und sogar noch ihren Propagandaminister Goebbels dazu abkommandierte. Um Mitternacht hielt dieser eine Rede am brennenden Stapel, wenn auch eine für seine Verhältnisse sehr gemäßigte.

Obwohl die Tagespresse zahlreiche Berichte von dieser traurigen Zeremonie brachte, lohnt es sich meiner Meinung nach, sich ihren Ablauf noch einmal in Erinnerung zu rufen. Der Zug der Studenten formierte sich irgendwo am Stadtrand und zog dann weiter zu Lagern mit »verurteilten« Büchern, die erst noch aufgeladen werden mussten.

Woher stammten die Bücher? Einige Tage vor der Verbrennung erschien in allen Blättern ein Aufruf, dass jeder, der seinen Beitrag zur Vernichtung der unerwünschten Literatur leisten wollte, aus seiner Büchersammlung schädliche Werke entfernen und an die angegebene Adresse senden solle. Die Pressehinweise waren außergewöhnlich genau und detailliert. Die Bücher konnten auch persönlich in einem Lokal, das als Sammelstelle angegeben wurde, abgeliefert werden. Aber nirgendwo habe ich gehört, dass jemand bei sich zu Hause im Küchenofen oder im Kamin die Gesamtausgabe von Heinrich Heine oder Spinoza verbrannt hätte. Ohne Zurschaustellung wäre ein derart innerer, häuslicher Moralakt offenbar wertlos.

Übrigens standen weder Heine noch Spinoza auf der Liste der verbrannten Bücher. Das sind jedoch Zufälle, die durch die herrschende Stimmung nicht gerechtfertigt waren. Die propagandistische Presse schürt und suhlt sich geradezu in übelsten

Absurditäten, wie sie gern entstehen, wenn sie irgendeinen Gedanken zu einem logischen Ende zu bringen versucht.

Eine andere sprudelnde Quelle »zersetzender« Bücher waren die Bibliothek des Bundes der Regierungsbeamten oder andere komplett der Regierung unterstellte Bibliotheken, in denen »Säuberungsaktionen« durchgeführt wurden. In Buchhandlungen oder Leihbibliotheken wurden hingegen keine Bücher konfisziert. Auch wissenschaftliche Institutsbibliotheken blieben meist von »Säuberungen« verschont. In Breslau drohten zwar die Studenten, private Haushalte zu durchsuchen, aber dazu kam es nicht. Außerdem spricht die Zahl von 20 000 verbrannten Bänden eher für einen symbolischen Akt als für die Absicht, die unerwünschten Werke tatsächlich restlos aus der Welt zu schaffen.

Die Bücher wurden auf drei mit Hitler-Bannern dekorierte Lastwagen aufgeladen. Der Umzug war nicht groß. Er bestand aus einem Orchester und Verbindungsstudenten mit Fackeln. Die Zivilbevölkerung, wenn ich sie so nennen darf, nahm daran nicht teil. Allerdings zog sich der Umzug in die Länge, weil in Militärformation und mit großen Abständen zwischen den einzelnen Gruppen marschiert wurde. Die Ankunft am Opernplatz war für elf Uhr abends vorgesehen. Bereits um neun Uhr war der lediglich fünf Meter breite Streifen um den viereckigen Platz herum dicht mit Publikum gefüllt. Die Polizei patrouillierte auf dem mit Schnüren abgesperrten Platz. In der Platzmitte befand sich ein Scheiterhaufen von drei Kubikmetern und auf einem speziell errichteten Podium standen Scheinwerfer, Filmkameras und Mikrofone. Dächer und Fenster der umliegenden Gebäude waren ebenfalls komplett vom Publikum besetzt. Allerdings waren beide Enden des Vierecks frei von Zuschauern, sodass der Verkehr auf der Straße Unter den Linden nicht einmal für einen kurzen Moment unterbrochen werden musste. Würde man bei gutem Wetter im Sommer die Spaziergänger Unter den Linden zwischen Schloss und Brandenburger Tor anhalten, käme es wohl zu einem kaum kleineren Menschenauflauf. Eine Stunde vor der Ankunft des Umzugs fiel ein bisschen Regen, aber bald darauf klarte es wieder auf.

Die Menschenmenge, in der ich stand, begrüßte den ankommenden Umzug nicht. Die Stimmung war heiter, denn es ist ja Frühling. Fast alle Männer waren mit ihren Frauen da. Das Interesse auf den Gesichtern fiel in die Kategorie mittelmäßig. Die einzigen Rufe kamen von den marschierenden Studenten oder denen, die auf den Lastwagen die Hakenkreuz-Banner schwenkten. Der Umzug marschierte sehr gekonnt ein und verteilte sich in der Platzmitte. Sie umringten den Stapel und warfen ihre Fackeln hinein – so entstanden die historischen Flammen. Die Musik spielte unentwegt weiter. Plötzlich hörte man irgendeinen Professor eine Rede halten. Dann traten 20 Studenten mit »Deckeln« auf dem Kopf vor, die unseren polnischen Korporationsstudenten wie ein Ei dem anderen glichen. Jeder hatte ein Buch in der Hand, und während er es ins Feuer warf, rief er gleichzeitig immer denselben Ritualspruch: »Ich übergebe den Flammen die Schriften (sagen wir mal) von Karl Marx!«

Die allgemeinen Hinweise, welche Bücher welcher Autoren zu verbrennen waren, lauteten etwa: Die schlimmsten sind die Pazifisten: zum Beispiel Ludwig Renn. Dann (wie überraschend!) Bücher, die den »Großen Krieg« verurteilen: also Remarque. Als nächstes alle anderen pazifistischen Schriften über den Weltkrieg. Dann Bücher, die Mussolini und den Faschismus kritisieren. Ich schweife hier kurz ab. Es verbreitete sich das Gerücht, dass die Werke von Pitigrilli als Pornografie verbrannt werden sollten, aber gleich am nächsten Tag berichtete die Presse, dass dies nicht wahr sei, man könne doch nicht die Werke dieses hervorragenden Humoristen aus den Reihen des mit uns freundschaftlich verbundenen italienischen Volkes verbrennen. Verbrannt wurden selbstverständlich die Werke von Marx und Lenin – von demselben armen Marx, der solch schreckliche Dinge über die Juden geschrieben hat! Bücher jüdischer Autoren generell, wie Lion Feuchtwanger, Emil Ludwig, Jakob Wassermann, Arnold und Stefan Zweig, Kurt Tucholsky, Ernst Toller, Theodor Wolff, Alfred Kerr, Alfred Döblin, Arthur Holitscher, Egon Erwin Kisch, Bernhard Kellermann, Leonard Frank, Franz Werfel, Vicky Baum usw. Besonders hervorgehoben: jüdische Sittenverderber – sprich Magnus Hirschfeld. Dann eine lange Liste mit völlig überraschenden Namen. Der Grund, warum sie verbrannt wurden, wird für immer ein faszinierendes Geheimnis bleiben. Wenn das Kriterium für die Auswahl dieser Autoren ihre Auflehnung gegen den nationalsozialistischen Geist wäre, dann könnte man weitaus mehr Autoren finden, zum Beispiel den bereits erwähnten Goethe. Verbrannt wurden die Bücher von Thomas und Heinrich Mann, Erich Kästner, Bertha von Suttner, Friedrich Wilhelm Foerster, Upton Sinclair, Ernest Hemingway und sogar von dem, möchte man annehmen, völlig unschuldigen Jack London.

Nachdem die zwölf »Kulturträger« ihren Auftrag erfüllt hatten, räumten sie den Platz für die große Gruppe der Kameraden, die zwischen den Lastwagen und dem Scheiterhaufen eine lebende Kette bildeten; sie reichten sich die Bücher von Hand zu Hand, bis der Letzte, der am Feuer stand, sie hoch in die Luft warf, wobei sie ihre weißen Blätter öffneten und, von unten von den Flammen beleuchtet, wie Vögel herunterflatterten. In diesem Moment stieg in mir ein unbeschreibliches Gefühl auf. Große Traurigkeit ergriff mein Herz und ließ meine Tränen fließen. Ich bin bis heute außerstande, Kurt darauf anzusprechen. Ich trauere um die Bücher als sterbende Gegenstände;

ich trauere um das Volk, das diese Schande auf sich lud. Ich bin beschämt darüber, als gaffender Ausländer Zeuge dieser »Familienschande« gewesen zu sein. In diesem Augenblick der gemeinsam verspürten Scham war ich assimiliert. Ich fühlte mich noch nie im Ausland so sehr wie ein Einheimischer, noch nie so sehr als Deutscher. Ich musste plötzlich an die Feierlichkeiten der Weimarer Republik vor einem Jahr zurückdenken. Diese Erinnerung wird mir keiner nehmen können.

Währenddessen spielte die Musik weiter. Diejenigen, die am Ritual teilnahmen, jubelten verhalten, und die Scheinwerfer kreisten« über den Platz mit der Trostlosigkeit von Seelaternen.

Doch plötzlich wurde es still. Goebbels sprach. Man hörte ihn schlecht, nur von Zeit zu Zeit waren einzelne Worte zu verstehen, nur kurz war dieses spezifische Gebrüll nationalsozialistischer Führer zu hören, das sie anschlagen, wenn sie die Herrschaft über die Massen erobern wollen. Hitler macht das und Goebbels auch, am wenigsten noch Göring. Keine Redeparodie könnte diesen demagogischen Ton wiedergeben. Bei mir ruft das Original schon Lachen hervor.

Nach der kurzen Ansprache des Propagandaministers jubelten ihm nur die ihm am nächsten Stehenden zu, der Rest glotzte teilnahmslos. Erst beim Erklingen des »*Horst-Wessel-Liedes*«[6], der Hitler-Hymne, lebte der ganze Platz auf und sang eifrig die ersten drei Strophen mit. Sie müssen demjenigen unendlich lang vorkommen, der schon beim Hitler-Gruß ermüdet, weil es gute fünf Minuten dauert. Alle Männer nahmen ihre Kopfbedeckungen ab, »Händchen hoch« galt für alle ungeachtet des Geschlechtes. Man schaute ein wenig verstohlen zu mir herüber, weil ich die Geste nicht mitmachte, aber niemand feindete mich deswegen an.

Ende des Zeremoniells. Die Menschenmenge ging schnell auseinander. Langsam erlosch das Feuer. Die Feuerwehr half mit Wasserspritzen nach und die Asche verwandelte sich in

Schlamm. In diesem Dreck suchten nun alle nach Andenken. In den nächsten Tagen fanden unter meinen »nicht wiedergeborenen« Bekannten wahre Auktionen mit diesen Andenken statt unter dem Motto: »dem Feuer entrissen«. Ich selbst ergatterte gleich zwei Trophäen. Eine war ein großes, auf einen Karton aufgeklebtes Plakat mit Werbung für Remarques Roman »Im Westen nichts Neues«. Wegen der Größe musste ich es leider sofort wieder verschenken. Die andere war eine Postkarte – ein Anmeldevordruck für den Beitritt zur Weltliga für eine Sexualreform. Unter der offiziellen Adresse der Liga stand in Klammern: Dr. Magnus Hirschfeld. Dieses wertvolle, wenn auch mit Dreck besudelte Dokument beabsichtige ich der polnischen Sektion der Liga zu schenken, womit ich ohne Zweifel die Herzen aller Mitarbeiter der Beilage »Bewusstes Leben« bei den »Literarischen Nachrichten« im Sturm erobern werde.

Als kleiner Lichtblick in dieser traurigen Geschichte sei noch erwähnt, dass die Studenten auf den Lastwagen während des Umzuges eifrig nach pikanten Werken suchten und für sich zur Seite legten. Das beweist immerhin, dass auch unter Hitler die Jugend menschlich geblieben ist.

Dieser Bericht von der Bücherverbrennung entspricht der Wahrheit und niemand sollte den hysterischen Beschreibungen der Presse Glauben schenken: von wegen Bacchanalien, slawischheidnisches Samstagsfeuer (es war Mittwoch), indianische Tänze, afrikanisches Gegröle. Nichts dergleichen. Es war genau so, wie ich es hier beschrieben habe.

Eine Revolution!

Wirklich? Ja, kein Zweifel. In Deutschland findet eine Revolution statt und das in ihrer »reinsten« Form. Ich habe zwar keine Enzyklopädie zur Hand, bin mir jedoch sicher, dass die offizielle Definition einer Revolution auf die deutschen Ereignisse durchaus zutrifft. Dem wird in Deutschland auch niemand widersprechen, im Gegenteil, es wird sogar gesteigerter Wert darauf gelegt, um Kapital daraus zu schlagen; übrigens wird dabei nachdrücklich betont, dass es sich um eine unblutige Revolution handele. Ein unparteiischer Beobachter kann sich dieser Meinung allerdings nicht anschließen, da das Blut häufig nicht zu übersehen ist. Gegen solche Einwände hat man eine eilfertige Antwort parat: »Das gehört dazu, in Deutschland findet immerhin eine Revolution statt.« Da ich Utopist bin, kann ich mich nicht auf Präzedenzfälle stützen. Muss denn eine Revolution immer so furchtbar sein? Und wenn ja, dann sollte man sich wohl schnell an Pilatus ein Beispiel nehmen, sich also die Hände in aller Öffentlichkeit in Unschuld waschen und etwas lauter dabei planschen, sich die Kleider vom Leib reißen und vor allem nicht auf das eigene Credo hereinfallen. Die Ereignisse in Deutschland dürften auf all diejenigen, für die Blutvergießen erst mit dem Mord an mehr als 10 000 Menschen beginnt, beinahe rührend wirken, wie der Anblick eines reinweißen, jungfräulichen Bettlakens. Wenn wir also als Beweis der These von der »Unblutigkeit« des sowjetischen Regimes die Existenz der Lager für politische oder quasi-politische Häftlinge auf den Solowezki-Inseln anführen, dann werden selbstverständlich auch in Deutschland die Scharen von Internierten in Sonnenburg, Oranienburg und noch vielen anderen Lagern und Gefängnissen dafür sprechen, wenn sie leise flüstern: »Wir leben. Ja – wir leben noch.« Denn der Mensch ist ja zum Kleinwild geworden, um es in der Jägersprache auszudrücken. Nicht auf den ersten, sondern auf den letzten Schuss kommt es an.

Ich weiß leider nur zu gut, was ich tue: Ich bin ein Werkzeug der Gräuelpropaganda. Das ist das unverzeihlichste Verbrechen im Dritten Reich. Mit jeder Reportage und besonders mit der vorliegenden, werden meine Aussichten auf ein deutsches Visum immer schlechter. Das schmerzt. Es schmerzt, weil ich gern nach Deutschland reise; weil ich dort Menschen kenne, die mir sehr nahe stehen; weil es mir dort meist warm ums Herz ist, weil Deutschland Polen am nächsten liegt und ein Land ist, in dem es Freundschaft und unkomplizierte menschliche Beziehungen nichtfamiliärer Art gibt und weil es, seien wir ehrlich, nur zehn Stunden Zugfahrt von Warschau entfernt liegt. Was aber die Lebensbedingungen anbetrifft, ist es richtiges Europa, besser noch, Europa mit einer Prise Amerika. Außerdem – und das ist ohne jeden Zweifel das Wichtigste und Schmerzhafteste – wird niemand im Passbüro und kaum einer meiner deutschen Freunde verstehen oder glauben können, wie viel aufrichtiges Wohlwollen und welch tiefe, fast sentimentale Freundschaft in meine Reportagen eingeflossen sind.

Ausländische Journalisten in Berlin äußerten mir gegenüber mehrfach die Meinung, die Terrorakte seien eine Übergangserscheinung und daher kein Anlass zur Besorgnis und nicht berichtenswert. Ich bin da anderer Meinung. Die moralischen Folgen solcher Ereignisse sind für die Menschen, die sie miterlebt haben, von einschneidender Bedeutung. Viele historische Persönlichkeiten in der europäischen Geschichte würden für uns, psychologisch gesehen, unbegreifliche Monster bleiben, wüssten wir nicht, dass sie in einer Atmosphäre von Gewalt und Intrige, in Verschwörerkellern oder in Ministerkabinetten groß geworden sind.

Was soll man also von den Brutalitäten dieser Revolution halten? Ich hörte in Polen vor meiner Abreise weitaus mehr über sie, als später nach meiner Rückkehr. Das ist aus mehreren Gründen verständlich. Die europäische Presse, besonders die linke, trommelt mit Gräuelpropaganda. In Deutschland darf über solche Dinge niemand ein Wort wagen. In keinem einzigen Artikel und keiner Pressemitteilung wurde ein Terrorakt je verurteilt oder bedauert. Was die Auslandspresse angeht, berichten interessanterweise etwa englische Zeitungen, an erster Stelle die konservative »Times«, viel umfassender und öfter Einzelheiten über die deutschen Schreckensereignisse als die polnische Presse. Dabei sind in England die Sympathien und das Verständnis für Deutschland ohne Zweifel größer als in Polen. Ich vermute, dass für die polnische Presse die Hauptinformationsquelle über Deutschland die Korrespondenten der amtlichen oder halbamtlichen polnischen Agenturen sind oder auch die Zeitungen, die direkt oder indirekt der Regierung unterstehen. Ich weiß außerdem, dass die polnische Regierung vor allem gegen die Verhetzung der Gesellschaft und des innenpolitischen Lebens anzukämpfen hat. Die öffentliche Ruhe ist zum höchsten Trumpf in dem schwierigen Spiel geworden, das unserem Außenministerium zuteil wurde. Wenn die Zurückhaltung der polnischen Presse von oben intendiert ist, dann verdient sie höchstes Lob. Aber das, was ich noch schreiben will, wird nicht immer im Sinne dieser Politik sein, was mir Sorgen bereitet. Ich fühle mich aber doch mehr der ehrlichen Reportage verpflichtet als der Loyalität zu dieser Art »europäischer Staatsraison«. Im Reinen mit meinem Gewissen bin ich allerdings nicht.

Ich komme noch einmal auf die deutsche Presse zu sprechen. Vergeblich sucht man in ihr nach Hinweisen, die einen Schatten auf die Sanftmut der Hitler-Regierung werfen könnten. Die Verlogenheit der Presse ist so absolut, so unverschämt (selbstverständlich unter Zwang), dass man sich nur schwer daran gewöhnen kann. Wenn man einen von Grund auf falschen Bericht über etwas liest, dessen Hintergründe man genau kennt, denkt man zuerst, es müsse ein Missverständnis vorliegen. Als Beispiel will ich eine halboffizielle Mitteilung der Redaktion einer deutschen Zeitung in Łódz anführen: Es wird in ihr felsenfest behauptet, dass keinem polnischen Bürger auf dem Gebiet des Dritten Reiches Schaden an Körper oder Vermögen zugefügt wurde.

Mein zweites Beispiel ist schon weniger banal. Richard Billinger[7] gehört zu den begabtesten Dichtern der jungen Generation. Dieser Mann ist groß wie eine Eiche, das Urbild eines bayerischen Bauern mit breiten Schultern, unpolitisch, obgleich man weiß, dass seine Sympathien ohne Zweifel auf der Seite des Liberalismus liegen. Plötzlich erscheint in der Osterausgabe des amtlichen Organs der Nationalsozialisten, dem »Völkischen Beobachter«, ein Gedicht, in dem Hitler vergöttert wird, das mit Billingers Namen unterschrieben ist, schwach in der Form und inhaltlich platt. Hier eine Strophe aus dem Gedicht:

Fünf Finger hat der Meinen rechte,
Fünf ihre treue linke Hand,
In unser'm Haus sind zwei Gerechte
Der Christ und Hitler, an der Wand.

Natürlich sorgt das für Erstaunen. Ist Billinger etwa auch ins Revolutionslager übergelaufen, dem Beispiel von Stefan George[8] und Rudolf Borchardt[9] folgend? Nun, die beiden hatten nie einen Bezug zum wirklichen Leben. Ihre Attraktivität für die Nazibewegung wird ihnen von der unabhängigen Meinung der literarischen Kreise nicht einmal als Verrat ausgelegt, sondern eher als Schrulligkeit und menschliche Schwäche, die sich die

Partei eben zunutze macht. Aber doch nicht Richard Billinger! Es vergehen drei Wochen. Einer meiner Bekannten trifft Billinger zufällig. Während er noch überlegt, ob er ihn grüßen soll, kommt dieser schon auf ihn zu und berichtet von seinen Sorgen. Das Gedicht, von dem die Rede war, habe er nie geschrieben; seit drei Wochen gehe er von Redaktion zu Redaktion, um eine Richtigstellung in der Presse zu erwirken, aber keine Zeitung hat den Mut, sie zu drucken. Nun bittet er Freunde und Bekannte, die Richtigstellung von Mund zu Mund weiterzugeben.

Welche Zeitungen verdienen überhaupt noch gelesen zu werden? Vor allem die ausländischen. Aus ihnen erfährt man viel über die deutschen Geschehnisse vom Vortag oder der letzten beiden Tage. In Anbetracht des Terrors gegen die einheimische Presse ist es wirklich erstaunlich, dass man an jeder Straßenecke noch immer so hitlerkritische Zeitungen kaufen kann, wie es die ausländischen Blätter beinahe ohne Ausnahme sind. Einmal hatte ich im Bus einen eigenartigen Reflex. Ich las gerade die »Times« und bemerkte, dass ein Herr, eindeutig ein Deutscher, über meine Schulter hinweg mitzulesen versuchte. Mit einem Ruck faltete ich die Zeitung zusammen. Meine instinktive Reaktion war, die Zeitung als etwas Anstößiges und Subversives vor den Augen dieses Menschen verbergen zu müssen. Meine deutschen Bekannten sah ich nie mehr auf der Straße mit ausländischen Zeitungen in der Hand. Ich kann mich aber erinnern, dass sie sie früher gern gelesen haben.

Von den deutschen Zeitungen lohnt es vor allem zwei zu lesen: Die »Deutsche Allgemeine Zeitung« und die »Vossische Zeitung«. Erstere, die schon immer ein hervorragend redigiertes konservatives Organ war, hatte keine jüdischen Mitarbeiter. So ist es schwer, einen Vorwand für Schikanen gegen sie zu finden. Die »DAZ«, wie sie gemeinhin genannt wird, hat scheinbar die *»Gleichschaltung«* vollzogen. Sehr geschickt operiert sie jedoch nun mit der Methode *a contrario*, hauptsächlich zur Wahrung kultureller Interessen im weitesten Sinne des Wortes. In Fragen der Außenpolitik stellt sie in der hundertprozentig einheitlichen Front der deutschen Presse keine Ausnahme dar, so wie sie auch früher nie eine darstellte. In dieser Hinsicht bliesen selbst die Sozialisten und die Kommunisten stets in dasselbe Horn, lediglich Zeitungen mit pazifistischen Tendenzen, die heute, klar doch, nicht mehr existieren, bildeten früher einen kleinen Riss in dieser »aggressiven« Mauer.

Die »Vossische Zeitung« hingegen ist deswegen so interessant, weil sie über »Selbstmorde«, »Todesfälle wegen Nierenversagens im Gefängnis« und allgemein über Verhaftungen usw. berichtet, natürlich nicht auf der ersten Seite oder in den oberen Spalten, aber ein gewissenhafter Leser wird die Nachrichten kaum übersehen.

Aber was ist wahr von dem, was man in Deutschland als Gräuelhetze bezeichnet? Vorab ist zu betonen, dass sich von Ende April bis Mitte Juni die Revolution gewissermaßen in einer Phase geminderter Aktivität befand. Die Gräuelpropaganda fand daher weniger Nährboden. Es scheint, dass gerade jetzt, nach der heftigen Aktion gegen den Stahlhelm, die Deutschnationalen, das Zentrum[10], die Bayerische Volkspartei und die Katholiken, erneut eine Welle der Gewaltexzesse beginnt. Aber diesmal wird der Geheimdienstapparat bereits so hermetisch abgeriegelt sein, dass wir beinahe mitleidig auf die primitiven Methoden vom März dieses Jahres hinabsehen werden, als die Revolution noch in den Windeln lag (auch wenn das Kind heute noch zum Himmel schreit).

Womit fängt man am besten an? Ob getötet wurde? Ja. Direkt oder durch Prügeln in den Braunen Häusern. Grausamkeiten und Tötungen wurden nur von der SA begangen. Die Polizei und die Gefängnisleitungen waren und sind immer noch ganz korrekt. Auch den Stahlhelm trifft in dieser Hinsicht kein Vorwurf. Aber das SA-Hauptquartier stand schon in den ersten Monaten nach der Machtübernahme durch die Nationalsozialisten im Ruf einer Grausamkeit, die schwer zu beschreiben ist. Kaum jemand, der dort hingebracht wurde, kam unversehrt wieder heraus. Entweder verschwand er spurlos oder er wurde mit viel Aufwand in einem mehr oder weniger schlechten Zustand im Krankenhaus wieder gefunden oder es kam nach ein paar Wochen des vergeblichen Suchens die Nachricht, er sei im Konzentrationslager oder im Gefängnis. Der Kontakt mit Bekannten oder Verwandten ist von dort aus fast unmöglich.

Manchmal liest man, jemand sei im Gefängnis an Herz- oder Nierenversagen gestorben (wie man weiß, waren sie vorher schon angeschlagen), jemand habe Selbstmord begangen, ein anderer wurde auf der Flucht erschossen. Wenn ein älterer Herr mit einem Bäuchlein, also kein professioneller Knastbruder, eine Flucht aus einer Strafanstalt erwägt, dann muss es ihm dort wirklich ganz ausgezeichnet gehen. Wegen der im Ausland wütenden Gräuelpropaganda führten die Machthaber Besichtigungen in Gefängnissen für politische Häftlinge durch die ausländische Presse ein. Der Gefängnisdirektor ging mit den Journalisten in jede Zelle und machte dem betreffenden Häftling den Vorschlag, sich über irgendetwas in seinem laufenden Prozess zu beschweren. Man kann sich leicht das verschreckte Schweigen seitens des Befragten oder seine dahin gestammelten Lobesworte vorstellen. Nur ein jüdischer Kaufmann beantwortete die Frage talmudisch: Es gehe ihm so, wie es einem den Umständen entsprechend gehen könne. Er soll später seine subtilen Worte bitter bereut haben.

Schon in den ersten Tagen der Revolution geschahen wirklich bedrohliche Dinge. Oft beglichen SA-Leute persönliche alte Rechnungen oder machten neue Rechnungen auf, indem sie völlig ungestraft Feinde oder Gläubiger schlugen oder erschlugen. Solche Vorfälle werde ich jedoch nicht in meiner Reportage über die Judenfrage behandeln, die ich noch schreiben will. Der Schneider, selbstverständlich ein Jude, der einem Hitler-Anhänger einen Anzug auf Ratenzahlung verkaufte, litt unter seinem Schergen nicht als Opfer des Rassenhasses, sondern einer grausamen Wirtschaftskonjunktur wegen. Heute sind solche persönlichen Abrechnungen undenkbar und gehören wohl endgültig der Vergangenheit an. Die SA wurde doch ein wenig gebändigt.

Was das Schlagen und die anschließende Freilassung betrifft, erkannte man schnell, dass eine Schwachstelle des Systems darin lag, dass die Freigelassenen jederzeit etwas ausplaudern konnten. Daher werden heute im Allgemeinen Verhaftungen durchgeführt, ohne die Opfer zu quälen, oder die unerwünschten Personen verschwinden gleich spurlos. Irgendwo in irgendeinem kleinen Wäldchen bekommt man eine Kugel in den Schädel gejagt. Auch für die Beseitigung der Leiche gibt es verschiedene einfallsreiche Methoden.

Meine Gedanken wenden sich hier wieder meinem wunderbaren, liberalen Polen zu, das keine so harten Anforderungen der Staatsraison kennt und wo trotzdem über einzelne Vorfälle ähnlicher Natur so viele Tränen (auch meine) vergossen und so viel Tinte verbraucht wurde. Die Polen können sich nun noch mehr gesetzlose Gewalt- und Terrorakte leisten und zugleich in Anspruch nehmen, sich moralisch über ihren westlichen Nachbarn zu empören.

Man munkelt, dass neuerdings, wenn in einem Braunen Haus geschlagen oder Rizinusöl eingesetzt wird – diese hübsche Sitte kam zusammen mit dem faschistischen Gruß aus Italien – immer ein Arzt dabei sei.

Mit absoluter Sicherheit kann man nur eines feststellen: Der Terror ist total. »*Und niemand klagte, wer genas*«, oder fast niemand. Hierzu ist die polnische Gesandtschaft im Besitz eines interessanten Dokumentes. Ein geprügelter polnischer Bürger beschwerte sich dort, doch nach einiger Zeit schrieb er einen Brief mit der Bitte um Einstellung des Verfahrens; er erklärte, dass er zwar geschlagen worden sei, aber jetzt einsehe, dass dies im Recht geschah wie alles, was im Namen der Gleichschaltung geschehe, gerecht sei.

Und wie viele Menschen reichten erst gar keine Beschwerde ein? Sie waren überglücklich, mit dem Leben davongekommen zu sein und in der Masse untertauchen zu können. Das alles gilt übrigens nur für Personen, die überhaupt noch ein Recht auf Schutz haben: Damit meine ich die Ausländer.

Der wichtigste Grund für den Rückgang der Gewalttaten ist, dass die Regierung die Zuständigkeit für Verhaftungen von den Sturmabteilungen auf die Polizei übertragen hat. Vom Polizeipräsidium am Alexanderplatz geht man nur ins Gefängnis oder in ein Konzentrationslager, aber niemals ins Braune Haus oder in irgendeinen Berliner Wald; bei uns ist übrigens das Wäldchen Sękociński für solche Vorfälle berüchtigt.

Ich war auf dem Polizeipräsidium, um meine Aufenthaltserlaubnis verlängern zu lassen, und dachte mir, wenn so viele weinende Frauen durch die Flure schleichen und stundenlang warten, scheint das alles wohl doch nicht so vortrefflich zu sein.

Wie viel von dem, worüber ich hier schreibe, ist der deutschen Allgemeinheit bekannt? Mit Sicherheit sind diese Tatsachen zu 90 Prozent nicht bekannt; den übrigen zehn Prozent wird mit »enthusiastischer Skepsis« begegnet.

Bescheid wissen nur solche, die es unbedingt wissen wollen. Und das ist nicht einfach. Bescheid wissen auch die linke Opposition, die Diplomaten und die ausländischen Journalisten. Die kommunistische Partei veröffentlicht sogar eine kleine hektografierte Schrift, die Interessierten zugesteckt wird. Dieses Blatt ist eine wahre Schatzgrube für Gräuelpropagandisten, da es genaue und wahre Informationen enthält.

Selbst bei der SA überwiegt die Unkenntnis. Außerdem sieht ja ein Blinder, dass die rosigen Gesichter der lachenden, gesunden Jungen in ihren braunen Hemden gar nicht in der Lage wären, eine ältere Frau zu foltern oder auch nur zuzulassen, dass sie gefoltert wird, nur weil der Herr, dem sie als Sekretärin dient, das fürchterliche Verbrechen beging, in einem öffentlichen Lokal seinem des Englischen unkundigen Begleiter einen Artikel aus dem »Daily Telegraph« zu übersetzen. Selbstredend hat auch der Brotgeber der Sekretärin Gehöriges abbekommen, der Artikel war nicht ganz auf der Linie der Partei. Der Vorfall ist authentisch. Hinzuzufügen wäre noch, dass auch eine junge Stenotypistin aus demselben Büro bestialisch verprügelt wurde, so bestialisch wie üblich, bis zur Ohnmacht.

Womit schlagen sie? Mit Gummiknüppeln. Ziemlich oft, ich weiß nicht warum, mit Billardstöcken oder auch mit einem Werkzeug, von dem ich den Namen nicht weiß, aber es zu beschreiben versuche: zunächst ein 15 Zentimeter langer Holzgriff von Gehstockdicke, dann ein 20 Zentimeter langes, dichtes Stahlfederbündel von einundeinhalb Zentimeter Durchmesser; dann weitere 20 Zentimeter etwas dünnere Stahlfeder, am Ende ein Bleiknauf von drei Zentimeter Durchmesser, alles mit Leder bezogen. Ein ähnliches Instrument sah ich einmal auf einem Schreibtisch liegen. Das Leder war in der Naht gesprungen und stellenweise mit dem Rostrot getrockneten Blutes bedeckt.

Nach einigen ruhigen Tagen in Berlin kommen mir die Ratschläge meiner Bekannten, wie »Lass deine Notizen nicht im Hotel liegen«, »Achte darauf, was du in Briefen schreibst«, »Vergiss nicht, dass Telefongespräche abgehört werden« – als ob man in Polen nicht daran denken müsste –, so albern übertrieben vor wie das altjüngferliche Nachsehen unterm Bett. Angeblich finden Durchsuchungen in Hotels statt, offiziell und à la Moskau, also geheim. Mir ist das noch nicht passiert. Man kann sich in Berlin durchaus über längere Zeit aufhalten, Beziehungen und Bekanntschaften pflegen und im guten Glauben schwören, es gebe keinen Terror. Es sei denn, durch einen glücklichen Zufall – oh tückisches Reporterglück! – werden einem plötzlich die Augen für die Realität hinter den Kulissen geöffnet.

Wie groß war mein Staunen, als ich nach einstündigem Warten plötzlich im Eingang des Restaurants, in dem wir verabredet waren, das rote, verstörte, aber wild entschlossene Gesicht meines Freundes Bill erblickte, der halb Deutscher und halb Amerikaner ist. Was er in seiner Seele ist, ist schwer zu sagen. Er hat einen amerikanischen Pass und ist in Paris ansässig. Er entschuldigt sich für die Verspätung und erzählt, dass er die ganze Nacht auf den Beinen war und nun halb tot sei. Was war geschehen? Am Vortag erhielt er einen Anruf von der englischen Gouvernante des Kindes seiner Cousine; er möge sie unverzüglich in einer dringenden Angelegenheit aufsuchen. Die Cousine ist die Frau eines Berliner Architekten mit, soweit man weiß, linken Sympathien. Bill springt ins Taxi, fährt hin und erfährt von dem verzweifelten Kindermädchen, dass der Herr vor drei Tagen um Mitternacht abgeführt wurde, und als man zwei Tage später immer noch nichts von ihm hörte, ging die Cousine zum Polizeipräsidium. Nun ist sie seit 24 Stunden ebenfalls verschwunden. Bill setzt Himmel und Erde in Bewegung. Behilflich waren ihm dabei der amerikanische Pass und seine perfekten Deutschkenntnisse. Schon vor dem Morgengrauen fand er die Cousine bewusstlos und in kritischem Zustand in einem Krankenhaus. In derselben Nacht war ihr eine Brust amputiert worden. Später erfuhr er, dass sie vom Polizeipräsidium ans Braune Haus verwiesen wurde; über den Verbleib ihres Mannes erfuhr sie dort nichts, dafür wurde sie mehrmals vergewaltigt und ihre Brust so zerbissen, dass eine Operation notwendig war. Bill erfuhr auch, in welchem Gefängnis ihr Mann sitzt und dass er ebenfalls sehr schwer krank sei. Seit dem frühen Morgen rennt Bill nun von Amt zu Amt, um die bei Minderjährigen notwendige Einwilligung des Vaters für die Ausreise des Kindes nach Paris zu erwirken, wo sich Bills Frau seiner annehmen will. Nach unglaublichen Strapazen und unerhörtem Krafteinsatz erreicht er sein Ziel. Am selben Abend begleite ich ihn zum Bahnhof und sehe zu, wie er die immer noch aufgeregte, aber um ihr englisches Phlegma bemühte Gouvernante und das elegant ausstaffierte Kind im Schlafwagen nach Paris unterbringt.

Ich komme ins Grübeln: Schlafwagenkomfort. Durch die Fenster der benachbarten Abteile werden die schönsten Blumen Europas gereicht. Die Gouvernante – eine qualifizierte englische *nurse*. Ein Kind wie aus dem Katalog. Das soll eine Revolution sein?

Ich berichte diesen Vorfall nicht als Beispiel dafür, was alltäglich passiert. Ohne Zweifel hatte ich das seltene »Glück«, einer außergewöhnlichen Situation zu begegnen. Bei der polnischen Gesandtschaft sind mehrere 100 Klagen und Schreckensberichte eingegangen. Viele polnische Bürger sind unauffindbar verschwunden; einige sitzen grundlos und ohne Verhandlung im Gefängnis; nicht wenige kurieren die gesundheitlichen Folgen ihres Ausländerstatus aus. Und doch – als ich bei der Gesandtschaft die Geschichte von Bills Cousine erzählte, hörten sie dort offenbar zum ersten Mal etwas Derartiges. Frauen würden zwar geschlagen, wenn auch eher selten, aber von solch bestialischen Exzessen habe bisher noch niemand berichtet.

Zum Thema Schlagen gibt es übrigens eine offizielle Verlautbarung. Ein Vertreter der Auslandsorganisation der Nazipartei, so ein kleiner Rosenberg[11], der zu Propagandazwecken nach Skandinavien entsandt worden war und dort auf einer Pressekonferenz in der deutschen Gesandtschaft in Kopenhagen dazu befragt wurde, was an einem Gerücht über das Verprügeln einer alten Kommunistin wahr sei, antwortete, es sei kein Gerücht, sondern die Wahrheit, und er billige solche Methoden ausdrücklich.

Doch zurück zur polnischen Gesandtschaft und den Meinungen anderer Diplomaten, die ständig mit dem Auswärtigen Amt in Kontakt stehen: Die Zusammenarbeit mit diesem Ministerium wird von allen einstimmig gelobt. Dort sind nicht viele Hitleranhänger beschäftigt. Der Führer hat nur wenige Spitzenpositionen neu besetzt. Die alten Diplomaten, keiner aus Rosenbergs Schule, sind selbstverständlich beschämt über manche Akte der in Deutschland herrschenden Rechtlosigkeit. Beamte des Auswärtigen Amtes helfen eifrig bei der Suche nach verschwundenen Ausländern mit und setzen sich für ihre Freilassung ein, wenn auch trotz besten Willens nicht immer mit Erfolg. Bemerkenswert ist auch, dass die persönlichen Beziehungen zwischen diesen Beamten und den ausländischen Diplomanten zu keiner Zeit besser waren.

Ich habe soeben zum ersten Mal, seit ich aus Berlin schreibe, den Ausdruck »Rechtlosigkeit« verwendet. Obwohl generell eng mit dem Begriff der »Revolution« verknüpft und in anderen typischen Revolutionen vielleicht krasser zu Tage tretend, ist die Rechtlosigkeit hier – zumindest potenziell – gewaltig. Sie ist fast zum Grundsatz erhoben, und nur manchmal wird sie in Gesetzesform gekleidet, übrigens in eine derart naive, dass es die reinste Humoreske wäre, hätte diese Rechtshypokrisie nicht Tausenden von Menschen die Freiheit gekostet.

Das beste Beispiel einer solchen versteckten Rechtlosigkeit ist ohne Zweifel die sogenannte Schutzhaft, eine aus dem Mittelalter stammende Inhaftierungsform. Sie wurde angewandt, um einer Einzelperson durch die Abschirmung hinter Gefängnisgittern Schutz vor einer Gefahr zu bieten. So eine Haft durfte in der Vergangenheit nicht länger als 24 Stunden dauern. Die gegenwärtigen Machthaber verlängerten die zulässige Dauer zunächst auf 48 Stunden und später (ein großer Sprung) gleich auf bis zu drei Monate. Die überwältigende Mehrheit der vielen 1000 Menschen, die heute die deutschen Gefängnisse füllen oder nach ein- oder mehrtägiger Haft freigelassen werden, ohne je den Grund für ihre Freiheitsberaubung zu erfahren, genießen eben diesen »Rechtsschutz«, sprich Schutzhaft. Seit den ersten Verhaftungen sind längst drei Monate vergangen, irgendwelche Verfahren gegen die so Beschützten wurden nicht eingeleitet, entlassen wurden sie auch nicht.

Wie soll man alle Erscheinungsformen dieser Rechtlosigkeit und die ganze Garderobe der Deckmäntel beschreiben, unter denen sie sich versteckt? Es hängt dort so ein kleines demagogisches Mäntelchen, an das fast alle glauben wie an jenen Königsmantel aus einem Märchen von Andersen. Allen, die man vernichten will, wird nämlich ganz einfach Unehrenhaftigkeit unterstellt. Eine amtliche Bescheinigung, dass jemand Diebstahl begangen, Geld unterschlagen oder seinen Einfluss und seine Beziehungen missbraucht habe usw. – wer auf der ganzen Welt, außer vielleicht dessen verblendete Mutter, würde dem nicht gern Glauben schenken, dazu noch in der heutigen Zeit? Diese oder ähnliche Taten wurden Abertausenden zugeschrieben. Wie sollte die öffentliche Meinung da den Überblick behalten, ob dem vermeintlichen Schurken ein Verfahren angehängt, ob überhaupt ein Urteil gesprochen wurde? Man weiß, dass sie verhaftet sind, dass sie einsitzen: Recht geschieht ihnen. Die morgige Zeitung wird so viele neue Sensationen bringen, dass einem keine Zeit bleibt, an die von gestern einen Gedanken zu verschwenden.

Es gibt eigentlich nichts Leichteres, als denen, die das riesige Kapital der öffentlichen Hand verwalten, etwas anzuhängen. Wo es einen Dispositionsfond gibt, ist Erpressung garantiert. Nicht auszudenken, was passieren würde, wenn ein anderes Regime an die Stelle des jetzigen träte und dieselben Kampfmethoden anwenden würde. Denn es wäre falsch zu glauben, dass alle Nationalsozialisten eine tiefe Verachtung gegenüber der eigenen Tasche hätten. Aber zu diesem Thema gehen nicht viele Gerüchte um, und Skandale gab es bisher auch keine. Die Leute ganz oben sind, scheint es, anständig; natürlich spielen sie sich, genau wie in anderen Ländern auch, als so anspruchslos wie Diogenes auf. Manchmal jedoch ist das Fass ein undichtes Danaidenfass, da wollen wir lieber nicht hineinsehen. Zum Beispiel spendete Hitler sein ganzes Kanzlergehalt für »gute Zwecke«, andererseits soll er jedoch vom »Völkischen Beobachter« ein ganz hübsches Einkommen beziehen.

Kommen wir doch besser auf die angeblichen Unterschlagungen zurück, die vor allem den »Unbequemen« vorgeworfen werden. Deshalb wurde beispielsweise der Graf zu Eulenburg verhaftet, ein enger Freund von Hindenburgs Sohn. Prälat Kaas, ehemals Vorsitzender der Zentrumspartei, den die Vorwürfe im Ausland ereilten, entschließt sich, *ad infinitum* in Rom zu bleiben, wohl wissend, dass man ihn an der deutschen Grenze unter dem Vorwurf schmutziger Geldgeschäfte verhaften würde. Zuletzt wurde die Wunderwaffe eingesetzt, damit die Zerschlagung der Arbeiter- und Gewerkschaftsverbände vollends gelang. Die Arbeiterführer Grassmann und Leipart[12] wurden unsauberer Machenschaften bezichtigt, zwei ältere Menschen, die allgemein als aufrichtig, ehrlich und uneigennützig bekannt waren und ihr ganzes Leben der Arbeitersache gewidmet hatten. Dem einen wurde vorgeworfen, eine »unglaublich überhöhte Vergütung« bezogen zu haben, sprich ganze 700 Mark monatlich. Nun, wie schon gesagt, der Vorwurf der Habgier kommt bei der gehässigen Leichtgläubigkeit der Massen immer gut an, selbst wenn er sich auf derart lächerlich schwache Argumente stützt. Die deutschen Massen ließen es geschehen und sahen seelenruhig zu, wie mehr als ein halbes Jahrhundert der Leistungen und Erfolge der Arbeiterklasse im Allgemeinen und der sozialdemokratischen Partei im Besonderen vernichtet wurden. Sie verloren den Glauben an ihre Führer und gleichzeitig erstarrten sie – wie durch einen seltsamen Knoten im Gehirn – in einem der Psychose ähnlichen Zustand: Sie wurden gleichgültig gegenüber allem, was sie mit ihren eigenen Ersparnissen und Opfern aufgebaut, gegenüber dem, woran sie bis vor Kurzem noch fest und heilig geglaubt hatten als einzigen Weg in eine bessere Zukunft. Ein klassenbewusster Deutscher hat heute nichts mehr, woran er glauben könnte, und so sagt er sich eben, vielleicht hat die Regierung ja doch Recht und ihm werde letztendlich kein Leid zugefügt.

Ich vermag nicht, alle »zersetzenden Kräfte« oder Bestandteile der gegenwärtigen Revolution in Deutschland zu analysieren. Gewisse Analogien zu Sowjetrussland stützen jedoch die Annahme, dass es sich tatsächlich um eine Revolution handelt. Nervosität hängt in der Luft, sie ist permanent spürbar. Man spricht von Sabotage und Konterrevolution. Um sie zu bekämpfen, werden, ähnlich wie zur Bekämpfung der Korruption, neue Sonderämter eingerichtet. Die in solche oder ähnliche Ämter berufenen »Kommissare« müssen innerhalb von zwei, drei Tagen Mitarbeiter finden, ein Büro einrichten, die Arbeit aufnehmen und der Regierung über laufende und künftige Projekte berichten.

Abgesehen davon tritt vor dem Hintergrund des ohnehin schon verworrenen Verwaltungssystems mit all seinen Ministerien, Reichs- und Landesämtern eine unglaubliche, man könnte sagen, kameradschaftliche Nonchalance zutage, mit welcher sich Minister und Kommissare in die Angelegenheiten fremder Ressorts und der Länder des Reiches einmischen. Öffentlich beziehen sie Stellung zu Themen, für die, so sollte man glauben, eigene »natürliche« Referenten zuständig sind. Wie auf einem Jahrmarkt – fühlt sich niemand gestört oder irritiert, dass von zwei benachbarten Karussells das eine einen Marsch, das andere eine Polka spielt – entsteht hier auf dieser volksfestähnlichen, lebhaften und aufregenden Veranstaltung des nationalsozialistischen Umbruchs ein eiliger Trubel, und das soll nicht nur etwas Natürliches, sondern vielmehr ein Zeichen jugendlicher Lebenskraft sein. Auf jeden Fall ist es ein Beweis, dass es in den regierenden Kreisen wahre Kameradschaft gibt.

Ich sitze in einem Café. Sieben oder acht Lastwagen fahren vor. Sie haben Bänke auf der Ladefläche, und darauf sitzen Polizisten und Mitglieder der Hilfspolizei mit Karabinern zwischen den Beinen. Es ist klar, was das bedeutet: Razzia. Sie werden den ganzen Häuserblock umzingeln, vielleicht mehrere Straßen, oder irgendeinen Park; jeder muss sich ausweisen und einer Durchsuchung unterziehen. Verdächtige werden abgeführt. Solche Razzien können den ganzen Tag dauern. Sie finden vorwiegend in ärmeren Vierteln statt, in denen viele Kommunisten wohnen, aber auch im Zentrum und im Westend werden welche durchgeführt. Eine Bekannte, die Frau eines höheren Beamten im Auswärtigen Amt, musste einmal bis zum Abend zu Hause eingesperrt bleiben. Sie telefonierte mit ihrem Mann, damit er für sie einen Passierschein erwirke. Nichts half. Protektion ist in solchen Fällen unwirksam. Die Maschen der Netze sind alle gleich groß. Nach wem wird da gefischt? Gibt es denn nicht genug Feinde und Verdächtige: Rechte, Linke, vom Zentrum und allgemein, Nichtnationalsozialisten?

Die Wagen fahren vorbei. Ich schaue in die Zeitung. Fräulein Neppach, eine Tennisspielerin und Jüdin, die ich noch gestern in einer Bar gesehen habe, »beging Selbstmord aus unbekannten Gründen«. Auch Scheidemanns Tochter beging gemeinsam mit ihrem Ehemann Selbstmord.[13] Professor Mayer, ein bedeutender Kunstkenner und Direktor der Münchner Pinakothek, beging Selbstmord im Gefängnis. Der Bürgermeister irgendeines friesischen Kaffs, ein sozialdemokratischer Abgeordneter aus Hamburg usw. usw. Sie alle begingen Selbstmord. Man will es gar nicht glauben. Nie werden Einzelheiten der Untersuchung bekannt gegeben, und nur selten, auf welche Art der Selbstmörder sein Leben verkürzte.

Ja doch, das muss eine Revolution sein.

In der Flut der vom Naziregime erlassenen Rechtsvorschriften fällt ein Gesetz auf, das zwar sehr wichtig, bemerkenswert und kühn, aber nicht typisch revolutionär ist. Ich spreche hier von der Einführung des sogenannten *Ahnerbenrechts*, das aus dem mittelalterlichen Preußen stammt und bis heute noch in einigen Reichsländern existiert. Nach diesem Recht wird automatisch jeder Bauer zum Majoratsherrn, weil sein Land mit sämtlichen Immobilien nur noch seinem ältesten Sohn übertragen werden kann. Die Maßnahme soll der extremen Zersplitterung des Bodeneigentums entgegenwirken und gesunde, selbstständige Landwirtschaftsbetriebe schützen. Was mit den Schwestern und jüngeren Brüdern des neuen Majoratsherrn geschehen soll, wurde nicht festgelegt.

Meine Verblüffung war enorm, als ich kurz nach der Ankunft in Berlin in der »DAZ« einen Aufsatz las, der eine Analyse dieses Gesetzes bot und mir die Augen für die Absurdität der Rassenfrage und -gesetze öffnete. Ich konnte dem Aufsatz entnehmen, dass »die germanischen Gesetze nur den Bürgern deutschen Blutes zugutekommen sollen, daher wurde ein arischer Paragraf im Ahnerbenrecht besonders berücksichtigt«. Als Bauer im Sinne dieses Gesetzes gilt nicht, »wer unter den männlichen oder anderen Vorfahren bis in die vierte Generation zurück Vorfahren jüdischer oder nichtweißer Abstammung hat«. »Die Nachkommen aus der Ehe mit einer Person nichtdeutschen Blutes verlieren künftig endgültig den Bauernstatus im Sinne der Besitzrechte für den Erbbauernhof.« Diese Vorschrift übertrifft andere Arierparagrafen noch an Schärfe, weil sie nicht nur die vollkommen reine Abstammung allein des Namens fordert, sondern statt wie üblich auf die dritte bis auf die vierte Generation zurückgreift. Man muss annehmen, dass die Ahnenreihe nicht beim gegenwärtigen Besitzer, sondern erst bei dessen Erben beginnt. Eine Ausnahme bilden »nichtfarbige« und »nichtjüdische« Nichtarier, wie zum Beispiel die Ungarn; als Angehörige des deutschen Blutes gelten alle Germanen, also auch Holländer und Dänen. Ist künftig eine Ehe, zum Beispiel mit einer Spanierin »nichtdeutschen« Blutes gleichbedeutend mit der Enterbung der Nachkommen? Der Logik nach scheint es so.

Die Gleichstellung der Juden mit den Farbigen ist nicht nur lächerlich an sich, sondern geradezu absurd. Die wenigen Jazzmusiker und ein paar Türsteher, die noch vor dem Krieg aus den deutschen Kolonien zugewandert waren, wurden auf die Straße gesetzt und sterben jetzt vor Hunger – sie bilden nun ein trauriges »farbiges« Detail in diesem gewaltigen und mit viel Energie ausgemalten braunen Nationalkitsch. Ein schwarzer Sänger und amerikanischer Staatsbürger, der bis vor Kurzem noch glänzend verdiente, hat nun nach einem langen Krankenhausaufenthalt seine gesamten Ersparnisse verbraucht. So hat er kein Geld für eine Ausreise. Erwerbstätigkeit ist ihm nicht erlaubt, und sei es auch nur als Straßensänger in den Hinterhöfen. (Selbst die Straßensänger wurden organisiert. Sie müssen ihre Parteiloyalität nachweisen, hauptsächlich geht es jedoch um das Repertoire – es muss rein national sein.) In dem Nachtclub, in dem der Sänger früher auftrat, sammelt der Eigentümer unter den Stammgästen nun Geld, um dem Unglücklichen die Ausreise nach Paris zu ermöglichen.

Mit den Juden ist das etwas anderes: Das ist keine Kleinigkeit, sondern eine sehr ernste Sache. Sie bilden knapp ein Prozent der Bevölkerung. Vielleicht darf man sich nicht allzu sehr über Leute wundern, die instinktive oder geschäftliche Vorbehalte gegenüber Juden haben und deswegen so grausam vorgehen, wie wir hören; denn man kann sich in der Tat kein vitaleres, aufnahmefähigeres und vom Temperament her raffgierigeres Prozent als dieses eine Prozent deutscher Juden vorstellen. Wenn also diese Juden, abgesehen von ihrer angeborenen Eigenschaft, jedes Vakuum und jede Lücke zu füllen oder sich jeden Bedürfnisses anzunehmen, auch noch schlecht assimiliert wären, könnte man vielleicht die in Abstammungskategorien denkenden nationalen Erneuerer in Ansätzen verstehen. Aber nirgendwo sonst außerhalb der angelsächsischen Länder zeigte sich der Jude als ein derart loyaler und patriotischer Bürger wie ausgerechnet in Deutschland (das haben sie während des Krieges bewiesen). Heute genauso; wenn man, so wie ich, in Gesprächen mit deutschen Juden die Wahrheit über die herrschenden Verhältnisse erfahren will, trifft man auf doppelte Schwierigkeiten. Erstens existiert zu Recht eine nur allzu berechtigte Furcht, zweitens bemerkt man – in einem noch höheren Maße – eine tiefe Abneigung, solch schmerzhafte und schmutzige »Familienangelegenheiten« einem fremden Menschen anzuvertrauen, noch dazu einem Polen. Man kann mit ziemlicher Sicherheit sagen, dass die überwältigende Mehrheit der deutschen Juden sehnlichst auf den Augenblick wartet, wieder hundertprozentig loyale Deutsche werden zu dürfen. Wenn der gegenwärtige fürchterliche Druck nicht allzu lange dauert, rechne ich damit, dass wir noch Zeiten einer neuen Welle deutschen Chauvinismus unter den deutschen Juden erleben werden. Das wäre dann wie bei einem sich liebenden Ehepaar, das sich nach einem Streit wieder versöhnt; so etwas wie die zweiten, bewussten Flitterwochen. Andererseits aber kann die Verfolgung die Verbundenheit der Juden mit Deutschland zerstören, wenn in dieser Zeit eine ganze Generation »in Unfreiheit geboren, [und] bei der Geburt in Fesseln geschlagen«,[14] heranwächst.

Als was sonst, wenn nicht als Deutsche, kann ein 80-jähriges Mütterchen angesehen werden, die zwar aus Łódz stammt, aber mit kaum 20 Jahren in Berlin heiratete. Sie war immer konfessionslos und die Synagoge hatte nicht einmal symbolischen

Wert für sie. Als Deutsche erlebte sie zwei Kriege, 1870/71 und 1914–18. Sie hatte drei Söhne und einen Schwiegersohn. Ein Sohn fiel im Weltkrieg, zwei andere wurden verwundet und bekamen hohe Auszeichnungen. Einen überraschte der Kriegsbeginn in Südamerika: Er schlug sich unter Lebensgefahr nach Deutschland durch, nur um in die Armee einzutreten. Heute der Möglichkeit beraubt, als Dozent an der Universität Leipzig Geld zu verdienen, oder gar wissenschaftlich zu arbeiten (die Türen der Labors und Bibliotheken sind ihm verschlossen), musste er nach Paris auswandern, wo er Arbeit sucht und mit großen materiellen Engpässen zu kämpfen hat. Ein beinahe identisches Schicksal ereilte den zweiten Sohn, mit dem Unterschied, dass er in Prag sitzt und hofft, in Zürich eine Arbeit zu bekommen. Diese Menschen haben zu viel Gefühlskapital in Deutschland investiert, um es sogleich der Gleichgültigkeit preiszugeben.

So hält meine Bekannte geduldig aus, zusammen mit der verwitweten Tochter. Da die Söhne sie nicht mehr unterstützen, ist nicht nur das für den Unterhalt der Wohnung verfügbare Geld äußerst knapp geworden, sie muss vielmehr noch zusehen, dass sie den zulässigen Betrag von 200 Mark nach Paris oder Prag schickt, trotz der Einschränkungen im Devisenverkehr. In die geräumige, gut ausgestattete Wohnung, sicherlich jüdischer Besitzer, hat man Untermieter aufgenommen, selbstverständlich auch Juden. Ein Arier, selbst der größte Philosemit, würde ungern dort wohnen, weil Durchsuchungen zu befürchten sind und sich sicher bald Armut ausbreiten wird. Und die jüdischen Mieter zahlen. Wie lange das gut geht, weiß man nicht. Einer ist ein Student aus Polen – es funktioniert wie bei der Sparkasse: Sicherheit und Vertrauen. Aber wie lange wird er hier noch studieren können? Die Zukunft ist so beängstigend unsicher. Die Damen tragen es mit Würde. Sie haben ihre Bedürfnisse auf ein Minimum beschränkt, zeigen nicht dem

ersten Besten die Verbitterung, die sie empfinden, nach außen
hin bleiben sie bei guter Laune und in Erwartung besserer Tage.
»Sie kommen doch?«, fragen sie etwas nervös und schauen mir
dabei beinahe flehentlich in die Augen. Sie widersprechen den
Gerüchten, dass auf der Straße gegen Juden gerichtete Gewaltexzesse stattfänden, im Gegenteil, seit dem Beginn der Verfolgung erführen sie viel Freundschaft und Mitgefühl.

In den Hafenstädten, hauptsächlich in Hamburg, wo man
im Gegensatz zum Rheinland nur sehr schwer antisemitische
Stimmungen erzeugen kann und wo selbst der Tag des Boykotts mit einem Fiasko endete, konnte man am frühen Nachmittag keine Blumen mehr bekommen, weil sie alle in die jüdischen Wohnungen gewandert sind, versandt von beschämten
und mitfühlenden Ariern. Dies und andere Solidaritätszei-
chen, zum Beispiel das Vorlassen der Juden in den Warteschla-
gen, waren leider nur eine oberflächliche Auflehnung gegen die
herrschende, oder besser gesagt aufgezwungene Stimmung, sie
können daher auf längere Sicht nur wenig Trost bieten. Ich sage
deutlich: Irgendwelche Beispiele von Courage, den Boykott von
arischer Seite zu unterlaufen, wurden keine vermeldet, und das
erwähnte Mitgefühl beschränkte sich auf Visitenkarten, Blumen und Besuche bei jüdischen Bekannten. Nun werden Besuche bei Juden immer seltener. Das ist übrigens durchaus verständlich. Denn, was würde Cousin Otto oder Onkel Herbert
dazu sagen, wenn er unerwartet zum Tee vorbeischaute, stolz
auf sein braunes Hemd, und sich dann im Salon von einer
Galerie aus Hakennasenprofilen umgeben fände. Vor dem Hintergrund der herrschenden Stimmung würde das doch wirklich stören.

Verglichen mit anderen Auswirkungen der Revolution
scheint der Antisemitismus eher ein konditionierter Reflex zu
sein. Persönlich hatte ich keine Gelegenheit, einem echten Ju-
denfresser zu begegnen, insbesondere die Beamten schämten

sich und schwiegen zu diesem Thema oder äußerten die oft gehörte Formel: »Ich persönlich habe nichts gegen Juden, im Gegenteil, ich habe sogar gute Freunde unter ihnen, aber sie haben wirklich alle Lebensbereiche so beherrscht, dass die Regierung vielleicht Recht hat, mit dem, was sie tut.« Meine Bekannten in der SA oder noch höher stehende Anhänger Hitlers wiederum bewerten die antijüdischen Maßnahmen genau wie alle anderen negativen Seiten der Revolution. Ob es sich um die Dreistigkeit der akademischen Jugend oder die Bücherverbrennung handelt – sie bagatellisieren sie. Sie geben höchstens zu, dass man damit die Massen für sich gewinnen will.

Die einzigen konkreten Klagen hörte ich von der Mutter eines Gymnasiasten. Nach dreimonatiger Krankheit konnte er erst zu Ostern wieder zur Schule gehen. Ungewöhnlich groß und sportlich, war er stets an der Spitze der Pfadfinderabteilung gestanden. Nach seiner Rückkehr fand er dieses hohe Amt in würdigeren, arischen Händen. Dazu kamen die Schikanen seiner Mitschüler. Vor allem behaupteten sie, nicht an seine Krankheit zu glauben, er hätte sich als Jude einfach nicht getraut, in die Schule zu kommen; und weil er mit dem Sohn eines baltischen Barons und estnischen Staatsbürgers befreundet ist, sei er ein Freund der Bolschewiken; er solle jetzt mit allen Juden nach Russland ausreisen; er sei nur deshalb Pfadfinder geworden, weil es eine internationale, also jüdische Organisation sei – all diese Vorwürfe endeten stets mit Handgreiflichkeiten. Aus diesen Scharmützeln ging Willy immer als Sieger hervor, wobei er einmal, als ich ihn traf, unglaublich zerkratzt war. Die Mutter beschwerte sich telefonisch beim Schuldirektor, den sie seit Jahren gut kannte. Er sagte ihr, dass die ganze Lehrerschaft über die herrschenden Verhältnisse mit Bedauern spricht und ihnen entgegenzuwirken versucht, aber die Kinder und Jugendlichen seien wie von einer tollwütigen Fliege gestochen, nach den Ferien brächten sie von zu Hause außerordentliche Reserven an Kampfgeist, Verbissenheit und Gehässigkeit mit.

Ich fragte alle Juden, mit denen ich grundsätzliche Gespräche führte, ob sie zu emigrieren beabsichtigen. Die meisten antworteten ziemlich trocken, dass sie Deutsche seien und die Tatsache, dass es ihnen momentan schlecht gehe, für sie kein ausreichender Grund sei, ihre Heimat zu verlassen. Aber die wenigen, für die das Leben in Deutschland unmöglich geworden war, erzählten mir, wie schwierig es sei, auszureisen. Der Fiskus agiert auf zweierlei Weise, einmal zur Wahrung (oder zur vermeintlichen Wahrung) seiner Interessen oder direkt als Werkzeug der Schikane. Ein Jude, der keine Immobilie und kein Bankkapital besitzt, kann das Land am ehesten verlassen, aber ein Kapital- oder Immobilienbesitzer wird nicht herausgelassen unter dem läppischen, aber entscheidenden Vorwand, dass er nach seiner Ausreise keine Steuer mehr auf sein Vermögen entrichten würde, obwohl das Vermögen ja in Deutschland bleibt. Nicht zu vergessen ist auch das Verbot der Ausfuhr von Geld ins Ausland. Aber die Behörden gehen davon aus, dass jemand, der sich im Ausland niedergelassen hat, immer irgendeinen illegalen Weg finden wird, um sein Bargeld außer Landes zu bringen. Für Schikane in ihrer reinsten Form kann ich das Beispiel eines jüdischen Bekannten anführen, der ein hervorragender Hygienespezialist ist. Nachdem er eine gute Stelle an einer französischen Universität zugesagt bekommen hatte, wurde ihm die Ausreise verweigert, weil er entgegen der Auflage kein Sparkonto bei einer Berliner Bank mit 25 000 Mark als Sicherheit nachweisen konnte. Als nicht praktizierender Arzt hatte er alles in allem gerade einmal 2000 Mark an Erspartem. Als ich Berlin verließ, hatte er nur noch 500 Mark und wusste nicht mehr weiter.

In welchen Bereichen waren die Juden prozentual am stärksten vertreten? Sie übten vor allem zwei freie Berufe aus, den des

Arztes und den des Rechtsanwaltes. Auf beiden Gebieten bildeten zumindest in Berlin Juden die Mehrheit.

Das Einkommen der Ärzte stützte sich hauptsächlich auf die Honorarzahlungen der Krankenkassen. Ich benutze hier die Mehrzahl, da es außer der Landes- oder Reichskrankenkasse noch zahlreiche Kassen verschiedener Berufsverbände gibt. Mit wenigen Ausnahmen wurden fast alle Ärzte jüdischer Herkunft aus ihren Arbeitsverhältnissen entlassen. So blieb dem jüdischen Arzt nur die eigene Praxis. Aber was geschah? Die Anhänger Hitlers übernahmen bald die deutsche Ärztekammer und konnten nun einen zugelassenen Arzt einfach aus der Liste streichen. Jeder Arzt bekam einen Fragebogen mit etwa 150 Fragen. Diese bezogen sich unter anderem auf seine Abstammung und die der Ehefrau. Man sollte angeben, ob man je aktiver Kommunist oder Sozialist gewesen war, was man während des Krieges gemacht hat, ob man im Krieg den Vater oder einen Sohn verloren hat. Jeder Arzt, der politisch oder rassisch verdächtig ist oder keine Kriegsauszeichnungen besitzt, kann, sollte er dennoch seine Praxis weiter ausüben, als Quacksalber denunziert und bestraft werden.

Und die Anwälte? Unter den 3600 Anwälten in Berlin waren ungefähr 2800 solche, die nach der heute geltenden Klassifizierung als Juden galten (ein Viertel jüdisches Blut reichte aus). Im Allgemeinen wurden bei ihnen dieselben Kriterien wie bei den Beamten angewandt. Danach behielten nur 1700 Juden die Zulassung, eine Praxis zu führen und bei Gericht auftreten zu dürfen. Auf der anderen Seite wurde aber diesen Glücklichen zu verstehen gegeben, dass sie, sobald sie sich im Gericht zeigten, wegen des »stürmischen patriotischen Elements«, für welches man ja in keiner Weise verantwortlich sei, schon an der Gerichtsschwelle womöglich verprügelt würden. Und sollte es dazu nicht kommen, dann sei es jedenfalls undenkbar, dass heute vor irgendeinem Gericht im »wiedergeborenen« Deutschland ein jüdischer Verteidiger gewinnen könne. Eine hoffnungslose Armut hält Einzug in die Wohnungen der meisten Berliner Rechtsanwälte; nur einige der größten Kapazitäten nahmen sich Arier als Strohmänner, die an ihrer Stelle bei Gericht auftraten. Aber auch das hielt nicht lange an. Die Anwaltskammer hat ihren Mitgliedern jegliche Berufskontakte zu Rechtsanwälten, die ihre Praxiszulassung verloren haben, verboten. Es wurde streng untersagt, eine Sozietät oder Anwaltskanzlei gemeinsam mit Rechtsanwälten nichtarischer Abstammung zu gründen, und jede Verbindung dieser Art musste sofort aufgelöst werden, wenn sie nach dem 30. September eingegangen wurde.

Auch unter den Beamten gab es viele Juden. Die Ausführungsvorschriften eines neuen Gesetzes über die Einstellung und Entlassung von Beamten werfen ein bezeichnendes Licht auf die hoffnungslose Lage all der Juden und Linken, die sich nichts zu Schulden kommen lassen, als dass sie in Ruhe ihren Lebensunterhalt auch weiterhin verdienen wollen. Dieses Gesetz bestimmt nämlich stillschweigend, dass kein Anspruch dieser Menschen schützenswert ist. Der Arierparagraf des Beamtengesetzes unterscheidet sich von den allgemeinen Bestimmungen dadurch, dass er auch eine außereheliche Herkunft berücksichtigt. Adoption ändert nichts an der Lage. Eine Ausnahmeregelung bestimmt in Bezug auf Nichtarier, die schon vor dem 1. August 1914 im Staatsdienst waren, dass sie seitdem ununterbrochen im Staatsdienst stehen und besondere Verdienste vorweisen müssen. (Was für ein breites Feld für Kommentatoren!) Der Begriff des »*Frontsoldaten*«, durch das Gesetz zum ersten Mal aufgegriffen, wird hier ebenfalls sehr eigentümlich ausgelegt, anders als bisher bekannt und sehr eingeengt. Als Frontsoldat galt bisher derjenige, der auf behördliche Anweisung zwei Monate im Kriegsgebiet verbrachte, und jetzt nur noch derjenige, der bei Kampfeinheiten aktiv »an einem

Gefecht oder einer Kriegsaktion« beteiligt war, wer für seine Verletzungen ausgezeichnet wurde oder gegen den Spartakus, Separatisten oder andere Feinde der nationalen Wiedergeburt gekämpft hat. Alle, die diese Ausnahmeanforderungen nicht erfüllen, sind in den Ruhestand zu versetzen. Plötzlich ein großer Gnadenakt: »Die Vorschrift gilt natürlich nicht für jüdische Lehrer in jüdischen Schulen.« Welch eine Erleichterung: Ein Jude darf wenigstens Rabbiner sein.

Nehmen wir einmal an, dass ein Beamter, ein Vierteljude mit besonderen Verdiensten, diese Scylla überwunden hat. Damit hat er noch nichts gewonnen. Auf ihn wartet Charybdis in Gestalt eines Paragrafen für »politisch Unzuverlässige«. Politische »Unzuverlässigkeit« hängt nicht von der Zugehörigkeit zu irgendeiner Partei (mit Ausnahme der kommunistischen Partei) ab, sondern davon, ob der Beamte in Wort oder Schrift oder generell mit seiner Haltung sich der nationalen Wiedergeburt widersetzt oder nationalistischen Beamten geschadet hat. (Welch günstige Gelegenheit für Anzeigen und Beschwerden bei dem herrschenden Hunger nach Arbeitsplätzen!) Ein Beitritt zu einer nationalen Organisation nach dem 30. Januar dieses Jahres wird nicht als Entschuldigung anerkannt. Als Kriterium gilt, wofür sich der Beamte vor der Wahl ausgesprochen hat. In der Sache soll – soweit nur möglich – sehr penibel nachgeforscht werden. Höhere Beamte sind strenger zu überprüfen als ihre Untergebenen, und bei der Überprüfung der »Frontsoldaten« sind keine besonderen Gründe zu berücksichtigen. Wer als Nichtarier als politisch unzuverlässig eingeschätzt wird, bekommt keine Rente; er wird ganz einfach aus dem Dienst entlassen. (Welch eine Ersparnis!) Ist er Professor, verliert er überdies seine Lehrerlaubnis.

Wie man sieht, bleiben freie und wissenschaftliche Berufe den Juden künftig verschlossen, aber auch so manche Tätigkeit an der frischen Luft. Zum Beispiel im Sport: Wir wissen alle, dass es dem hervorragenden Tennisspieler Prenn nicht mehr erlaubt ist, die Sportfahne des Dritten Reiches zu vertreten. Aber was die meisten nicht mitbekommen, sind die schweren Sorgen der mit ihrem arischen Gewissen hadernden deutschen Sportwelt, die soeben von der nichtarischen Herkunft der zweiten Sportskanone Deutschlands, des Barons Gottfried von Cramm[15], erfahren hat und sich nun nicht traut, ihn ebenfalls aus der Nationalmannschaft zu werfen.

Wenden wir uns wieder der Wissenschaft und den Professoren zu. Max Liebermann, langjähriger Vorsitzender der Berliner Akademie der Künste, der größte Impressionist, den Deutschland hatte, ein älterer Herr mit unglaublichem persönlichen und künstlerischen Prestige, von Hindenburg als einer von kaum mehr als 30 Personen mit dem Adler-Orden ausgezeichnet, der höchsten Auszeichnung der Weimarer Republik, die nach persönlichem Ermessen des Reichspräsidenten verliehen wurde, trat aus Protest gegen die vorherrschenden Bedingungen von seinem Amt zurück. Niemand traute sich, ihm etwas anzutun. Er aber hatte den Mut, in einem furchtlosen und bewundernswerten Brief selbst die Kündigung auszusprechen.

Ein ähnlich schönes und ergreifendes Dokument stellt das Rücktrittsgesuch des Nobelpreisträgers Professor Franck von der Universität Göttingen dar. Dieser große Wissenschaftler kämpfte an der Front, erhielt das Eiserne Kreuz I. Klasse und gehörte damit zu den Privilegierten, die ihre Ämter weiter ausüben durften. Professor Franck jedoch legte seine Professur nieder und begründete es damit, einem Land nicht mehr dienen zu können, das seine Kinder nicht als Deutsche anerkennt, sondern als Menschen zweiter Klasse, wie Parias behandelt.[16]

Beide Briefe wirken vor dem Hintergrund des allgemeinen deutschen Gehorsams dank ihrer furchtlosen und ehrenhaften Art geradezu heldenhaft.

Es gibt Nobelpreisträger, die heute keine Stellung und keine Verdienstmöglichkeit mehr haben, ich erwähne hier nur den Fall von Professor Haber, weil er sehr bezeichnend ist. Er, Professor an der Berliner Universität, erwarb, wie allgemein bekannt, als Vorreiter der Herstellung von Giftgas während des Weltkrieges große Verdienste um das Vaterland.

Nobelpreisträgern wie gewöhnlichen Studenten bleibt der Weg in die Wissenschaft versperrt. Es soll ein Numerus clausus eingeführt werden, natürlich nicht höher als ein Prozent. Bis dahin bleibt die Angelegenheit in der Schwebe. Die beherzteren jüdischen Studenten versuchten wenigstens ihre Arbeiten in den Bibliotheken und Labors fertigzustellen, wenn sie auch den Lehrveranstaltungen fern bleiben mussten; aber auch ihnen wurden bald von den arischen Kommilitonen die Studentenausweise abgenommen, ohne irgendeine Rechtsgrundlage, und man gab ihnen zu verstehen, sich besser auf dem Universitätsgelände nicht mehr blicken zu lassen, bis die Anliegen der jüdischen Studenten von der Universitätsbehörde individuell geprüft seien und im Herbst vielleicht einige von ihnen wieder zugelassen würden.

Gibt es Juden, die in Deutschland heute noch relativ unbeschwert leben können? Auf jeden Fall die Bankiers. Mit ihnen wird vergleichsweise sanft umgegangen. Dasselbe gilt für Großindustrielle. Allerdings sind in der deutschen Industrie erstaunlich wenig Juden vertreten. In Banken oder Versicherungsgesellschaften wurden Juden zwar manchmal auf eine niedrigere Stelle versetzt, aber meist mit demselben Gehalt. Mir hat die Atmosphäre, die im Hause eines mir lange und gut bekannten Großindustriellen und Sportlers herrscht, sehr zu denken gegeben. Er besitzt ein Vermögen von mehreren Millionen. Ich war bei ihm zu einem großen, festlichen Frühstück geladen. Am Tisch saßen neben Familienmitgliedern einige Industrielle und

Sportler aus dem Adel. Wir alle, Gastgeber wie Gäste, haben gesellschaftlich Beachtliches geleistet – während des ganzen Frühstücks fiel kein Wort über Politik, die Revolution, Hitler oder den Antisemitismus. Nur eine offensichtlich sehr unerfahrene Dame platzte heraus und fragte, ob »Der Querschnitt«[17] wohl eingestellt würde; nach dieser, zu anderen Zeiten harmlosen Frage, schlug ihr von den Versammelten eine gewisse Kälte entgegen. Später, als ich mit dem Gastgeber alleine war, nahm ich zwei Anläufe und versuchte ihm einige unverfängliche Fragen zu stellen, solche, die sich in der heutigen deutschen Gegenwart einfach aufdrängen. Er begegnete selbst meinen Fragen mit Schweigen und ignorierte sie, obwohl wir seit vielen Jahren sehr vertraut miteinander sind.

Und wie sieht es mit der Betätigung der Juden im Handel aus? Die Lage ist noch unklar. Der eintägige, demonstrative Boykott endete jedenfalls mit einem Fiasko, schon am nächsten Tag waren die jüdischen Geschäfte wieder mit Käufern gefüllt. Auch die Politik scheint in dieser Hinsicht nicht eindeutig festgelegt zu sein. Nach dem Ende des Boykotts war die Aufschrift »Deutsches Geschäft« zuerst verboten, dann doch wieder zugelassen. Boykottiert wird im Moment jedenfalls nicht mehr. Was das Personal betrifft, waren zu Beginn der Revolution die großen Kaufhäuser und Geschäfte einem regelrechten Terror ausgesetzt, mit dem Zusagen über die Entlassung aller Juden erzwungen werden sollten. Es kam dabei zu sehr dramatischen Vorfällen. Am besten aber kamen diejenigen davon, die sich offen weigerten. Sie wurden kein zweites Mal aufgefordert und die Drohungen verliefen im Sande. Die Belegschaften der Berliner Warenhäuser sind weiterhin rassisch gemischt.

Aber was passiert mit dem vielen Geld und den Gewinnen, die aus diesen gewaltigen Unternehmen fließen? Zu diesem Thema kursieren verschiedene, von mir nicht geprüfte Versionen. Nach einer halboffiziellen und sehr demagogischen Annahme sollen einige private Unternehmen eine Geschäftspolitik der Fälschung betreiben und ihre Betriebe unehrlich führen. Angeblich sitzen in einigen Unternehmen sogar irgendwelche Herren von der Regierung oder der Partei, die die Lohnzahlungen und den danach verbleibenden Rest überwachen.

Es kam mir zu Ohren, dass auf kleinere Ladengeschäfte ein durchaus wirksamer Druck ausgeübt wird. Ich kaufe zum Beispiel in einem kleinen Tabakladen eines jüdischen Ehepaars ein, in dessen »Personalkader« zwei arbeitslose und völlig überflüssige blonde Typen hineingezwungen wurden. Sie ließen es geschehen, obwohl keine Verordnung und kein Gesetz derartiges vorsieht.

Welche Zukunftsaussichten haben jüdische Unternehmen überhaupt noch? Man kann hier nur Vermutungen anstellen und sie mit vielen Fragezeichen versehen. Es gibt jedoch gewisse Anhaltspunkte, die auf die Zukunft schließen lassen: Große jüdische Firmen wie die Warenhäuser Karstadt[18] und andere sollen mithilfe von staatlichen Krediten durch arisches Kapital aufgekauft worden sein. Bei solchen Transaktionen, die natürlich in einer sehr ungünstigen Zeit und unter sehr ungünstigen Konditionen für die Verkäufer getätigt werden, soll die Regierung im Stillen gewisse Zugeständnisse in Bezug auf die Ausfuhr der Einnahmen aus dem Verkauf machen, in der Hoffnung, zu diesem Preis das jüdische Engagement im Lande loszuwerden. Eingeweihte prophezeien den Aufschwung einer neuen Unternehmensform mit dem *spiritus movens* im Ausland, minimalem Kapital vor Ort und einer Verwaltung in den Händen von Strohmännern.

Trotzdem gibt es in Deutschland noch die ganz normalen Juden. In einer Berliner Ghetto-Miniatur, die aus wenigen Straßen besteht, aber stolz auf ihre Kaftane, Käppchen, Bärte und Peyes sein kann, wirken die Straßen fast normal, nur einige kleine Krämerläden sind geschlossen. Die Eigentümer können nur im Gefängnis oder in Polen sein. Im Zentrum und im Berliner Westen sieht man viele Juden auf den Straßen und tagsüber in den Cafés. Beinahe so viele wie früher. Der Antisemitismus ist noch nicht zur breiten Masse vorgedrungen. Aber die Regierungsstellen agitieren, soviel sie nur können. Es gibt keine Lüge und keine Verleumdung, die ihnen zu schäbig wäre.

Ich betrete die Geschäftsstelle der Zeitung »Der Angriff«, ein Organ der NSDAP-Gauleitung Berlin. Das Büro ist modern eingerichtet, hinter der Theke steht ein sehr anständig und sympathisch aussehender älterer Herr. Ich bitte ihn um ein Buch, das mir von meinen Bekannten unbedingt zum Kauf empfohlen wurde. Es ist im Verlag »Der Angriff« erschienen und heißt »Juden sehen Dich an«. Geschrieben hat es Johann von Leers, der gegenwärtige Sekretär des deutschen PEN-Clubs.[19] An Ort und Stelle sehe ich mir das Kuriosum an und unwillkürlich steigt in mir nervöses Lachen auf. Die Straße vor dem Fenster, die Redaktion, in der ich sitze, der Herr hinter der Theke – all das spricht dafür, dass ich mich in der zivilisierten Welt befinde. Und dann dieses unglaubliche Dokument der Verwilderung! Das Buch dieses Vertreters der gegenwärtigen Strömungen in der deutschen Literatur ist nichts als ein fürchterlicher Erguss von Lügen, flüchtigen Behauptungen, Schweinereien, Schmähungen und absurden Beschuldigungen. Nowaczyński[20] nimmt sich ohne Zweifel ein Beispiel an Leers, aber zugegebenermaßen kann er ihm nicht das Wasser reichen.

Das Buch enthält zahlreiche mit Namen versehene Fotos, die oft nicht einmal die angegebene Person darstellen. Zum Beispiel steht unter einem Foto des bekannten Schriftstellers Jakob Wassermann der Name eines Berliner Bankiers, Oskar Wassermann. In diesem Buch finden wir auch Nichtjuden, wie zum Beispiel Matthias Erzberger, einen Katholiken und Politiker des Zentrums, der 1921 ermordet wurde oder Erwin Piscator, ein hervorragender Berliner Regisseur mit Sympathien für den Kommunismus. Um gerecht zu sein, muss man hier einräumen, dass sich die Juden gern zu ihm bekannten, seit er berühmt wurde. Wenn in der Partei die Erinnerung an jemanden oder er selbst nicht erwünscht ist, kann man ihm immer das Judenetikett anheften, irgendjemand wird schon daran glauben. Außer den Fotografien enthält das Buch kurze, aber »saftige« Charakterisierungen der Personen und ihre Lebensläufe. Die Opfer des Doktor von Leers sind in sechs Gruppen unterteilt: Blutjuden, Lügenjuden, Betrugsjuden, Zersetzungsjuden, Kunstjuden und Geldjuden. Die Kategorien sind chaotisch und die erwähnten Personen den einzelnen Gruppen unsystematisch zugeordnet. In erster Linie finden wir Namen, die »selbstverständlich« sind: Rosa Luxemburg und Karl Liebknecht[21], Bela Kun[22], Trotzki[23], Radek[24], Kamenjew[25], Sinowjew[26], Rakowski[27] und Marx. Lenin aber fehlt zum Beispiel. Jetzt folgt eine interessantere Auflistung. Max Reinhardt, der berühmteste Regisseur Deutschlands und Österreichs wird geführt in der Kategorie: ohne jegliche Verdienste. Seine Kunst sei »minderwertig« und »seelenlos«. Lediglich die jüdische Presse habe »mit Leidenschaft dem Volke aufgeredet«, er sei ein großer Künstler.

Die Brüder Rotter[28], Theaterdirektoren in Berlin, die bankrott waren, hätten, so behauptet das Buch, viele Gläubiger geprellt und hielten sich gegenwärtig in Liechtenstein auf. Hier folgt in Klammern das Wort »Ungehängt«. So steht es tatsächlich in diesem im April erschienenen Buch. Inzwischen gelang es Hitlers Schergen, unrechtmäßig die Grenze des kleinen Fürstentums zu passieren und einen der Rotter-Brüder zu ermorden. So wirksam kann Agitation sein.

Den Namen der Theaterdirektoren folgt eine fast vollständige Aufzählung der besten deutschen Theater- und Leinwandkräfte. Elisabeth Bergner[29], uns gut bekannt vom Film, wird als Kreatur der jüdischen Filmwerbung verunglimpft. Eigene Verdienste besäße sie keine.

Siegfried Arno[30], das deutsche Pendant zu Kazimierz Krukowski[31], wird folgendermaßen vorgestellt: »Das Ponim[32] ist durchaus echt. Spielte jüdische Rollen, in denen der Jude als harmlos, komisch oder liebenswürdig dargestellt wurde, um so das Rasseempfinden des deutschen Volkes einzuschläfern.«

Die erstaunlichste Charakterisierung aber wurde Chaplin zuteil: »Dieser ebenso langweilige wie widerwärtige kleine Zappeljude wurde vom »Israelitischen Familienblatt« in folgender Weise verherrlicht: ›Aber Charlie Chaplin, der den ewigen Krieg des Geistes gegen die Gewalt, das Recht der Armen (!) immer wieder – alle Welt erschütternd (?) – darstellt, ist zum Mythos unserer Zeit geworden‹. Diese Zeit ist gewesen«, fügt Doktor von Leers hinzu.

Nun aber Schluss mit Theater und Film. Natürlich ist auch Einstein dabei. Die Relativitätstheorie – man wisse nicht, was das ist. In diesem Punkt stimme ich dem Autor zu, ich weiß es auch nicht. »Wurde von der Judenpresse und dem ahnungslosen deutschen Volk hoch gefeiert, dankte dies durch verlogene Gräuelhetze gegen Adolf Hitler im Auslande. (Ungehängt)«

Auch Emil Ludwig ist dabei, »schrieb verlogene Bücher, in denen er alles Heldentum verächtlich machte. Ging ins Ausland, hetzte gegen Adolf Hitler und log. (Ungehängt)«

Ebenso schlechte Romane habe Lion Feuchtwanger geschrieben, »hetzte in Amerika gegen Adolf Hitler und log. (Ungehängt)«

(Hier eine Nebenbemerkung: Mir ist aufgefallen, dass Hitler immer dann »Adolf Hitler« genannt wird, wenn er besonders verherrlicht werden soll. Wie geht es wohl in einer solchen Situation den Menschen, für die Adolf ein ganz natürlicher Vorname ist, den man weder verschweigen noch vergessen möchte?)

Soviel über die Juden in Deutschland heute. Und wie soll es weitergehen? Ich fragte alle, links, rechts, in der Mitte, mich selbst eingeschlossen. Es liegt auf der Hand, dass das künftige Schicksal der Juden von der Dauer des gegenwärtigen Systems abhängt. Wenn die jetzige Verfolgung länger als zwei Jahre dauert, muss man mit einem fortschreitenden Abfluss der großen jüdischen Kapitalien und dem Weggang ihrer Verwalter aus Deutschland rechnen, mit der »Säuberung« der Kunst, der Literatur und des intellektuellen Lebens vom semitischen Element, und schließlich mit einer extremen Verarmung desjenigen Teils der jüdischen Gesellschaft, der sich mit der deutschen Heimat zu sehr verbunden fühlt oder zu wenig Energie besitzt, um sich von Deutschland zu trennen. Vielleicht wird sogar eine Art Kulturghetto entstehen.

An einen Kurswechsel in der antijüdischen Politik unter der jetzigen Regierung glaubt kaum jemand, denn selbst die ernstesten Folgen für die Wirtschaft, die ein weltweiter Boykott deutscher Waren nach sich zöge, wären weniger gefährlich, als wenn man den Massen wegnähme, wogegen sie kämpfen können. Wenn man dem Volk, das man regiert, nicht einmal mehr Spreu, geschweige denn Brot zu geben vermag, dann doch wenigstens Don Quijotes sprichwörtliche Windmühlen. Der Flügel des Hakenkreuzes kann man sich in diesem Fall nicht bedienen, aber warum sollte man nicht die Juden als Zielscheibe hernehmen?

Wenn ich dies alles überdenke, verspüre ich plötzlich einen gewissen liberalen Patriotismus meinem Land gegenüber. Denn eigentlich ist es in Polen, trotz seines schlechten Rufes wegen der Pogrome, nicht so schlimm. Immerhin gab es Kasimir den

Großen[33], Jankiel[34], Berek Joselewicz[35], Norwid[36] – was will man sagen, sie taten Gutes, sich gegenseitig auch.

Norwid konnte die neuen Formen des Patriotismus, die sich im Europa des 20. Jahrhunderts ausgebreitet haben, nicht voraussehen, als er schrieb:

> *Ehrbares Jüdisches Volk! Du stehst in Europa*
> *Wie ein im Osten zertrümmertes Denkmal.*

Was wird im Westen geschehen? Werden wir Polen die Gelegenheit bekommen, auch folgende Worte von Norwid nachzusprechen:

> *Wir – als die allerersten – waren es, die zu*
> *euch schauten, nicht aus Verzweiflung.*[37]

Ich muss noch einmal auf die Juden zurückkommen. Ganz wie unsere Nationaldemokraten kann ich mich einfach nicht von ihnen losreißen. Unlängst konnte ich bei einem Theaterbesuch die schrecklichen Verwüstungen sehen, die der Antisemitismus »auf den Brettern, die die Welt bedeuten« bereits angerichtet hat. Bei einem internationalen Tanzwettbewerb in Warschau habe ich einmal festgestellt, dass die Besten (allerdings nicht an den protektionistisch zugesprochenen Preisen gemessen) aus Deutschland kamen und vorwiegend semitischer Herkunft waren. Auch am Theater und auf dem Gebiet der leichten Muse waren in Berlin schon lange die Juden vorherrschend. Sie herrschten dort mit der Pracht eines Ludwig XIV. und mit dem Wissen des Enzyklopädisten. Und wie sieht es heute aus? Mehr als 20 Theater stehen leer. Die übrigen, in denen ich es ein paar Minuten auf einem Galerieplatz aushielt, zeigen unglaublichen Schund. Innerhalb weniger Monate hat man ein tief provinzielles Niveau erreicht. Denn außer den Personen, die ich im Zusammenhang mit dem Buch des Doktor von Leers bereits erwähnt habe, fehlen auf der Berliner Bühne heute große Namen wie Moissi[38], Kortner[39], Eric Charell[40], Pallenberg[41], Gitta Alpár[42], Fritzi Massary[43] und viele andere. Fröhlich[44] zum Beispiel bekam kein Engagement mehr wegen der jüdischen Herkunft seiner Frau, der eben erwähnten Gitta Alpár.

Das, was nach Reinhardts Rücktritt und seiner Abreise nach Österreich eingetreten ist, wirft ein deutliches Licht auf den Zustand des Theaterlebens. Die Presse erklärte nachdrücklich, dass das Deutsche Theater weiterhin die erste Bühne Deutschlands sei, natürlich auf noch höherem Niveau, da sie nun nicht mehr unter jüdischem Einfluss steht. Als Feuerprobe wurde irgendein patriotisches Stück aus dem Elsass gespielt. Die Kritiker waren entzückt, nach drei Tagen musste es aber abgesetzt werden. Das Theater blieb leer, da das Stück fürchterlich schlecht war. So sieht die grausame Wahrheit aus.

So ist es nicht verwunderlich, dass die Situation an den Theatern die Verantwortlichen bald beunruhigte. In dieser Hinsicht bezeichnend ist eine Rede, die der preußische Kultusminister Rust[45] vor Vertretern nationalsozialistischer Kulturorganisationen, insbesondere des Kampfbundes für die deutsche Kultur, gehalten hat. (Von solchen »Kampfbünden« gibt es viele, sie sollen allen patriotischen, gesellschaftlichen, kulturellen und philanthropischen Bedürfnissen des Landes gerecht werden.) In seiner ganz unrevolutionär gemäßigten Rede betonte der Minister die Notwendigkeit der »geistigen Demobilisation« nach der so siegreich erfolgten Revolution und spornte zu einem konstruktiven Engagement an, das sich nicht auf die Suche nach Unerwünschtem beschränkt. Ganz besonders widmete er sich dem Theaterthema: »Es ist bekannt, dass es dem deutschen Theater weder an Bühnenstücken noch an Dramaturgen fehlt, es fehlt ihm das Publikum.« Der Kampfbund solle seine ganze Energie aufwenden, um dem Theater gewissermaßen einen »Konsumentenstamm« zu beschaffen. Ich kann mir sehr gut vorstellen, wie das aussehen wird. Den Arbeitnehmern wird, ohne dass sie gefragt werden, ein Teil ihres Lohnes abgezogen, und dafür werden ermäßigte Eintrittskarten für irgendwelche deutsche Varianten der »Rettung Wiens« oder »Kościuszko bei Racławice«[46] ausgegeben. Zuerst werden sie rebellieren, dann aber beginnen sie in ihrem Eifer, diese immerhin kostenlosen Eintrittskarten zu nutzen, bis sie sich an das Niveau gewöhnt haben, das wir von unserem Sommertheater und den Darbietungen im Haus des Soldaten kennen. Es wird ihnen gefallen und das Deutsche Theater wird nicht mehr leer stehen.

Dennoch…

Selbstverständlich besuchte ich auch das programmatische und viel gepriesene Stück »Schlageter« von Johst[47]. Ich fragte den Pförtner in meinem Hotel, ob es schwierig wäre, Karten zu bekommen. Etwas verwundert antwortete er darauf: »Im Gegenteil, nichts leichter als das.« Ich kam erst nach Beginn der Vorstellung an, schaute mich um, und als ich sah, dass der Saal halb leer war, vermutete ich, das Stück sei schon länger auf dem Spielplan. In der Pause las ich dann im Programm, dass es erst die 13. Vorstellung war. Das Publikum reagierte uneinheitlich; manche applaudierten ständig, andere gar nicht. Das Stück ist im Vergleich dazu, was man heutzutage in Berlin sonst zu sehen bekommt, recht gut gespielt, vor allem mit wirklicher Präzision. Es sind nur noch wenige Theater in Betrieb, das Stück ist aktuell, und dennoch herrscht gähnende Leere. Über den Inhalt des Stückes muss ich nicht berichten, schließlich wurde es zu einem europäischen Skandal und in der Presse ausgiebig zitiert. Ich sage nur soviel: Für einen Zuschauer, der nicht zu den Anhängern der herrschenden Verhältnisse und Geistesrichtung zählt, ist das Drama nur unter Schmerzen zu ertragen. Geduckt in der Vorstellung sitzend, schwanke ich zwischen Empörung und Verwunderung. Einerseits überrollt mich die unerhörte Verherrlichung von Brutalität, reaktionärer Gesinnung, nationaler Eitelkeit und rassischer Überlegenheit, andererseits traue ich meinen Ohren kaum, als ich den langen Monolog des Oberpräsidenten höre, eines ehemaligen Arbeiters und Sozialisten, der sich seiner abgearbeiteten Hände schämt. Der Verfasser gibt den Zuschauern damit zu verstehen, dass man sich deren zu Recht schämen kann, dass also ein Arbeiter ein Arbeiter bleiben sollte. Zugegeben, das sind neue Akzente. Das Maß des Hasses, der Verblendung und der Brutalität war aber so groß, dass ich mich den ganzen nächsten Tag nicht beruhigen konnte. Immer wieder ging mir ein Gedanke durch den Kopf: »Es liegt so viel patriotischer Hass in der Luft, obwohl man doch zu glauben geneigt ist, dass so ein Gefühl, wenn es die Masse ergreift, etwas Unnatürliches ist.«

Auch beim Film sieht es nicht besser aus. Während meines Besuches wurde allein in acht Kinos in Berlin-Mitte »Blutendes Deutschland«[48] gezeigt, neben deutschen Filmen mit völlig unbekannten Schauspielern und – was für ein Wunder! – den zwei Höhepunkten der Saison, der eine mit Jan Kiepura[49] in der Hauptrolle, der andere mit Joseph Schmidt[50]. Kiepura ist Pole, Schmidt zumindest Halb-, wenn nicht gar Volljude. Beide sind hervorragende Sänger. Kiepura hat unglaublich dazugelernt: Er spricht fließend Deutsch, spielt mit Humor und wirkt sehr natürlich. Wie lässt sich die Duldung dieser Filme erklären? Die Antwort ist: Hugenberg[51] ist noch immer ein mächtiger Mann, er kontrolliert die UFA, und beide Filme wurden bei der UFA gedreht.

Selbstverständlich schaute ich mir »Blutendes Deutschland« an, einen nationalsozialistischen Propagandafilm mit zusammengewürfelten Wochenschauaufnahmen von der Vorkriegszeit bis zum heutigen Tage. Der Film zeigt den Glanz und die Macht des Kaiserreiches, Militärrevuen von vor 1914; der Kaiser ist interessanterweise nicht zu sehen, nur die Kaiserin. Dann folgt die Kriegszeit. Die Zwischentitel verherrlichen den Krieg als eine Zeit des Heldentums, der Prüfung und des aufopferungsvollen Dienstes fürs Vaterland. Auf der Leinwand wird eine Stimmung verbreitet, die dafür spricht, dass der Drehbuchautor die jungen Menschen davon überzeugen will, dass ein Krieg in Wirklichkeit nicht so furchtbar sei, wie er dargestellt wird. Aber der gefilmte Krieg sieht nicht gut aus, weil die Bilder, sehr gelungene übrigens, die widerlichsten Massaker zeigen, den Schmutz, die Brutalität und die Strapazen, denen ein Soldat ausgesetzt ist. Man muss sein Publikum schon gut kennen, wenn man solch einen Film zu Propagandazwecken einsetzt. Zum Schluss sehen wir die triste Nachkriegszeit. Hier hat man den Eindruck, keine Arbeiten eines Filmreporters, sondern Studioaufnahmen zu sehen, weil die Szenen mit den kommunistischen Unruhen und den Barrikaden überwiegend Nachtaufnahmen sind. Stimmungsmäßig sind sie sehr gelungen, sie vermitteln aber kein Gefühl von Authentizität. Außerdem sehen wir ausgestorbene Fabriken und die Besatzungsarmeen im Rheinland. An allem soll die Weimarer Republik mit ihren jüdisch-marxistischen Regierungen schuld sein. Das wird in jedem Zwischentitel betont. (Unter »marxistisch« versteht man heute in Deutschland alles, was liberal und links ist.) So wird zum Beispiel die Armut in der Wohnung eines Arbeitslosen gezeigt, und der Zwischentitel hierzu lautet ungefähr so: »So war es, bevor die Nationalsozialisten an die Macht kamen.« Man soll denken, dass sich seitdem irgendetwas verbessert hätte. Der Film endet mit der Potsdamer Triumphfeier zum Wahlsieg vom 5. März und dem Flattern der Hakenkreuzflagge. Der Film ist lang, langweilig und ziemlich schlampig zusammengestückelt. Das Publikum verhält sich passiv.

Doch viel interessanter als jeder Spielfilm ist der Film heute als Tondokument. Die Wochenschau ist zu 90 Prozent deutschen politischen Themen gewidmet, und sie dauert manchmal fast eine Stunde. Zahllose Parteitage, Feierlichkeiten und Manifestationen liefern immer neuen Anlass für Reden von Hitler, Göring oder Goebbels und für wilde, mit demagogischem Gebrüll vorgetragene Erklärungen. Albern sieht dabei nur der Führer selbst aus, obwohl nur er allein bei jedem Erscheinen auf der Leinwand tosenden Applaus hervorruft. Sehr pathetisch dagegen wirkt der alte Präsident Hindenburg. Man könnte leicht zum Konservativen werden, wenn man sein Handeln, seine Haltung und den Tonfall seiner Reden mit denen der »neuen Leute« vergleicht. Es tut einem geradezu leid, anzusehen, wie unbehaglich sich dieser ohne Frage beeindruckende alte Mann fühlt. Das Fehlen jeder Sympathie für das Vorgehen der Nationalsozialisten und insbesondere seine Ablehnung des Antisemitismus sind ein offenes Geheimnis. Sein einziger Mann, Hugenberg, wurde abgesetzt, und nun steht der Präsident, nicht nur in seinem Umfeld und den Kreisen der Macht, sondern auch in der Gesellschaft, einsam da; er wird so streng bewacht, dass er keine Möglichkeit hat, Kontakte zu knüpfen, selbst wenn er wollte.

Aber kommen wir noch einmal zum Film zurück. Die meisten bekannten Regisseure und Schauspieler sind ausgewandert, und angeblich sollen die Studios in Prag, Wien und Budapest, die seit dem Beginn der Krise leer standen, für einige Jahre den Berliner Filmschaffenden überlassen worden sein. Also nicht nur das Theater, sondern auch der deutsche Film ist momentan (hoffentlich wirklich nur momentan) im künstlerischen Sinne als nicht existent anzusehen.

Die Oper funktioniert natürlich weiter. Die Deutschen sind so musikalisch, dass sie selbst »singen und spielen« können. Dank ihrer Musikalität war Deutschland zum Mekka der Musikwelt geworden. Natürlich gab es auch hier viele Juden und andere Fremdrassige, vor allem unter den Dirigenten – man denke nur an Toscanini[52]. Schmerzlich empfindet man das Fehlen solcher Menschen wie Bruno Walter[53], und die geplante Emission von Briefmarken, die Wagner'schen Themen gewidmet sind, kann diesen Verlust wohl kaum ausgleichen.

Wie man sieht, wird die »Säuberung« mit großer Gewissenhaftigkeit durchgeführt. Die Verwirklichung der Losung »Deutschland den Deutschen« war noch nie so nahe wie heute. Und wie man das Problem mit den fremden Rassen bewältigen will, ist allgemein bekannt, aber auch in den Reihen der herrlichsten aller Rassen soll Ordnung geschaffen werden. Sie muss sich vermehren. Die Befürchtung, dass ein Mangel an Kanonenfutter eintreten könnte, ist größer als das Bedenken, Millionen von Arbeitslosen zu zeugen. Also gebären, gebären, gebären! Selbstverständlich sind Ehepartner nach den Regeln der Rassenhygiene auszuwählen, während die der Fortpflanzung Unwerten sterilisiert werden müssten und so als Einzige die »Erholung« einer gebärfreien Zeit genießen könnten. Alle bekannten Leitlinien der Zucht werden auf die menschliche Rasse angewandt. Wie bei den Kühen wird es in Zukunft Menschen der ersten, der zweiten usw. Kategorie geben. Eheschließungen zwischen Vertretern verschiedener Kategorien sollen erschwert werden und Verbindungen mit Ausländern sind ausdrücklich untersagt. So weit das Programm. Man hört den Spruch: »Wir müssen uns vernorden.« Von einer Frau mit blondiertem Haar heißt es scherzhaft: »Sie hat sich vernordet.« Eine Breslauer Zeitung berichtete vollen Ernstes, sie hätte »aus sicherster Quelle« erfahren, dass Hitler, obwohl er einen schwarzen Schnurrbart trägt, unter den Achseln blond sei.

Angesichts eines solchen Programms werden alle Heirats- und Rassenhygieneinstitute in Berlin geschlossen, bis sie – so teilt die Verwaltung mit – mit Ärzten neuer Weltanschauung besetzt sind und die Gesundheitsämter neue allgemeine Richtlinien für die Tätigkeit der Sozialhygieneinstitute ausgearbeitet haben.

Allgemein ist viel die Rede von »unseren hübschen Mädeln und Frauen, unseren gut gewachsenen Jungen, unserer schönen blonden Rasse«. All das hat einen beunruhigend sinnlichen, narzistisch-inzestuösen Beigeschmack, der einen seltsamen Kontrast zur gleichzeitig gepredigten Prüderie bildet. Die Deutschen sind anscheinend ein besonders kompliziertes Volk, sowohl mental als auch geschlechtlich. Man bedenke nur die Homosexualität, die ja gerade hier weit verbreitet ist. Heute wird sie natürlich streng verfolgt. Man behauptet, Päderastie sei kein deutsches Phänomen, sondern von den

Juden eingeschleppt. Mit dieser Begründung wurde das von Magnus Hirschfeld geschaffene Institut für Sexualforschung zerschlagen und seine Bibliothek vernichtet. Das Institut war wissenschaftlich gesehen nicht viel wert, lächerlich ist es aber doch, den Juden, einem der sexuell am strengsten ausgerichteten Völker der Welt, etwas vorzuwerfen, was gerade für nordische Rassen typisch ist.

Längst sind die von Homosexuellen und lesbischen Frauen besuchten Bars, diese für Berlin so typischen Institutionen, geschlossen worden. Die Transvestiten fanden Zuflucht bei der SA, und das Einzige, womit sie angeblich Schwierigkeiten haben, ist das Laufen mit niedrigen Absätzen. In Hitlers nächster Umgebung dagegen gibt es einige, denen offenkundig der Instinkt für die »Arterhaltung« fehlt.[54] Diese Herren bleiben unbehelligt. Das Wichtigste ist scheinbar, dass man fest im Parteisattel sitzt und zu des Führers und des *Deutschtums* Ehren laut jubelt; ansonsten kann man sogar eine Ente lieben, sofern sie nur deutsch gesinnt ist.

Heute bedient man sich in Deutschland beim Rassenthema höchst unwissenschaftlicher und unpräziser Begriffe und Bezeichnungen. In Wirklichkeit sollen auf Vertreter der wertvollsten Rasse – der nordischen – im heutigen Deutschland nicht mehr als sechs Prozent entfallen. In Schlesien, Pommern und Brandenburg trägt übrigens jedes zweite Ladenschild einen slawischen Namen, genauer gesagt einen polnischen. Nichtsdestotrotz will eine lächerliche, pseudowissenschaftliche »Rassenlehre« mit Schaubildern, Gipsmodellen und Reliquien mit Runenzeichen nahelegen, dass das älteste Hakenkreuz Europas irgendwo nahe dem Polarkreis in Norwegen in Stein gehauen wurde, während, je weiter man nach Süden kommt, die menschliche Rasse zunehmend degeneriert.

Um als reine Rasse wiedergeboren zu werden, bemüht sich der Deutsche um Abkapselung von anderen Völkern und Betonung seiner Arteigenheit. Postsendungen mit nationalsozialistischer Thematik tragen als Aufdruck nicht etwa *Hochgeboren* oder ganz einfach *Herr*, sondern *Deutschgeboren*. Diese Anrede wirkt besonders blasphemisch, wenn sie vor dem Namen eines Polen jüdischer Herkunft steht. Ich hatte Gelegenheit, Sakrilege solcher Art zu Gesicht zu bekommen.

Die in gewissem Grade traditionelle Eigenart der deutschen Mode – besonders der Herrenmode – blieb dank der nationalen Revolution hingegen erhalten und wird sogar noch gefördert. Die Herren zeigen immer noch gern nackte Beine, und sowohl Männer als auch Frauen tragen kurze Zweireiher mit Tiroler Trachtenbesatz. Kürzlich entstand unter der Leitung von Goebbels' Ehefrau in Berlin ein Amt für nationale Mode.

In allen Lebensbereichen gibt es Bestrebungen, den Kontakt zur übrigen Welt zu lösen. (Damit liegt Deutschland in etwa auf der Linie unserer polnischen Ausreisebeschränkungen.) Es wird zwar so nicht gesagt, aber man kann es nur so verstehen. An der Universität Dresden fand eine »Pranger«-Zeremonie statt, an der alle Professoren mit dem Rektor an der Spitze teilnahmen. Auf dem Hof der Universität wurden Zettel mit den Namen von »Universitätsverbrechern« an einen Baumstamm genagelt. Neben dem Namen eines Professors, der vor dem Grab des Unbekannten Soldaten seinen Hut nicht abgenommen hatte, standen die Namen von zwei Slawistikstudenten, die irgendwelche Kurse an der Warschauer Universität absolviert hatten.

Mit Gewalt wird überall die gotische Schrift eingeführt. Bücher, die in zweiter Auflage herauskommen sollten, wurden zurückgezogen und mussten in Fraktur neu gesetzt werden. In Antiqua beschriftete Schilder an Bahnstationen und Straßen werden flugs ausgetauscht. Begonnen wird natürlich mit dem

Adolf-Hitler-Platz. Der ehemalige Reichskanzlerplatz wurde nach dem 5. März zu Ehren des Führers umbenannt, bekam aber noch eine Antiqua-Tafel. Ich habe selbst gesehen, wie der kleine Missgriff beschämt korrigiert wurde. Einer meiner Bekannten im Braunhemd stürzte einmal außer Atem in die Bar des Hotels Adlon, um sich mit mir für den nächsten Tag zu verabreden. Er war in großer Eile, hatte nur fünf Minuten bis zur Abfahrt seines Zuges und wollte mir schnell noch seine neue Adresse aufschreiben. Drei Zettel brauchte er, bis es ihm gelang, sie in Fraktur hinzukritzeln – eine stumme Szene nicht ohne Komik.

Jetzt will ich noch zwei weniger seriöse, aber charakteristische Phänomene des geistigen Separatismus in Deutschland ansprechen. Bei dem einen handelt es sich um die »Arische Rundschau«, eine Zeitschrift, die gleichermaßen sowohl Juden als auch – strikt getrennt – Jesuiten, Freimaurer und Kommunisten bekämpft. Eine interessante Gemeinschaft von Feinden. Ganz ähnlichen Idealen frönt General Ludendorff nebst Gattin[55]. Den alten General hielt man zu Beginn der Revolution für etwas verschroben ... Aber heute gleicht sich die Revolution selbst seinem Niveau an, so sehr sie nur kann. Der General ist Eigentümer eines Verlages in München, und in Berlin, und zwar mitten auf der Friedrichstraße, betreibt er eine eigene Buchhandlung. Wenn man die Auslage dort betrachtet und den Stil der Bucheinbände, hat man den Eindruck, vor dem Schaufenster einer »libraire spécial« im Pariser Palais Royal zu stehen: kitschiges Papier, kitschige Gestaltung, Sezessionsornamente, viele nackte Frauenkörper, Frauenhaar und Wasserlilien, alles mit Weinranken verziert. In diesem Schaufenster herrscht in etwa der Geist unseres Priesters Oraczewski[56] oder des Herrn Wotowski[57]. Einige Werke stammen aus der Feder des Generals, die meisten jedoch sind literarische Ergüsse seiner Frau Gemahlin. Sie ist

94

nämlich eine fruchtbare Autorin und eifrige Anhängerin eines Germanengottes. Sie hat ihre nahen Begegnungen mit ihm so ausführlich beschrieben, dass sie dafür sogar von den nicht sehr moralischen Gerichten der Weimarer Republik wegen Blasphemie verurteilt wurde. Die anderen Autoren, deren Werke dort verkauft werden, sind mir völlig unbekannt. Ich betrat die Buchhandlung, um zwei Postkarten mit dem Bild und Aphorismen Friedrichs des Großen zu kaufen: eine gegen den Katholizismus, die andere gegen die Freimaurer. Der Verkäufer reichte mir einen Briefumschlag, in dem ich jeweils sechs Stück jeder Karte fand. Ich protestierte, er erklärte mir aber, dass ich alle sechs zum Preis von einer bekäme und dass ich vielleicht Gelegenheit hätte, sie unter Bekannten zu verschenken. Außerdem kaufte ich dort Postkarten mit Reproduktionen von Negerplastiken aus Dahomey mit christlichen Motiven, wie zum Beispiel eine Kreuzabnahme und die Mutter Gottes mit Christuskind auf dem Arm. Die Karten sind mit folgendem Kommentar versehen: »Die Skulpturen beweisen, wie falsch es ist, den Juden Jesus für einen Arier aus Nazareth zu halten und das Christentum für das dem deutschen Volk angemessene Verständnis Gottes.« Wahrhaftig ein erstaunlicher Kramladen!

Was aber das nationalsozialistische Deutschland wohl am meisten von der demokratischen Welt unterscheidet (was auch immer man von dieser Schlechtes sagen könnte), ist der Zustand von Recht und Justiz.

Ich habe bereits über die Rechtlosigkeit als eine der krassesten Erscheinungen jeder Revolution geschrieben. Aber nicht weniger charakteristisch für eine Revolution ist ihr Verhältnis zum geltenden Recht, ihr Bestreben, neue Gesetze zu schaffen, und die Energie, mit der sie neue Gesetze verabschiedet und alte ändert. In diesen drei Punkten scheint uns der nationalsozialistische Umbruch wieder einmal als typische Revolution: Misstrauen den alten Gesetzen gegenüber, neue Gesetze und Verordnungen werden mit frenetischem Eifer eingeführt und durchdringen chaotisch alle Lebensbereiche. Gesetzgeber im heutigen Deutschland verhalten sich ähnlich überdreht wie Kinder, denen man in einem Spielzeugladen freie Wahl lässt. Wie ein störrisches Kind lehnt die Revolution in Deutschland die Hilfe und die Erfahrungen bewährter Vorbilder ab, zum Beispiel des römischen Kodex oder anderer immerhin gründlich durchdachter Gesetzsammlungen. Als ob sie in ihrer Verbohrtheit riefe: »Ich ich ich!«

Ich erlaube mir, einige Ausschnitte aus den auf einer Kundgebung der Juristen in Berlin gehaltenen Reden zu zitieren. Das Motto der Veranstaltung lautete: »Für das deutsche Recht und die deutsche Gerichtsbarkeit«. Es versammelten sich Vertreter der Gerichte, der Staatsanwaltschaft und des Bundes Nationalsozialistischer Deutscher Juristen; anwesend waren auch die Justizminister des Reiches und der Länder sowie Delegierte des Nationalsozialistischen Verbandes österreichischer Juristen.

Der nationalsozialistische Fraktionsführer im Preußischen Landtag und Oberpräsident von Brandenburg, Wilhelm Kube[58], sagte: »Der Richter soll gerecht urteilen, aber die Objektivität endet dort, wo es um die Interessen des Volkes geht. Die vitalen Interessen des Volkes hat der Richter uneingeschränkt über das formale Recht zu stellen.«

Danach sprach der Veranstalter selbst, der preußische Justizminister Hanns Kerrl.[59] Er verkörpert die radikale oder, besser gesagt, die hoffnungslos logische Richtung des Nationalsozialismus, die heute nicht nur den Kommunisten und Junkern bedrohlich erscheint, sondern auch denen, die an der Spitze der Revolution stehen. Zu den Verschreckten kann man ohne Weiteres Hitler selbst zählen. Denn Kerrl erlaubte sich mehrmals Ungehorsam dem Führer gegenüber. Auf der erwähnten Kundgebung sagte er unter anderem: »Die Überheblichkeit der

Intellektuellen wurde überwunden. Die Vertreter dieser Überzeugungen dachten in kosmopolitisch-bürgerlichen, kosmopolitisch-wirtschaftlichen und kosmopolitisch-politischen Kategorien, während das deutsche Volk vor die Hunde ging.« »Das künftige Recht kann nicht von einer Vorschrift oder einem Paragraphen abhängig sein, es kann nur durch den Charakter des deutschen Richters verkörpert werden.« »Der künftige Richter wird sich nicht nach Paragraphen oder einer Gesetzesvorschrift richten. Wir müssen uns vom Übermaß der Schablonen und von der Verabschiedung von Gesetzen trennen, die jeden möglichen Vorfall soweit vorhersehen, dass der Richter immer die passende Formel ausspucken kann.« »Die Arbeit des Richters ist nur eine rein technische gewesen. Also weg mit diesem Wahnsinn!« (Lebhafter Beifall).

Reichskommissar Dr. Hans Frank[60], Präsident des Bundes Nationalsozialistischer Deutscher Juristen, bezeichnete den Nationalsozialismus als eine germanische Revolution. Er betonte, das Gesetz berücksichtige jetzt erstmals den Begriff »Rasse« und diene nicht als akrobatische Übung abstrakten Denkens, sondern gewinne Leben im Bewusstsein des Volkes. Dr. Frank stellte nachdrücklich fest, der Kampf um das deutsche Recht, ureigenste Sache des Nationalsozialismus, werde ausschließlich mit »Machtinstrumenten« geführt (Beifall). Es sei unmöglich, dass eine Rechtsordnung, die das Volk zum Untergang führte, weiter bestehen bleibe, wenn es jetzt um den Neuaufbau des Staates gehe. »Wie bereits in Bayern werden wir uns darum bemühen, dass die Prüfungen in Römischem Recht in jeder Form sofort im ganzen Reich abgeschafft werden. Der deutsche Staat kann künftig erwarten, dass seine Interessen und zugleich die Interessen seines Volkes eine Grundlage der richterlichen Objektivität bilden.« »Jede Neutralität ist schlecht oder verlogen (Beifall). Vor Kurzem brachen wir den Einfluss des Judentums auf die deutsche Rechtsprechung. Manchen erscheint es schwierig, das Tempo von solchen Prozessen und die Erfordernisse des Staates mit dem Programm der Bewegung in Einklang zu bringen. Das Tempo der nationalen Revolution bestimmt unser Führer. Der Bund Nationalsozialistischer Juristen wird niemals von seiner Forderung abweichen, alle Juden ohne Ausnahme aus dem Rechtsleben in jeglicher Form zu eliminieren.« (Tosender Beifall). Dr. Frank kündigte die baldige Reform des Strafgesetzes und der Zivilprozessordnung an. (So etwas erledigt man offenbar im Handumdrehen.) Noch im Laufe der nächsten Woche werde das Reichskabinett eine umfassende Änderung des Strafgesetzbuches vorschlagen, eine Änderung, die die wichtigsten und dringendsten Erfordernisse berücksichtigt, wie Strafverschärfung in Fällen von Illoyalität, Korruption und Tierquälerei, Straffreiheit für studentische Duellanten usw. (Das sind wahrhaft bemerkenswerte Tatbestände, die keinen Aufschub dulden. Mir ist übrigens bekannt, dass die Studenten die Gesetzesnovelle nicht abgewartet und bereits begonnen haben, sich gegenseitig voller Verve zu frikassieren.) »Weil die gesetzgeberische Arbeit jetzt so vereinfacht ist«, – setzte Dr. Frank fort – »wird es in Zukunft sehr schwierig sein, die Gesetze des Reiches zu brechen. Der Staat hat nicht vor, die Betäubung durch den Humanismus länger zu dulden, so wie es in der Vergangenheit praktiziert wurde.« Und weiter: »Im Mittelpunkt unserer Arbeit steht das Volk und wir werden die Verbrecher solange jagen, bis sie das Zittern vor der Macht gelernt haben.« (Hoffentlich nur die Verbrecher.)

Nach Dr. Frank klagte der Dekan der Juristischen Fakultät der Berliner Universität, Geheimrat Ernst Heymann[61], über die Scholastik, wie er sich ausdrückte, die sich angeblich besonders im Zivilrecht ausgebreitet habe. Er äußerte die Hoffnung, dass das deutsche Recht, das seinen Ursprung im Bauernrecht habe, wieder beginne, sich des Bauernverstandes zu bedienen statt der Methoden der Scholastik.

Zum Abschluss gab der Staatsrat und Ministerialdirektor im preußischen Justizministerium, Dr. Roland Freisler[62], unter tosendem Applaus eine amtliche Erklärung im Namen des preußischen Justizministers ab, nämlich dass die Kämpfer um die Freiheit Deutschlands, die im alten System zu Mördern erklärt worden waren, jetzt feierlich als Nationalhelden anerkannt würden. »Hier wird es keine formell-rechtliche Untersuchung und kein Gerichtsurteil geben. Das Gewissen des Volkes hat gesprochen.«

Was bedeutet das? Es ist eine Anspielung auf die sogenannten *Fememorde*, also Meuchelmorde, denen Urteile von Geheimgerichten zugrunde lagen. Bekanntermaßen gab es viele solche Vorfälle während des Aufstandes in Schlesien, in den besetzten Gebieten des Reiches und im Zusammenhang mit Putschen und Parteikämpfen überhaupt. Der jetzige Polizeipräsident in Breslau, seit dem 1. Mai dieses Jahres gleichzeitig SA-Obergruppenführer und Führer der Obergruppe I für Pommern in Preußen, Mecklenburg, Ostland, den deutschen Teil Schlesiens und Brandenburg, saß für ein solches Verbrechen bis zum Januar-Umbruch im Gefängnis. Wie die Presse mitteilt, wurde ihm jetzt die Funktion des »Henkers« in Pommern übertragen, wo er den unbotmäßigen Junkern, Stahlhelmlern und Deutschnationalen zeigen soll, was eine Insubordination (sprich Gehorsamsverweigerung) der nationalen Revolution gegenüber bedeutet.

Angesichts dessen, dass sich viele noch, wenn auch widerwillig, an Dr. Freisler als aktiven Kommunisten erinnern dürften, erhält seine Erklärung einen revolutionären Beigeschmack. Niemandem, der die Schlussworte seiner die Veranstaltung abschließenden Rede hörte, dürfte dieser Unterton entgangen sein, selbst wenn er nichts über Dr. Freislers Vergangenheit wusste. Mit gleichem Nachdruck wie seine Vorredner betonte er, dass sich der Richter beim Urteilsspruch nicht fälschlicherweise nach objektiven Kriterien richten dürfe. Das Recht des Volkes sei immer das, was seinen vitalen Bedürfnissen dient. Die deutschen Juristen gingen jetzt daran, einen Staat der Zucht, der Ordnung, und der gesunden Entwicklung des »deutschen Blutes« aufzubauen, einen Bauern-, Arbeiter- und Soldatenstaat – den Staat Adolf Hitlers.

Sind das die Richter, von denen in der Tradition der Aufklärung die Rede ist? Hatte das erstarkende Preußen Friedrichs des Großen und Voltaires »*Il y a des juges à Berlin*« – »Es gibt (noch) Richter in Berlin« – etwa in Fraktur geschrieben?

wehrhaftigkeit

Wehrhaftigkeit bedeutet wörtlich die Fähigkeit, eine Waffe zu tragen; gegenwärtig ist das Wort in Deutschland aber gleichbedeutend mit »Verteidigungsbereitschaft«. Seit Hitlers Machtergreifung ist es einer der in der Presse am häufigsten benutzten Begriffe. Aus meiner Sicht erstreckt er sich nicht nur auf die Militärorganisation des Landes, sondern auch auf die Wirtschaft, die Psyche und sogar auf die Mystik des Volkes.

Ob die Deutschen ein Volk von Mystikern sind, ist durchaus strittig. Jedenfalls kann man nicht leugnen, dass das deutsche Volk, wenn auch unbewusst, gegenwärtig eine Phase des Messianismus durchlebt. Schon in einigen Reden Hitlers war der Ton eines Zwiegesprächs mit Gott, des Statthalters mit seinem Monarchen, nicht zu überhören. Außerdem gibt es in Deutschland einen gewissen kultischen Hang zur Symbolik, einer zweifellos eher degenerierten Form des Mystizismus. Fahnen, Abzeichen, Uniformen, Mensur, Führer, Wagner, Hakenkreuz, goldene Zöpfe – all das sind Symbole. Das deutsche Volk scheint Symbolen dieser Art und dem Kasernensystem tief verbunden zu sein. Wie mir ein Freund in Berlin nicht ohne eine gewisse Ironie erklärte, könnte Deutschland das Zentrum eines wirklich schöpferischen Pazifismus werden, wenn man den Pazifismus nur generalstabsmäßig anginge. Die Pazifisten müssten kaserniert, uniformiert und in Soldatenzucht gehalten werden; das Heer der Pazifisten würde dann sehr schnell wachsen. Solche *Paxabteilungen* würden wie die sowjetischen Pioniere das Friedensevangelium mit derselben Dreistigkeit zu den waffenverliebten Völkern tragen, mit dem die Reichsminister nach Wien aufbrachen. Man weiß ja, dass die »Kinder der Dunkelheit« immer die Oberhand behalten, während sich die Pazifisten bisher immer nur als schlechte Psychologen erwiesen haben.

Wenn ich mich hier mit dem deutschen Militarismus auseinandersetze, dann geschieht das nicht, weil mich Gedanken an ein unvermeidliches baldiges Gemetzel umtreiben. Vielleicht irre ich mich, aber momentan glaube ich nicht an ein solches Gemetzel. Bei meinem Besuch in Deutschland kam ich zu der Überzeugung, dass niemand zum jetzigen Zeitpunkt einen bewaffneten Konflikt anstrebt. Jung und Alt sind wie erstarrt in der Erinnerung an Deutschlands Niederlage, an das in Versailles erlittene Unrecht und die militärische Macht der Nachbarn. So hat zum Beispiel die deutsche Öffentlichkeit eine völlig übertriebene, von Angst erfüllte Vorstellung von der geradezu gigantischen Kraft der polnischen Armee. Man trommelt also weniger zum Angriff als vielmehr zur Verteidigung und fordert Genugtuung für die infolge des verlorenen Krieges erlittene Erniedrigung. Erst bei meinem letzten Besuch in Berlin ist mir klar geworden, wie tief und echt das Gefühl ist, 1918 in Schande geraten zu sein und sich durch Kriegsschulden, Reparationen, Rüstungskontrollen und Besetzung urdeutscher Gebiete gedemütigt zu sehen. Wie sehr schwärt und schmerzt immer noch die durch den Verlust der Kolonien aufgerissene Wunde, wie schmählich wurden die erzwungenen Plebiszite erlebt! In dieser Hinsicht leidet das Volk an einem tiefen Trauma. Ob die Mehrheit all diese Gefühle in den letzten 14 Jahren sorgsam verborgen hielt, bis sie jetzt aufflammen konnten, oder ob hier Hitlers Propaganda am Werk war, ist heute schwer zu beurteilen. Tatsache ist, dass die symbolische Gleichstellung Deutschlands mit den anderen Ländern Europas höher geschätzt wird als irgendein konkreter Vorteil für das Volk, zum Beispiel wirtschaftlicher Art. Ich kann das Misstrauen der europäischen Staatsmänner und Regierungen gut verstehen, aber der Durchschnittsdeutsche meint es tatsächlich ehrlich, wenn er heute sagt: »Gebt uns Gleichberechtigung, dann werden wir die wachsamsten Friedenshüter sein.« In offiziellen Verlautbarungen ist diese Ehrlichkeit allerdings nicht leicht zu finden. Man begnügt sich mit schönfärberischen Redewendungen statt ein wirkliches Programm zu formulieren, zum Beispiel wenn der preußische Ministerpräsident, Leutnant Göring, zur Änderung des preußischen Wappens sagt:»Den Fängen des preußischen Wappenadlers sind das Schwert und die Blitze zurückgegeben worden. Das Schwert ist das Zeichen, dass wir Frieden wahren wollen und Sicherheit für unser Volk anstreben. Die Blitze bedeuten, dass jeder, der nochmals den Versuch unternimmt, Deutschland zu vernichten, vom Blitz des preußischen Adlers erschlagen wird.« Die autoritären Verlautbarungen der staatlichen Stellen über die friedlichen Ziele Deutschlands werden der Öffentlichkeit unentwegt und systematisch genauso eingehämmert wie die Angriffslust der Nachbarn, sodass es kein Wunder ist, wenn es an der Grenze zu Polen oder zum Saarland zu Warndemonstrationen kommt. (Auch vor der deutschen Gesandtschaft in Warschau gab es schon Studentenproteste.) Ich speiste einmal mit einigen hochgestellten Herren der Partei zu Mittag und versuchte ihnen – überzeugt davon, dass wenigstens sie wissen wollen, was vorgeht – die Friedfertigkeit der polnischen Politik zu erklären, insbesondere heutzutage, wo man der polnischen Regierung alles mögliche vorwerfen kann, nur nicht Chauvinismus oder dass sie der Versuchung der Demagogie erliegen würde. Sie hörten mir ausgesprochen skeptisch zu, obwohl ich durchaus ihr Vertrauen genieße und meine Informationen bisher stets geschätzt wurden. Als ich mit meinem kleinen Vortrag zu Ende war, widersprachen sie:»Ja, aber Danzig könnt ihr jeden Augenblick besetzen, ihr wartet doch nur darauf; es ist auch völlig unverständlich, warum ihr Westpreußen immer noch nicht eingenommen habt. Ein von Graudenz oder Grodno geführter militärischer Schlag würde ausreichen, und Königsberg gehörte euch. Das unglückliche Westpreußen ist doch völlig wehrlos.« Wieder versuchte ich mich zu erklären, diesmal kurz. Die Herren hielten mir meine persönlichen guten Absichten bezüglich der Ostmark[63] zwar durchaus zugute, waren aber sehr skeptisch, was meine Kenntnis der herrschenden Stimmung in Polen anbelangt.

Ein zum Krieg bestimmtes Volk muss man von der Wiege an im richtigen Geist erziehen. Sehr interessant ist in dieser Hinsicht die Rede des Innenministers Dr. Frick[64] auf einer Tagung der Kultusminister der Länder. Eigentlich kann diese Rede nur für jemanden von Interesse sein, der noch nichts über die Erziehung in der Sowjetunion oder in Italien gehört hat. Uns Polen ist ihr Tenor gut bekannt, nämlich dass – im Gegensatz zu den liberalen Theorien von der Freiheit des Denkens und des Individuums – Grundlage jeder Erziehung vor allem Opferbereitschaft und die Identifikation jedes Einzelnen mit dem Staat sein müsse. So rät der Doktor, dass im Geschichtsunterricht, einem der wichtigsten Fächer, besonders, wenn nicht sogar ausschließlich, die letzten 20 Jahre behandelt werden müssten. Der Krieg und das Erwachen des nationalen Gewissens müssten verherrlicht werden, selbst die kleinsten Schritte dieses Prozesses, angefangen bei den Kämpfen im Ruhrgebiet bis hin zu Hitlers Sieg, sollten in allen Einzelheiten vorgetragen werden. Das Kind müsse begreifen, dass es Mitglied in einer 100 Millionen zählenden Familie sei, von der sich, besonders nach dem Diktat von Versailles, ein Drittel außerhalb der Grenzen des Reiches befindet. »Wehrhaftigkeit« solle für jedes Kind von klein auf zum Ideal werden, dem es nachzueifern gelte. Nicht der Wille der Eltern, sondern der Wille des Staates sei ab jetzt für die schulische Erziehung entscheidend usw. Den Refrain kennen wir nur zu gut.

Die nationale Revolution ist zweifellos eine Bewegung der Jugend. Das neue Deutschland wird von der Jugend für die Jugend erbaut, die militärische Disziplin jedoch, vor deren Hintergrund sich das gegenwärtige Drama abspielt, sorgt für bemerkenswerte Kontraste. Die Universitätsverwaltungen unter Minister Rust bemühen sich, die durch die Revolution außer Rand und Band geratenen Studenten irgendwie zu bändigen, kurz darauf kanzelt derselbe Rust in der Aula der Berliner Universität die Professoren ab, weil sie ihre Nasen in Bücher und Retorten steckten, ohne sich um das Seelenleben der jungen Leute zu kümmern.

Sicherheitshalber zählt man nicht auf die Professoren, zur Agitation taugen die wenigsten. Dasselbe gilt für die meisten Studentenorganisationen. Ihre Auflösung ist der beste Beweis dafür. Stattdessen wurde eine fügsame »Deutsche Studentenschaft« gegründet, die einzige Studentenorganisation, die von der Regierung anerkannt ist – und offenbar auch von unserem Wochenblatt »Nationales Denken«.[65] Ein anonymer Mitarbeiter dieses Blattes wollte das Ende meiner Reportagen nicht einmal abwarten und wirft mir vor, dass ich kein Interesse für den Geist dieser Organisation zeige. Leider muss ich ihm weithin Recht geben. Denn obwohl ich mich durchaus bemüht habe und unter den Korporationsstudenten auch viele typische Hitler-Anhänger finden konnte, vermochte ich trotzdem nicht, mich mit ihnen länger zu unterhalten. Sie haben mich verschreckt, ähnlich wie das Theaterstück »Schlageter«. Auch wenn die meisten von ihnen eigentlich intelligente Menschen sind, ist ihre Zukunftsvision auf die Dauer doch unerträglich. Eine sensationelle Erkenntnis aus meinen Gesprächen mit diesen unreifen Chauvinisten würde wahrscheinlich sogar die volle Anerkennung des »Robotnik«[66] finden: Diese jungen Menschen haben keine Angst vor der mystischen Vergeltungskraft vergossenen Arbeiterblutes. Nowaczyński würde solche Äußerungen als vernünftige Meinung einer national denkenden Jugend ansehen. Ich aber halte sie für Übergangserscheinungen in einer Übergangszeit, die von Menschen im Übergangsalter durchlebt wird. Daher werde ich diese Gespräche nicht wiedergeben. Wozu hetzen? Die Studenten, mit denen ich gesprochen habe, wiederholen ja lediglich, was die Minister den Massen zubrüllen, nur ein wenig ehrlicher. Man soll sich das nicht so zu Herzen nehmen, denn wie viele polnische Burschen sind heute fromme Schäflein des Herrn Walery Sławek?[67] Ein Jahr ohne Arbeitsstelle genügt.

Wie sieht es aber mit der Wehrhaftigkeit der Studenten aus? Während der Vorlesungszeit waren an manchen Hochschulen nicht weniger als vier Wochenstunden für eine obligatorische Militärschulung vorgesehen, jedes zweite Wochenende verbrachte man in einem Militärlager oder »im Gelände«. Diese Pflicht galt auch für einen meiner Bekannten, dessen Eltern naturalisierte Niederländer waren. Juden sind zu diesen Übungen nicht zugelassen, haben also mehr Zeit zum Lernen. Der Wind bräuchte sich nur zu drehen, und schon wären diese widerlichen Juden wieder die besseren Ärzte und schlaueren Anwälte!

Im Sommer gibt es, wie in Polen auch, eine Unmenge »Ausbildungslager«; insbesondere Studenten, die in den Staatsdienst eintreten wollen, müssen die Teilnahme an einem solchen »Lager« nachweisen. Das Programm eines solchen Lageraufenthaltes umfasst »Gymnastik, Geländesport sowie Märsche und Läufe mit Gasmaske, Hindernismärsche, Märsche in voller Kampfausrüstung und Gefechtsübungen im Gelände«. Diesen »Sportarten« ist der halbe Tag gewidmet. Zur theoretischen Ausbildung gehören Vorträge über Bevölkerungs- und Kolonialpolitik, die politischen und wirtschaftlichen Verhältnisse in Osteuropa, die Kriegsindustrie, das Unrecht des Diktats von Versailles und natürlich die heilige Reinheit der Rasse.

Als ich mit einem Bekannten im Auto auf dem Weg zu seinem Besitz bei Berlin war, fuhren wir durch die Gegend von Döberitz, die bereits vor dem Krieg als Gelände für Militärübungen, Truppenschauen und Paraden genutzt wurde. Gegenwärtig dient es der Reichswehr, dem Stahlhelm, der SS und der SA für Militärübungen und Manöver, manchmal allen zugleich. Vor Kurzem fanden dort Manöver im Zusammenhang mit der Einberufung von über 5000 ehemaligen Offizieren statt. Wir unterhielten uns über die militärische Ausbildung. Mein Amphitryon ist einer der wenigen, die schon vor dem Zusammenschluss von Stahlhelm und SA beiden Organisationen angehörten. Während des Krieges war er Gardeoffizier. Er ist konservativ, Monarchist und ein typischer, wenn auch ziemlich intelligenter Vertreter des Militärs. Er erzählte, dass die Stahlhelm-Lagerordnung mit dem Militärreglement übereinstimmt, wie seine Leute ausgebildet werden, Landkarten zu erstellen, wie lohnend und dankbar die Arbeit mit diesen Menschen sei. Wir glitten in einem wunderschönen Zweisitzer eine ausgezeichnete, wenn auch sehr enge und kurvenreiche Straße entlang, an unzähligen zauberhaften kleinen Seen vorbei, die sich hinter buckligen, bewaldeten Hügeln versteckten. Es dämmerte, die Luft war getränkt vom feuchten Duft der grünen Landschaft. Ich sah zu meinem Gastgeber und Chauffeur hinüber. Mit der rüstigen Kraft seiner 40 Jahre, blitzender Lebensfreude in dem einen Auge, das ihm der Krieg gelassen hatte, in einer Uniform, die sich für einen Laien vom kriegerischen Feldgrau nicht unterscheidet, saß er lächelnd am Steuer und freute sich, dass der Abend so berauschend schön war, dass der Wagen so herrlich »zog«, dass er übers Wochenende nette Freunde in seiner schönen Residenz zu Gast haben würde, dass er am Montag zu einem mehrtägigen Manöver fahren sollte, um dort »aus Buben Soldaten zu machen«. Während ich ihn mit großer Sympathie betrachtete, stellte ich wieder einmal fest, dass in ihrer Theorie der Rassenunterschiede doch ziemlich viel Wahrheit steckt.

Plötzlich tauchte in meiner Erinnerung die heute schon historische Rede des Vizekanzlers von Papen in Münster auf. Wie sagte er doch: »Dem Pazifismus liegt eine unkämpferische Lebensanschauung zugrunde. Die Literatur machte den Anfang, indem sie einen kraftvollen Menschen mit Vorliebe als brutalen Dummkopf darstellte und die Gestalt eines jeden Schwächlings verherrlichte.« Und: »Überall hat man Bedürfnisse gewittert: von den Bedürfnissen einer sich missverstanden fühlenden Frau bis zu den sexuellen Bedürfnissen eines Häftlings. Statt die Energie zum Lebenskampf anzuspornen, wollte man jedem sozusagen einen Teppich vor die Füße legen. Das Leben sollte zu einer bequemen Straße werden, während es in der Bestimmung Gottes ein steiler Pfad ist. Die Nächstenliebe ist verschwunden und räumte den Platz für die gesellschaftlich verordnete Pflege der Schwäche auf Kosten der Kraft. Über die Todesstrafe wurden dicke Bücher geschrieben.« Oder: »Die Prüfsteine der menschlichen Tugend, Krankheit und Armut, wurden restlos ausgerottet.« Die pazifistische Kriegsliteratur tue so, als ob derjenige eines unnatürlichen Todes gestorben sei, der auf dem Feld der Ehre gefallen sei. Diese Literatur brächte dem alten Soldatenlied »Es ist kein schön'rer Tod in der Welt, als wer vom Feind erschlagen« keinerlei Verständnis entgegen. Sie verstünde den altgermanischen Abscheu gegen den »Strohtod«[68] nicht. Der Verfall des Körpers durch die Verkalkung der Blutgefässe erschiene ihr männlicher. All die pazifistischen Kriegsromane können den Anblick der Gefallenen nicht schrecklich genug darstellen, als ob »Friedenstote« ästhetischer wären; viel wichtiger als das Aussehen einer Leiche sei doch, in welcher geistigen Verfassung ein Mensch gestorben sei. »Was für den Mann das Schlachtfeld, ist für die Frau die Mutterschaft. Die Frau bezwingt ihren Tod, wenn sie ein neues Leben in die Welt setzt. So wie der Lebenspazifismus dem Kriegstod wegen des abscheulichen Anblicks der Gefallenen ein Ende setzen wollte, versuchte er Ähnliches mit der Mutterschaft. ... Die entscheidende Tatsache ist jedoch, dass die Menschen die Bestimmung der Welt nicht mehr in ihrer Arterhaltung sehen, sondern nur noch an sich selbst denken. Dem Zerfall des männlichen Heldentums entspricht ein vergleichbarer Niedergang bei den Frauen. Diese Gedanken lassen uns nicht nur um die Erhaltung unserer Nation fürchten, weswegen uns seitens der Pazifisten vorgeworfen wurde, wir würden Frauen nur dazu benutzen, Kanonenfutter in die Welt zu setzen, sondern in viel größeren Maßen um den Seelenzustand unserer Frauen sorgen. ... Es ist ein Verbrechen gegen die Weltordnung, wenn die Menschen und die Völker das Gesetz der Arterhaltung verachten. Den Selbstmord kann man nicht nur an sich selbst begehen, sondern auch an der Art und an der Individualität. Die Mütter müssen sich verbrauchen, um Kindern das Leben zu geben; die Väter müssen auf dem Schlachtfeld kämpfen, um ihren Söhnen eine Zukunft zu geben. ... Schon während des Weltkrieges war zu erkennen, wer ein geborener Krieger war. Wirklich kämpfende Abteilungen konnte man klar vom Ballast unterscheiden. Diejenigen, die nur Ballast gewesen waren, legten nach dem Krieg ihre Uniformen ab. Die stürmischen Jahre 1914–1918 sind in ihrer Erinnerung nur eine unangenehme Episode geblieben. Anders war es bei denjenigen, deren Heldenmut nicht gebrochen wurde und die auch in der Schlacht des wirtschaftlichen Kampfes immer noch den Opferwillen, die Kameradschaft und die nationale Zusammengehörigkeit spürten und hochhielten. Für sie ist der Krieg trotz aller Verbitterung und Leiden ein Instrument der nationalen Bindung geblieben, eine heldenhafte Zeit ihres Lebens, aus der sie Hoffnung auf eine frohe Zukunft schöpfen. Wir sehen also, dass die Kampftradition des Krieges in einer bestimmten Minderheit noch weiterlebt, als Ausgangspunkt für die Zukunft der Nation.« Der Geist der großen Weltkriegsschlachten und der Geist der nationalen Revolution seien ein und dasselbe. »Ihre Träger sind die soldatischen Menschen, die in der Seele und im Körper kämpferisch bleiben. Ob SA oder Stahlhelm, es ist derselbe Geist der Lebensbejahung, der Bejahung des Opfertods, der sich durch bittere Jahre hindurch erhält und dann hindurchbricht, um eine neue heroische Zeit zu begründen.« Von Papen schloss seine Rede mit dem Gedanken, Hitler werde am Ende seiner Tage sagen können: »Ich habe deutsches Soldatentum mit seinen unsterblichen Eigenschaften des Pflichtbewusstseins, des Muts, der bedingungslosen Hingabe an das Land seines Blutes, an die Heimat seiner Väter wieder in den Mittelpunkt des Denkens der deutschen Nation gestellt. Ich habe dem deutschen Volk das Vorbild des deutschen Soldaten gegeben.«

Ich dachte über diese Rede nach, bis wir ankamen. Es sollte ein Herrenabend werden. Die Dame des Hauses und die Kinder waren am Meer. Am Hauseingang kamen uns die bereits eingetroffenen Gäste entgegen. Einige kannten sich seit Langem, ich wusste, dass sie mit dem Gastgeber besser bekannt waren als ich. Seit Jahren sah ich sie immer wieder alle zusammen in Berlin, sie waren eine Clique. Daher war ich ein wenig verwundert, als zwei junge Männer, statt einfach zu grüßen, nacheinander zum Wagen kamen, Habachtstellung einnahmen – mit den Händen an den Nähten ihrer Flanellhosen und starrem Blick – und darauf warteten, dass der Gastgeber ihnen die Hand reichte. Die zwei, von denen die Rede ist, sind Aristokraten im Alter von etwa 22 Jahren, einer von ihnen Oxford-Absolvent. Gekleidet waren sie auffällig unnational, nämlich nach Londoner Mode. Noch vor einem Jahr hätten sie wie jeder von uns auch auf einer Ottomane gefaulenzt, Whisky getrunken und dem Älteren lässig die Hand gegeben. Heute entscheiden schon ein paar Monate Altersunterschied darüber, wer vor wem Habachtstellung einnimmt. Beim Abendessen mit ziemlich viel Alkohol bemerkte ich wieder diese mechanischen Bewegungen der Arme und El-

lenbogen beim Heben der Schnapsgläser oder Bierkrüge. Wieder
dieser starre Blick und das wachsame Abwarten des Befehls zum
Trinken. Als der wortlose Befehl zum Kippen der Gläser dann
kam, sah ich ein Gefühl der Dankbarkeit in ihren Augen und
ein Erröten des Stolzes auf den jungen Gesichtern. Je mehr der
Alkohol wirkte, umso deutlicher wurden die Mechanik der Bewegungen und die loyalen Kasernenblicke. Nichts in Deutschland ist mir stärker aufgefallen als das. Am nächsten Tag fragte
ich einen guten Freund, der mir mit diesem »Kasernenfieber«
nicht infiziert schien, womit diese unerhörte Wandlung der
Sitten bei den jungen Menschen zu erklären sei. Er antwortete,
das sei schwer zu ergründen, aber offenbar beruhe es auf einer
grundlegenden Eigenschaft des deutschen Charakters. Er sagte
dies übrigens nicht ohne eine gewisse Verlegenheit. Schwer zu
beurteilen, ob das die richtigen Voraussetzungen sind, um das
»Herrenvolk« zu erschaffen, von dem so oft die Rede ist.

Beim Abendessen kam es zu einem sehr interessanten und
offenen Gespräch. Ich erfuhr diesmal nicht von der Tribüne,
nicht aus der Presse, nicht von der Bühne oder Leinwand, sondern vertraulich aus dem Mund meiner jungen Mitzecher, dass
es wirklich ihr Wunsch ist, für Hitler zu sterben. Das Klirren
der Gläser und die Reden über das Sterben für den Führer be-
wirkten, dass ich für einen Moment den Eindruck gewann, das
alles geschehe nicht wirklich, ich befände mich in einem Depot
mit uralten Theaterrequisiten und alles, was ich sehe, sei nur
bemalte Leinwand und Kostüme aus Drillich. Das Gespräch
kam dann auf die Bedeutung der SA im Vergleich zum Stahlhelm, und ich wurde als unbefangener Beobachter in die Unterhaltung einbezogen. Ich äußerte unbesorgt meine Meinung,
nämlich dass der Stahlhelm seinen besonderen Charakter hoffentlich nicht verlieren werde, er sei immerhin ein die revolutionären Exzesse bremsendes Element. Ich hatte noch nicht
zu Ende gesprochen, als mir mein Freund unter dem Tisch ei-

nen kräftigen Tritt versetzte. Er flüsterte mir zu, unsere jungen Tischgenossen seien bei der SA und könnten sich ärgern. Ich staunte. Ich wusste wohl, dass sie bei der SA waren, wusste aber nicht, dass selbst im engen Privatkreis keine Diskussion zu solchen Themen erlaubt war, nicht einmal mit kühlem Kopf. Was soll das denn? Die Jungen stehen in Habachtstellung, aber man darf sie nicht kritisieren? Die Requisiten wurden plötzlich lebendig. Das, was hier geschieht, ist keine Rückkehr zu 1914, das ist wirklich eine Revolution.

Am frühen Montagmorgen bringt mich mein Gastgeber nach Berlin zurück. Auf den grünen Wiesen von Döberitz sehe ich wieder verschiedene Uniformen. Es ist nicht die Reichswehr oder der Stahlhelm, aber etwas Ähnliches. Es sind die Uniformen, die in den Arbeitslagern der Freiwilligen getragen werden. Wie in anderen Organisationen durchläuft man auch hier eine militärische Ausbildung. Sport ist im heutigen Deutschland kein Freizeitspaß mehr, er wurde gewissermaßen militarisiert. Ein Staatskommissar für Sport wacht darüber, dass keine Anstrengung junger Muskeln der Sache der Revolution und des Volkes verloren geht. Das ganze Reich wurde in 16 Sportbezirke und diese jeweils in Unterbezirke eingeteilt, was der Bildung von Sportmusterungsstellen gleichkommt. Dem Staatskommissar untersteht eine ganze Hierarchie von Halb- und Viertelsportkommissaren. Auf den Konferenzen der Sportfunktionäre wird vor allem über die staatserzieherische Seite des Sports gesprochen. Sportvereine, die nicht nationalsozialistisch sind, werden nur dann geduldet, wenn sie »rein sportliche« Ziele verfolgen. Die geringste konfessionelle oder politische Färbung disqualifiziert sie sofort. Der staatstreue Sport hingegen wird so sehr protegiert und propagiert, dass anlässlich des Stuttgarter Turnfestes die Bahn für dessen Besucher drei Millionen Fahrscheine drucken lassen musste.

Bemerkenswert ist, dass dieselben Wehrübungen, die nicht nur als Pflicht, sondern als Privileg jedes loyalen Bürgers angesehen werden, andererseits politischen Konzentrationslagerhäftlingen als unangenehme Strafe auferlegt werden. In diesen Lagern entsteht eine zweite, wenn auch dem Führer weniger ergebene Reichswehr. Neueste Untersuchungen zeigen, dass sich heute die Zahl der Häftlinge in den Lagern des Reiches ungefähr auf 100 000 beläuft. Diese Zahl wird von der Regierung selbstverständlich strikt in Abrede gestellt.

Soviel zum Thema Zivilarmee. Aber damit ist noch lange nicht alles über die Wehrhaftigkeit gesagt. In Wirtschaftsfragen ergreift zum Beispiel heute das Kriegsministerium viel entschiedener das Wort als die Ressorts, die ausschließlich für die Wirtschaft des Landes zuständig sind. Wenn Autarkie heute in Mode ist, wo sonst sollte ihr mehr gehuldigt werden als in Deutschland, dem Land, das sich seit 20 Jahren ständig belagert fühlt? Dennoch gibt die Wirtschaftspolitik Deutschlands trotz des chronischen »Ausnahmezustandes« ein recht verschwommenes Bild ab. Gelegentlich prallen die Meinungen gegeneinander, ein anderes Mal stimmen sie entgegen jeder Erwartung völlig überrein. Das einzige Gemeinsame im Handeln des Generalstabs und der extremistischen Elemente der nationalsozialistischen Partei ist ihr Radikalismus. Dem Generalstab ist es gleichgültig, wie sich das Land ernährt, ihm geht es vor allem um das Militär im Krieg, der Partei hingegen darum, ob sie den Massen etwas Konkreteres als leere Worte bieten kann, zum Beispiel fremdes Eigentum.

Die Industrie ist bemerkenswert leistungsfähig, muss also geschont werden. Die Versuchung, der großen westdeutschen Industrie Fesseln anzulegen, wie es am Anfang der Revolution geschah, ist verflogen. Man musste sich auf oberflächliche Koordination beschränken. Die Industrie unter der Führung von

Herrn Krupp von Bohlen[69] hat sich durchgesetzt. Was kann ihr außer der Partei im Wege stehen? Die Auslandskonjunktur vielleicht. Die Arbeiterbewegung im Land wurde restlos zerschlagen. Neue Treuhänder der Arbeit erhielten diktatorische Befugnisse, um Lohnnormen, Arbeitszeit und Arbeitsbedingungen zu bestimmen. Sie sichern den Frieden in der Industrie, und die Polizei wurde angewiesen, ihnen rückhaltlos zu gehorchen. So sieht also ein Land aus, dessen Minister sich immer zum Abschluss ihrer Reden mit der gleichen Floskel an den deutschen Arbeiter wenden: »Wir erschaffen für eure Zukunft ein glanzvolles Reich.«

Inzwischen scheint die Regierung allerdings geneigt, private Initiativen in verhältnismäßig kleinen Betrieben mit einfacher Verwaltungsstruktur zu dulden; sie behält sich die Kontrolle über die Kartelle und die allgemeine Politik der einzelnen Herstellungs- und Handelszweige vor. Unlängst verabschiedete das Reichskabinett ein Gesetz über die Einberufung von Treuhändern für einzelne Unternehmen und zwangsweise Kartellsgründungen überall dort, wo »Unzuverlässige« vermutet werden.[70] Man vernimmt den Ruf nach Rückkehr zu mittelalterlichen Wirtschaftsstrukturen. Ein Ständestaat wird angestrebt. Es besteht eine deutliche Tendenz, Konzerne in einzelne Aktiengesellschaften zu zerschlagen. Man kann ihrer leichter Herr werden, außerdem nehmen Großkonzerne schnell internationalen Charakter an und sind durch Tausende Fäden mit dem Ausland vernetzt.

Einem Außenstehenden erscheint das alles chaotisch und planlos. Manche behaupten, Regierung und Partei hätten immer noch keine Richtlinien für die Wirtschaft festgelegt, sie ließen sich nur von Theorien und Wunschvorstellungen leiten. Eines scheint allerdings sehr konkret, nämlich die Kampfansage an die Junker, die Großgrundbesitzer in den Ostprovinzen. Angeblich steht die Landreform unmittelbar bevor, und ihre Durchführung wäre umso leichter, als die Besitztümer so unglaublich verschuldet sind, dass man nur ihren Besitzern Steuernachlässe oder Kreditverlängerung zu verweigern bräuchte, und in kürzester Zeit käme jedes Gut unter den Hammer. Dann gäbe es endlich Raum für eine Kolonisierung. Wie diese Kolonisierung finanziert werden soll, woher man das Geld für die öffentlichen Arbeiten nimmt, welche die Freiwilligen der Arbeitslager und vom nächsten Jahr an auch Zwangsarbeiter ausführen sollen – auf diese Fragen konnte mir niemand antworten. Aber bekanntlich hat es für militärische Zwecke oder halbmilitärische Organisationen noch nie und nirgendwo an Geld gefehlt. Sehr oft fehlt es an Mitteln für den Bau eines Kinderhorts oder Hospitals, manchmal kann ein Flussdeich nicht fertiggestellt werden, obwohl eine Flut bevorsteht, aber für Kanonenkugeln und Giftgas reicht es immer. Auch in Deutschland geht es nicht anders zu, nur dass hier die Freiheit zur Verfügung über Mittel zu solchen Zwecken wohl viel größer ist als in offen militärischen Staaten, denn der konspirative Charakter der deutschen Rüstungsindustrie entbindet die Kassenwarte von der Pflicht, sich vor der Öffentlichkeit oder einer parlamentarischen Kommission zu rechtfertigen.

Die Empörung über den angeblichen Luftangriff fremder Flugzeuge, die über Berlin Flugblätter abgeworfen haben sollen, während in den Maybach-Motorenwerken eine gewaltige Produktion im Auftrag des Reichswehrministers läuft, rief bei mir die Erinnerung an das Gespräch auf der Fahrt durch Döberitz wach. Auf die Frage, ob SA und Stahlhelm ihre Wehrübungen mit Waffen abhielten, erhielt ich damals die Antwort: »Der Versailler Vertrag erlaubt das nicht.« Das wiederum erinnerte mich an den uralten, aber immer wieder komischen Witz vom jungen Fräulein aus einer Garnisonstadt, das seine Mutter voller Unschuld fragt: »Mama, was ist ein Leutnant?«

Nur noch ein Besuch, dann ist es Zeit abzureisen. Ich will mir
ein Urteil über die christlichen Kirchen in Deutschland bilden.
Obwohl mein Besuch den Katholiken gilt, hoffe ich auch etwas
über die Lage der protestantischen Kirche zu erfahren. Unter
dem starken Druck, der herrscht, könnten im Moment ja die
erstaunlichsten Allianzen entstehen – wie in Sowjetrussland, wo
auf einmal eine christliche Solidarität zu beobachten war, wie sie
selbst im Heiligen Land schwer zu finden wäre. Und ich werde
nicht enttäuscht: Mein katholischer Informant erfüllt meine Erwartungen voll und ganz. Ich will dabei gar nicht erst versuchen,
die Kämpfe und Veränderungen in der evangelischen Kirche
zu skizzieren. Dazu müsste man sich im Kirchenleben und in
den Strukturen des deutschen Protestantismus besser auskennen-
nen. Aber die Flexibilität der Kirchenorganisationen, selbst in
ihrer Dogmatik und Liturgie, sowie die Unbekümmertheit der
evangelischen Synode, mit der sie von ihren, sollte man glauben,
wichtigsten Grundsätzen abzutreten bereit ist, um immer neue
Kompromisse zu finden, ermöglichte es Hitler, trotz des sehr
entschiedenen Widerstands des Präsidenten von Hindenburg,
die Kirche in ein vollkommen untergeordnetes Werkzeug zu
verwandeln. So hat die evangelische Kirche heute keine Privilegien mehr, obwohl sie die vorherrschende Konfession ist. »Der
totale Staat« darf eben keiner Religion wohlwollend gegenüber-
stehen. Religion bedeutet Konkurrenz. Die Nationalsozialisten
selbst sind extreme Monotheisten. Für sie gibt es nur einen
Gott: den Staat. Der Rest ist Opium fürs Volk. Ich bezweifele
nicht, dass viele Protestanten ein tragisches Schicksal erlitten
oder noch erleiden. Besonders die Laien müssen leiden, weil sie
das Werk ihres Lebens zerstört sehen. Ich meine hier Menschen,
die sich in kirchlichen Organisationen und Verbänden enga-
gieren. Ohne Ausnahme sind es im Stillen durchlebte Tragödi-

en. Von offenem Protest hört man nichts. Ich kann mich nur an einen einzigen erinnern, und zwar im Zusammenhang mit dem zu erwartetenden Verbot, Juden in die evangelische Kirche aufzunehmen. Er hatte übrigens Erfolg, weil in der gültigen Verfassung der protestantischen Kirchen ein Arierparagraf noch fehlt. Nachdem die Regierung schon so viel erreicht hat, denkt sie nun daran, auch die protestantischen Kirchen in den Baltischen Ländern, Böhmen, Österreich und Jugoslawien in ihre neue Kirchenorganisation gleichzuschalten, um sie später als Jagdhunde bei der ideologischen Unterwanderung des Nationalismus benutzen zu können.[71]

Hundertmal interessanter für Deutschland ist aber die Frage der katholischen Kirche. Über ein Viertel der Bevölkerung ist katholisch. Schlesien, Bayern und das Rheinland sind ganz katholisch, selbst in Berlin gibt es ungefähr zehn Prozent Katholiken. Offensichtlich sind von der Landkarte des Reichs alle Parteien verschwunden; es gibt kein innenpolitisches Leben mehr; die Angelegenheiten der Arbeiter und der übrigen Gesellschaft sind dank der totalen Gleichschaltung nicht mehr von Interesse. Und dieser Zustand könnte *ad infinitum* anhalten, weil die Regierenden, ähnlich wie in Russland, nicht einmal eine Hungersnot durch Feinde oder einen Wirtschaftsboykott fürchten, solange die Reichswehr, die SS, die SA und der Stahlhelm satt und zufrieden sind (dieser glanzvolle Terrorapparat zählt gerade einmal ungefähr 800 Leute). Vor diesem Hintergrund wird die Haltung der katholischen Kirche zu einer Frage von höchster Bedeutung, oder sollte es zumindest werden. Ginge es im Leben logisch zu, läge das Schicksal der Revolution in den Händen der Katholiken. Aber weil Logik nie die politische Arena beherrscht, liegt das Schicksal der Revolution nicht in den Händen der Katholiken, sondern lastet als moralische Verantwortung auf ihren Schultern. Warum soll die unerhörte Untätigkeit der deutschen

Katholiken nicht gebrandmarkt werden? Sie sind in voneinander unabhängige Verwaltungseinheiten aufgeteilt, die sich noch bis vor Kurzem politischer Autonomie erfreuten (zum Beispiel in Bayern). Standen die deutschen Katholiken nicht im Ruf, sehr »römisch« zu sein? Anderen, die Glaubensfragen etwa mit Chauvinismus verwechselten, wurden sie als Vorbild hingestellt. Wie war das mit der antijüdischen Hetze im katholischen Rheinland? Ich mache meinen prominenten katholischen Gesprächspartner auf diesen äußerst unchristlichen Charakter der neuen Bewegung in seiner Kirche aufmerksam. Ich erhalte die ausweichende Antwort, dass sich in Mexiko die Juden ja auch nicht vor die verfolgten Katholiken gestellt hätten.

Die vereinzelten, kleinlauten Proteste in Sachen Presse- oder Meinungsfreiheit, und die Wenigen, die die Brutalität der Revolution brandmarken, berühren einen geradezu peinlich angesichts der Möglichkeiten, die im Sinne einer kulturellen Opposition von den Katholiken hätten genutzt werden können. Die Knebelung der mächtigen katholischen Presse, die Schließung und Konfiszierung des Vermögens zahlreicher katholischer Verbände und Organisationen riefen keinerlei Widerstand hervor. Ich weiß wohl, dass Widerstand gleichbedeutend mit dem Verlust der Freiheit sein kann. Aber, wenn ich mich recht erinnere, hat die katholische Kirche auch in der Vergangenheit schon Märtyrer gehabt. Die Katholiken, die heute im Gefängnis sitzen, leiden für ihre Vergangenheit. Weil die politische Konjunktur es will. Selten aber sitzen sie wegen eines Akts der Zivilcourage. Das beklagte auch mein Informant, ein Priester[72], der später selbst verhaftet wurde und »für die Gerechtigkeit« litt. Beinahe mit Begeisterung sprach er davon, dass er nur darauf warte, in ein Gefängnis oder Konzentrationslager zu kommen, weil das Volk nur durch Märtyrer der Hypnose des Nationalsozialismus entrissen werden könne. Schon während des Kulturkampfs[73], so sprach mein Informant weiter, wurden Bischöfe verhaftet. Um wie viel erbitterter müsste der Kampf heute sein, im Angesicht dessen, dass diese Revolution dem Geist jeder echten Religion grundsätzlich fremd ist und ihr deshalb feindlich gegenübersteht. Nun ist die Kultur, in der wir aufgewachsen sind, selbst dann noch christlich geprägt, wenn wir uns dessen kaum bewusst sind oder es sogar ganz leugnen. Von Deutschland einmal abgesehen, können wir feststellen, dass überall in Europa (Russland lasse ich selbstverständlich ebenfalls beiseite) die herrschenden Verhältnisse noch immer eine, wenn auch ferne Fortschreibung des »christlichen Umbruchs« von vor 1900 Jahren sind. Und es gibt nichts Unchristlicheres, mehr noch, nichts Heidnischeres als diesen deutschen »Umbruch«. Der Nationalismus ist ein abgründiger Kult, der nicht im Schatten des Ölbergs und erst recht nicht auf dem Olymp gedeihen kann.

Ich hatte Gelegenheit, auch katholischen Pazifisten zu begegnen. Der kleine Rest von ihnen, der sich in Deutschland noch auf freiem Fuß befindet, ist ein wahrhaftig wunderbarer Menschenschlag. Ich habe selten so rückhaltlos anständige, zu keinem Kompromiss fähige Menschen getroffen. Ihre Bestrebungen, die christlichen Ideale durch die Brüderschaft der Völker hochzuhalten, wirken beinahe albern. Denn natürlich sind heute nicht diese Theologen populär, sondern die Generalin Ludendorff oder bei uns ein Lucjan Rydel.[74] Die deutschen katholischen Pazifisten hingegen haben keine Angst, sich der Lächerlichkeit preiszugeben und der Isolation auszusetzen. Eher noch hat das Reich Angst vor ihnen und unternimmt seit Beginn der Revolution alle möglichen Schritte, um sie unschädlich zu machen.

Währenddessen aber unterschreibt in Rom der Herr von Papen, eben der, der die von mir zitierte Rede in Münster gehalten hat und aus der Zentrumspartei ausgetreten ist, jener also, der anschließend die Auflösung der katholischen Parteien und alle sonstigen katholikenfeindlichen Maßnahmen seiner Regierung zuließ, ein Konkordat, das nicht einmal der große Bismarck dem Vatikan hätte »abluchsen« können. Und dann wird er noch mit einem hohen Papstorden ausgezeichnet, wenn auch nicht »*Pro Ecclesia et Pontifice*«.

Wie soll es nun weitergehen? Gute Katholiken empören sich gern über den Opportunismus, über den Nationalismus und die Passivität des deutschen Episkopats, nicht nur, weil es in Deutschland nicht protestiert. Es informiert auch den Papst irreführend oder beschwichtigend. Schon jetzt glauben nicht einmal die Laien daran, dass »der totale Staat« das konfessionelle Schulwesen unangetastet lassen könnte, wie er es versprochen hat. Ob diese Konkordatspessimisten recht behalten, wird erst die Zukunft zeigen. Und was geschieht zum Beispiel mit der Sonntagspredigt? Selbst ein Militärpriester wird nicht ganz »auf Linie« predigen können, wenn er wirklich ein Priester ist. Es sei denn, die Kirche möchte ihren Gläubigen eine ganz neue Form des Martyriums abverlangen, nämlich ihre eigensten Grundsätze und Überzeugungen als Opfer darzubringen.

Ich muss nun heimkehren, obwohl mir nicht danach ist. Ich habe noch nie den so oft besungenen Reiz des Ostens genießen können, im Gegenteil. Mein ganzes Leben lang verspürte ich einen instinktiven »Drang nach Westen«. Der Westen schien mir stets weniger »verdorben« als der Osten. Das Einsteigen in einen Zug in Richtung Osten ist für mich immer schmerzhaft. Auch wenn ich in Deutschland viel unbestreitbar Barbarisches gesehen habe, so scheint mir Berlin nicht nur geografisch, sondern auch durch die Lebensbedingungen viel europäischer als Warschau. Hinter Berlin beginnt für mich das Ende der Welt. Wäre meine Vorstellung von der Geografie noch aus der Zeit vor Kopernikus, hätte ich zweifellos beim Passieren der Berliner Vororte den Eindruck gehabt, mich dem Ende der Welt zu nähern. Dinge, die den Blick anziehen, werden immer seltener, die Landschaft immer eintöniger, und wer weiß, ob dieser vernebelte Streifen der Wälder am Horizont, der den grauen Himmel mit der wenig grünen Erde verbindet, nicht nur ein Schlitz ist, durch den der Blick ins Nichts führt. Das Studium neuester Landkarten ist auch nicht tröstlich. Würde man die Erde auf der geografischen Höhe Berlin-Warschau umkreisen, wie trostlos wäre das: Der Ural, der Baikal, der sowjetische Teil Sachalins, der südliche Zipfel Kamtschatkas, nördlich von Vancouver die Rocky Mountains in Kanada, die Hudson-Bucht, Labrador, und zum Schluss das südliche Irland und Europa. Von echter Exotik, meine ich, kann da keine Rede sein. Polnische Folklore à la Łowicz[75] macht eben nicht jeden glücklich.

Aber was soll's – ich steige in den Zug ein. In meinem Abteil sitzen zwei Frauen mit ausgeprägt semitischen Zügen, eine mit einem Töchterchen von sieben oder acht Jahren. Im Bahnhof verabschieden sie sich von ihren Männern. Wir fahren. Die Damen deuten auf die Häuser, die an uns vorüberziehen, und unterhalten sich auf Deutsch über belanglose Dinge. Es lohnt nicht zuzuhören. Ich hänge meinen Erinnerungen nach, an all das, was ich gesehen und gehört habe, ich mache mir Gedanken über Hypothesen, die aufgestellt und Prophezeiungen, die gewagt wurden.

Ich habe ein Land gesehen, in dem die nationale Revolution einen vernichtenden Sieg feiert. Revolution, Umsturz, das alles scheint nach den Ereignissen in Italien vor zehn Jahren und jetzt in Deutschland eine ganz präzise, fast wissenschaftliche Bedeutung bekommen zu haben. Ich sah ein Land, wie geeint, beinah Hitlers alleiniges »großes Werk«. Um Missverständnissen des Eigenschaftswortes »groß« vorzubeugen: Das Werk Hitlers ist groß, weil es bisher niemandem gelungen ist, Vergleichbares zu erreichen, und weil es weitreichende Folgen für die künftige Geschichte Europas haben kann. Nur, so groß ist es auch wieder nicht, ginge es denn um die Kultur Deutschlands und den Frieden unseres Kontinents. Die beinah totale Konsolidierung des Reichs ist nun einmal Tatsache, und auch Süddeutsche, denen der preußische Geist immer fremd gewesen ist, haben sich bisher weder über den Verlust ihrer Unabhängigkeit beklagt noch bedauerten sie offen die totale Unterordnung unter das Diktat Berlins. Dass Hitler ein Österreicher ist, spielt hier keine Rolle.

Sitzt die Revolution im »endlich vereinten« Deutschland nun fest im Sattel? Auf diese Frage hört man meist positive Antworten. Ich möchte aber vorab bemerken, dass es nicht meine Absicht ist, hier Prophezeiungen zu machen. Ich bemühe mich lediglich, logisch zu denken. Aber das führt, wie gesagt, in Politik und Geschichte nicht weit. Wenn ich überlege, woher der Revolution Gefahr drohen könnte, glaube ich, dass es aus der Sicht der Nazis allen Grund zum Optimismus gibt. Die Katholiken haben versagt. Der Sozialismus ist eines natürlichen Todes, den »Strohtod« Papens, gestorben. Erschütternd ist nur, dass ausgerechnet die Sozialdemokratie der heutigen Entwicklung den Weg bereitet hat. Zwar hätte all das auch im Kommunismus enden können. Aber gerade die panische Angst vor einer gemeinsamen Front mit den Kommunisten, die für die Durchführung eines Generalstreiks notwendig gewesen wäre – es ist noch gar nicht so lang her, zwischen dem 30. Januar und dem 5. März dieses Jahres – ermöglichte überhaupt den Sieg Hitlers und führte dazu, dass die Arbeiterklasse ihrer Stimme und ihrer Waffen für den Kampf um ihre Stellung im Volk beraubt wurde. Nur: Worauf ist die Passivität des deutschen Sozialismus zurückzuführen? Man klärte mich auf, dass das Hauptproblem der linken Partei das Fehlen junger Menschen in Führungspositionen ist. Das lässt sich auch in anderen Ländern, zum Beispiel in Frankreich und in Polen beobachten. Den alten sozialistischen Führern in Deutschland fehlt zudem die notwendige demagogische Haltung. Sie veranstalteten zwar viele Kundgebungen, riefen aber nicht hysterisch genug den Menschenmassen zu, empfingen zu selten Blumensträuße von kleinen Mädchen in Weiß (wie dies Hitler zu tun pflegt), und vor allem waren sie zu zögerlich und politisch zu wenig mutig. So also kam es, dass heute viele Söhne der sozialistischen Führer zu den eifrigsten Anhängern Hitlers zählen.

Die Gesetzgebung, die den gegenwärtigen Zustand der nationalen Revolution schützen will, wird von Tag zu Tag massiver. Es gibt jetzt spezielle Verordnungen gegen »Miesmacher«. In den Armenvierteln Berlins und in den billigeren Lokalen in den anderen Bezirken arbeiten die Besitzer und die Bedienung mit der Geheimpolizei zusammen. Die Arbeit der Betriebszellen ist fast unmöglich geworden. Deutschland befindet sich in einem fast hermetisch geschlossenen Kreis des Terrors. Erfahrungsgemäß sind Regierungen, die in ihrer Bedingungslosigkeit die Grenzen der Gesetze und der Fürsorge um das Wohlergehen und das Glück ihrer Bürger überschreiten, sehr langlebig. Sie gehen erst dann unter, wenn sie anfangen zu zögern oder zu zweifeln.

Es gibt Gerüchte, dass das Volk murre, dass es enttäuscht sei, dass die Revolution ihm keine konkreten Vorteile bringe. Sie werden begleitet, ja zugedeckt von den Nachrichten über immer neue Gesetzesverschärfungen und neue Privilegien der Staatsorgane, der Regierung und der Partei. Es war viel Demagogie bei den Kundgebungen der Arbeiterklasse im Spiel, ein bisschen zu viel für das Volk. Sie hat einen gefährlichen Appetit erzeugt. Das Wort »Appetit« meine ich hier im übertragenen wie im wörtlichen Sinn. Wie es der Zufall so will, halten wir in diesem Moment in Frankfurt/Oder. Es ist Sonntag. Ich höre lauten Gesang. Eine bekannte Melodie. Eine SA-Gruppe in einem abfahrenden Zug schmettert die mittlere Strophe des »Horst-Wessel-Liedes«:

Die Straße frei den braunen Bataillonen,
Die Straße frei dem Sturmabteilungsmann!
Es schau'n aufs Hakenkreuz voll Hoffnung schon Millionen,
Der Tag für Freiheit und für Brot bricht an!

Es klingt irgendwie nicht mehr aktuell. Die Hoffnung auf Brot, wo ist sie geblieben? Zwar zeigen amtliche Statistiken einen gewissen Rückgang der Arbeitslosigkeit, aber man muss berücksichtigen, dass es Arbeitslager gibt, die das Staatsbudget belasten, und dass diejenigen, die ihre Stellen aus politischen oder rassischen Gründen verloren haben, nicht als Arbeitslose gezählt werden. Was die Freiheit anbelangt, wissen wir, dass außer den bereits beschriebenen Gewaltrepressalien seitens der Regierung in den letzten Tagen Familienangehörige von politischen Emigranten verhaftet wurden, um so die Rückkehr der Emigranten zu erzwingen oder sie zu bestrafen.

Ich verlasse ein Land, das teils nach russischem, teils nach italienischem Muster regiert wird. Der Kommunismus ist ein Verbrechen. Mandate der Sozialisten in allen gesetzgebenden oder selbstverwalteten Körperschaften wurden für ungültig erklärt. Andere Parteien existieren nicht mehr. Sie übertreffen sich sogar gegenseitig vor Eile, sich als Erste »freiwillig« aufzulösen. Es bleibt nur noch die nationalsozialistische Partei. Wer regiert aber? Hitler, Göring, Goebbels? Nur einer von ihnen? Vielleicht Kerrl oder Rust, Freisler oder gar Heines! Oder schlicht der Generalsstab der Reichswehr? Es ist unmöglich, das herauszufinden. Wie in Russland gibt es auch hier Abweichungen nach rechts oder links. Vielleicht wird sogar Otto Strasser[76] wieder in Gnaden aufgenommen. Andererseits steht die westliche Industrie fest auf beiden Beinen und es sieht nicht danach aus, dass sie an Boden verliert. Im Gegenteil, sie gewinnt dazu. Man darf nicht vergessen, dass die Nazibewegung an ihrem Anfang durch das Kapital und zum Teil sogar durch die jüdische Industrie als Mittel gegen die Pest des Kommunismus finanziert wurde. Doch nun scheinen die Waffen sich gegen deren Lieferanten gerichtet zu haben, auf jeden Fall aber gegen die Junker. Manche behaupten, dass alle Macht nach wie vor in den Händen des Großkapitals liegt. Ich halte diese Version für übertrieben, genauso wie die in der intellektuellen Linke kreisenden Mutmaßungen, dass es bestimmt bald zu großen Aufständen unter den verbitterten und enttäuschten Massen der arbeitslosen Armen kommen wird.

Auch die Monarchie wäre wieder möglich. Viele Sozialisten denken sogar mit Sehnsucht daran. Sie hoffen, dass mit der Monarchie auch kultiviertere Regierungs- und Gerechtigkeitsformen wiederkehren würden. Nur Kaiser Wilhelm scheint nicht in Frage zu kommen, obwohl ein Witz über ein angebliches Telegramm des Kronprinzen an seinen Vater zirkuliert: »Vater, komm bald zurück, wir sind das kleinere Übel.«[77] Man spricht auch von Söhnen des Kaisers und anderen Prinzen von Geblüt als Kandidaten, nicht nur von den Hohenzollern. Die Massen sind auf die Rückkehr der Monarchie sehr wohl vorbereitet. Ohne Zweifel würden sie diese mit großem Enthusiasmus begrüßen, nur dass die Parteiführung, insbesondere der linke Flügel, nicht danach zu streben scheint.

Ich verlasse ein Land, und das ist vielleicht das Wichtigste, das durch primitive Stammesinstinkte und das Arteigene regiert wird. Während meines Aufenthalts in Berlin konnte ich diesen wiedergeborenen Primitivismus für keinen Moment vergessen. Eine Höhle, eine Keule und ein behaarter Ehemann, der sich schützend vor seine Frau mit fliehender Stirn stellt – solche Bilder bekommt man vor Augen, wenn man in dieser Atmosphäre der Verherrlichung von Stammesdenken lebt.

Die Gespräche im Abteil reißen mich aus meinen Gedanken. Nach einer belanglosen Unterhaltung wenden sich die mitreisenden Damen nun dem Złoty-Kurs zu. Ah, vielleicht fahren sie nach Polen. Der Schaffner kommt. Ich werfe einen verstohlenen Blick auf ihre Fahrkarten: sind nach Łódz unterwegs. Es folgt eine Diskussion, ob und wann umgestiegen werden muss. Die Passkontrolle kommt, und aus den Handbeuteln tauchen, wie nicht anders zu vermuten, polnische Konsularpässe auf. Mein Herz schlägt höher: Landsleute. Aber die Unterhaltung wird nach wie vor auf Deutsch geführt. In einem völlig korrekten Deutsch. Wir lassen den letzten deutschen Bahnhof hinter uns. Eines der jungen Mädchen sitzt am Fenster; es sieht gelangweilt aus, trommelt mit den Fingern gedankenverloren an die Fensterscheibe und summt eine Melodie leise vor sich hin. Ich lausche. Ich täusche mich nicht: »Deutschland, Deutschland über alles.«[78] Die Mutter hört es und plötzlich fängt sie an, Esterkas und Mickiewiczs[79] Sprache zu sprechen: »*Dziecko, po co ty to śpiewasz, ty przecież umiesz i polskie piosenki, zaśpiewaj lepiej coś po polsku!*«[80] Sensationell. Das folgsame Kind, nach wie vor gelangweilt, fängt ohne Begeisterung, aber klar und verständlich, an zu singen: »*Oto dziś dzień krwi i chwały ...*«[81] In diesem Augenblick erreicht der Zug die Station Bentschen. Meine Auslandsreise geht hier zu Ende. Ich nehme für lange Zeit Abschied vom Dritten Reich. Es hat mich nicht überzeugt, trotz meiner aufrichtigen Bereitschaft. Ich wollte die Wahrheit schreiben, und ich schrieb sie mit der Absicht, die ohnehin schon so schwierigen Beziehungen zwischen Deutschland und Polen nicht noch mehr zu belasten. Ich wollte alle Schablonen der lärmenden Hysterie der linken europäischen Presse vermeiden, doch meine Wahrheitsliebe zwingt mich dazu, schwere Anklagen zu erheben.

Ich bin nach Berlin gefahren, um die neuesten Entwicklungen zu untersuchen, was von Warschau aus nicht möglich war. Ist es wirklich so? Schon ein Mensch mit Fantasie kann sich vorstellen, was in Deutschland geschieht, wenn er nur die Zeitungen unserer beiden Parteienblöcke, der Moralischen Heilung »Sanacja«[82] oder der Nationaldemokraten »Endecja«[83] aufmerksam liest. Die Ausgabe einer *Sanacja*-Zeitung informiert zum Beispiel über die Regierungsinitiativen bei der Feier des Festtages der Ostsee, des Festtages der Vorhut und des Festtages der Wehrausbildung. (Obwohl die polnische Armee riesengroß und mit mindestens der Hälfte des ganzen Staatsbudgets gut ausgestattet ist und sich ohne Beschränkungen durch internationale Abkommen offen weiterentwickeln kann.) Man erfährt von einer Jugendlegion[84] und von der einzigen Partei, die etwas bedeute, dem Parteilosen Block[85], und von einem Treffen der Schützenvereine unter folgendem Motto: Im Jahr 1933 muss jeder Pole einen Waffenschein erwerben; wir verteidigen Polen mit Karabinern, nicht mit Resolutionen auf Kundgebungen; jeder Bürger ist Soldat, jeder Soldat ist Bürger. (Der zweite Teil des Aphorismus ist mir nicht ganz verständlich, denn wie könnte ein Mensch ohne Eigeninitiative und ohne frei zu sein bürgerliche Tugenden vorweisen?) Wir erfahren, dass möglichst viele Bürger das staatliche Sportabzeichen erwerben sollen, und, dass in Hochschulen militärische Lehrgänge eingeführt werden, wie sie schon in den weiterführenden Schulen Pflicht sind; davon, dass jedes Kind zu einem folgsamen Werkzeug erzogen werden soll, dass die eigene Individualität dem Staatsgeist völlig unterzuordnen sei. Ich muss hier um Entschuldigung bitten. Ich wiederhole mich, aber ich weise die Leser hier noch einmal ausdrücklich darauf hin, dass diesmal von Polen und dem künftigen Europa die Rede ist. Zu der *Endecja*-Presse nur eine kurze Bemerkung: Ich stelle gewisse Ähnlichkeiten zur *Sanacja*-Presse fest, abgesehen, zugegeben, von den grundsätzlichen Meinungsverschiedenheiten. Gemeinsam ist beiden ihre radikale Haltung und die Toleranz von Brutalität sowie die Erkennungszeichen, die üblicherweise das Bild von Deutschland prägen: Demagogie und Antisemitismus. Im Übrigen wird Letzterer heute in Polen von Personen betrieben, die in Deutschland schon längst dem Arierparagrafen zum Opfer gefallen wären.

Während solcher Zeitungslektüre meint man eine Ulanenschwadron vorbeireiten zu hören, die munter ihr unglaubliches, geradezu sadistisches Lied singt:

> *Wie schön es doch im Krieglein ist,*
> *Wenn ein Ulan vom Pferd fällt,*
> *Den Ulanen tut es nicht leid,*
> *Sie reiten über ihn hinweg.*[86]

Es ist wahr, dass in Deutschland die Mörder von Rathenau[87] gefeiert werden, aber ein solches Lied gibt es nicht, auch keine Verniedlichungsform für das Wort »Krieg«. Das gilt übrigens für alle sechs mir bekannten europäischen Sprachen. Ich behaupte nicht, dass in Polen der Geist der Aggression gedeiht, weil das gegen meine Überzeugung wäre, aber von einem Land, das den Begriff der »moralischen Entwaffnung« erfand und ihn zur Losung erhob, darf und sollte man erwarten, dass die Schlagwörter für den Export auch im Inneren des Landes zu hören sind, auch für den Fall, dass sie nur leere Phrasen sein sollten. Das sind doch wohl keine überzogenen Erwartungen.

Abgesehen davon besteht, sowohl in der *Endecja*- als auch *Sanacja*-Presse in Polen, wie auch in Deutschland, Italien und in

Russland, ein und dieselbe Ansicht über die Zweckbestimmung, der die Gesellschaft unterzuordnen sei, und damit dieselbe Hoffnungslosigkeit, der jeder Einzelne überlassen wird. Ich muss ständig an Maeterlincks[88] »Das Leben der Termiten« denken. Sie ist eine der düstersten und erschütterndsten Reportagen über eine reibungslos und zweckmäßig funktionierende Gesellschaft: Alles ist der Arterhaltung untergeordnet, nichts gereicht dem Einzelnen zum Trost und zur Belohnung. Wahrhaft eine furchtbare Vision dessen, was uns erwartet. In dieses Bild der Zukunft versucht die Natur instinktiv einen Hauch von Glück zu mischen. In Italien ist es warm und sonnig, den Termiten kann es dort also nicht so schlimm ergehen. Als die Kirchen immer mehr Einfluss auf das Leben des Einzelnen gewannen, versprachen sie die Glückseligkeit erst nach dem Tod. Russland garantiert erst unseren Urenkeln Glück, was Menschen ohne genealogischen Instinkt wenig Trost spendet.

Am ehrlichsten sind die Deutschen: Sie versprechen kein Glück, sondern einen riesigen Teil der Erde unter der Herrschaft der Deutschen, der sich vom kolonisierten Sibirien bis Nancy und Genf und vom Nordpol bis hin zu Barbarossas Sizilien erstrecken soll. Ein übermächtiger Staat, von jedwedem Individualismus gesäubert, schwimmt auf dem Blut der eigenen Söhne und dem seiner Feinde, eine eigene Rasse – abgeschottet vom Rest der Welt.

1934 – das nationalsozialistische deutschland
ein jahr danach

Ein Jahr später fuhr ich wieder nach Deutschland. Ich wollte mich mit eigenen Augen überzeugen, ob Veränderungen stattgefunden hatten. Und nicht nur dort, auch in mir selbst. Ich wollte prüfen, ob mein Gewissen, mein Gefühl für Gut und Böse nicht bereits abgestumpft war. Nach einer Welle prosowjetischen Snobismus, der diesem System alle Grausamkeiten verzieh, kommt jetzt in Polen eine gewaltige Pro-Hitler-Stimmung auf. Übrigens breitet sie sich auch unter den Juden aus, ebenso wie das Wohlwollen für die Nationaldemokraten und fast so rasant, wie sich das Golgota-Motiv in den Dichtungen unserer Möchtegern-Schriftstellerinnen aus Białystok ausbreitet.

Mein zweiter Besuch im nationalsozialistischen Germania (bewusst vermeide ich den Ausdruck »Hitleria«, weil er den falschen Eindruck vermitteln würde, dass Hitler das Land allein regiere) überzeugte mich, dass tatsächlich Veränderungen stattgefunden haben, und zwar auf zwei schwerlich miteinander vergleichbaren, aber für mich gleichermaßen wichtigen Gebieten. Da sich die typischen Anzeichen der Revolution inzwischen tief in das großstädtische Leben eingegraben haben und der durch den Umbruch zerpflügte Boden sich allmählich mit dem Gras der Normalität zu bedecken beginnt, könnte mein früher so wacher Sinn für Gerechtigkeit, Leiden, Absurdes und Fremdes leicht der Zerstreuung, dem Leichtsinn und der Gleichgültigkeit gewichen sein.

Welche Mühe bereitet es, nach Missständen zu suchen, wenn man dazu nicht aufgelegt ist oder von der Natur mit dem Temperament eines Enthusiasten begnadet und bestraft wurde. Besonders mühsam wird es, wenn das Ganze geradezu verführerisch blendet, wenn das Gewand der Gesellschaft und des Staates dem Laien äußerlich makellos erscheint und selbst die braune Farbgebung passend und gelungen wirkt. Nie zuvor ist

mir das Fragen und Erforschen von Stimmungen so schwer gefallen. Ich kam nach Berlin voller Leichtsinn, mit rein sinn-
licher Erwartung. Ich beobachtete die Oberfläche der Ereignisse und Bilder und hatte keine Lust, ihrem tieferen Sinn
nachzugehen. Mich erfüllte ein für den Wahrheitssuchenden
tödliches Wohlwollen *a priori*. Ich freute mich, mit dem Westen wieder in direktem Kontakt zu stehen statt nur via Buchhandlung. Denn Berlin ist schließlich nach wie vor die öst-
lichste Hauptstadt des Westens.

Ich kam also nach Deutschland in einem Zustand jugendlich
naiver Begeisterung und etwas frühlingstrunken. Die äußeren
Umstände begünstigten keinesfalls eine Ernüchterung. Der
Tiergarten mit seinen Eichen und Rhododendronbüschen duf-
tete, wie kein anderer Wald je geduftet hatte, seit ich vor 17 Jahren Podole verließ. Jede Taxifahrt durch diese Oase der frischen
Luft brachte mir die bezauberndste und sinnlichste Zeit meiner
Kindheit zurück. Jedes Treffen mit jungen Menschen – egal, ob
Aristokraten, Juden, Nazis oder Arbeitslosen – erzeugte in mir
Wehmut darüber, die eigene Jugend nicht in der Fülle genutzt
zu haben, wie sie ihre Zeit zu nutzen wussten. Als darüber mein
angeborener Sinn für Humor ganz der Trübseligkeit zu wei-
chen drohte, fragte ich mich sogar, ob ich nicht, als dies noch
möglich war, den Empfehlungen des »Lachenden Lebens« hätte folgen sollen.[89] Jeder in den Vorortvillen meiner Bekannten
verbrachte Abend, an denen die Nachbarn sich Besuche mit
Motorbooten abstatteten, obwohl sie keine Millionäre sind, wo
alle in Badeanzügen direkt aus dem Wasser über den Rasen
in die Küche laufen, um dort Kartoffeln für ein improvisier-
tes, aber herrliches Abendessen zu schälen, bei dem mitten auf
dem Tisch, wie es die Mode dieser Saison erfordert, eine »*kalte
Ente*« regiert (das ist kein Geflügel, sondern eine Mischung aus
Moselwein und deutschem Sekt), bestätigte mein Urteil: Diese

Menschen wissen zu leben. Nur der Skeptiker Słonimski flüstert mir leise zu: »Sie sind reicher geworden und sie konnten sich an den hohen Lebensstandard gewöhnen, sie können sich aber nicht mehr darüber freuen.«[90] Mir genügt aber schon zu sehen, wie die arme Berliner Bevölkerung sich am Sonntagmorgen mit dem Fahrrad oder gar zu Fuß ins Grüne aufmacht, in ihre fröhlichen, keineswegs stumpfen Gesichter zu blicken, um mich davon zu überzeugen, dass Gott die Deutschen mit dem Talent des individuellen Glücks gesegnet und gleichzeitig mit dem ungesunden Drang bestraft hat, sich in Gemeinschaften zu organisieren. Das ist kein Paradox. Das wunderbare Kulturerbe Deutschlands entstammt ja schließlich der Epoche seiner Zersplitterung in Dutzende von Kleinstaaten. Ich besuchte wieder einmal, ich weiß nicht zum wievielten Male schon, im Berliner Museum die Skulpturenabteilung mit den Werken der Gotik und späterer anonymer Künstler. Diese Kunst ist genial, und man sieht, dass sie nicht zu Ehren »eines totalen Staates« entstand, sondern weil ein unbekannter Bildhauer gern schnitzte, weil er gottesfürchtig und begabt war, weil er seine Kirche verzieren oder seinem armseligen Städtchen zu Ruhm verhelfen wollte. Ich kenne die Polen, Russen, Skandinavier, Franzosen, Italiener, Engländer und Amerikaner, aber sie alle wissen nicht annähernd so viele Seelenvitamine aus einem Maisonntag herauszupressen wie die Deutschen.

Zum Abschluss dieser Einleitung will ich dem Leser offen und ehrlich gestehen, dass als Folgerung am Ende meines Artikels von vornherein stehen sollte: So wenig ich bei der Rückkehr aus Deutschland vom Nationalsozialismus überzeugt war, so sehr bin ich doch von den Deutschen bezaubert; von denen, die ich von früher her kenne, wie von jenen, die ich erst jetzt kennenlernte, aber selbst von denen, die ich gar nicht kenne, deren warme Herzlichkeit ich aber im Vorbeigehen auf der Straße spüren konnte.

Der deutsche Zöllner weckt mich in der Nacht mit einem lauten »Heil Hitler!« Ich bin nicht im Entferntesten darauf vorbereitet und während ich mich noch unwillkürlich umsehe, schießt mir der verschlafene Gedanke durch den Kopf, Hitler säße womöglich im Abteil, ohne dass ich ihn bisher bemerkt hätte. In diesem Gruß, der vor einem Jahr noch nicht existierte, liegt etwas, das sich so eindeutig nicht an die begrüßte Person richtet, dass es mir schwer fällt, mich an diese entpersonalisierte und eher nationale Begegnungsform zu gewöhnen. Im Laden oder an der Tankstelle sieht sich der arme Ausländer plötzlich vor die Wahl gestellt zwischen reiner Feigheit, die er lieber »Höflichkeit« nennen will, und der Offenbarung seines nationalen, politischen oder ideologischen Andersseins – oder schlicht der Zurschaustellung eines »Grußkonservatismus«. Als ich mich einmal in das Untergeschoss des Hotels Bristol verirrte, sah ich im Zentralheizungs-, Kühl- und Wäscheraum Wandplakate mit der Aufschrift »Hier wird nur deutsch gegrüßt – Heil Hitler!« Tatsächlich muss sich in solch einem Tempel des Kosmopolitismus, wie ihn jedes große Berliner Hotel nun einmal darstellt, der Nationalgeist im Keller verbergen – in den Katakomben; oberhalb der Bordsteinkante ist er dort nirgendwo zu finden. Einmal wurde ich in einer vornehmen Bar Zeuge, als eine elegante Dame im Gespräch mitteilte, sie grüße nie »Heil Hitler«, sondern stets nur »Heil«, weil sie nicht durch die vollständige Grußformel »des Führers Namen entheiligen« wolle.

Auf der Straße bemerkt man auf den ersten Blick, wie stark die Zahl der Uniformen abgenommen hat und dass Flaggen nur noch dort hängen, wo sie wirklich hingehören. Im vergangenen Jahr waren sie vor allem auch Zeichen der Loyalität von Hausbewohnern oder Firmeninhabern. Diejenigen meiner Bekannten, die voriges Jahr ständig im Braunhemd oder in der schwarzen Montur der SS-Leute einherstolzierten, tragen heute ihre Uniform nur im Dienst. Zum Rückgang der Zahl

Uniformierter trug maßgeblich die Ausschaltung der Deutschnationalen und des Stahlhelm bei. Stahlhelm-Angehörige, auch
wenn in die SA eingegliedert, bevorzugen Zivilkleidung.

Ich bemerkte herrliche Läden, gefüllt mit wunderschönen
Waren, auch wenn außer Autos keine echten Luxusartikel zu
sehen sind. Die Kundschaft ist deutlich zahlreicher als noch
vor einem Jahr.

Es gibt auch wieder mehr Ausländer, obwohl sicherlich we-
niger als ein Prozent dessen, was vor zwei Jahren normal war.
Mit seinen wenigen ausländischen Besuchern macht Berlin den
Eindruck, vom Rest der Welt ziemlich abgeschnitten zu sein.
Bei Gesprächen mit Bekannten fällt mir auf, dass ihnen viele
Fakten, über die in Polen jeder durchschnittliche Zeitungsleser
Bescheid weiß, völlig unbekannt sind: Die inneren Angelegen-
heiten nehmen sie wohl zu sehr in Anspruch.

Ein Kontakt nach Westen wurde jedoch nie abgebrochen:
der zur Pariser Mode. Die Frauen kleiden sich hervorragend,
benutzen Schminke und zeigen sich wieder mit rot bemal-
ten Lippen und Fingernägeln. Wenn sie ihr Haar blondie-
ren, dann nicht, um nordisch zu wirken. Mit einem Wort, die
braune Mode hat sich in Berlin und auch in den anderen größeren Städten nicht durchsetzen können. Die Frauen rauchen,
sie zeigen, was sie haben, wo und wie sie nur können. Sie haben das Nationale Amt für Mode besiegt, von ihm ist nichts
mehr zu hören. In der Provinz, wo die einheimischen Damen
schon immer bevorzugt eine Kittelschürze trugen, sollen allzu
herausgeputzte Frauen gelegentlich Vorwürfen ausgesetzt sein,
die sich auf Parteisprüche des Vorjahrs berufen – das ist aber
auch schon alles.

Die Preise sind weithin stabil, aber es besteht immer noch
eine riesige Spanne zwischen dem Budget des Durchschnitts-
berliners und den Minimalausgaben eines Besuchers. Es ist
schwierig, in Berlin preiswert »zurechtzukommen«, wenn man

nicht entsprechend eingeführt ist, schwieriger als in jeder anderen Hauptstadt Europas. Das Straßenbild hat sich deutlich normalisiert. Die Cafés sind voll und draußen flanieren Passanten. Der Kraftverkehr ist rege und um viele herrliche Autos reicher. In den Läden und auf der Straße spürt man, dass mehr Bargeld im Umlauf ist. In manchen der schönen, neuen Luxuswagen sitzen Juden. Wie lässt sich das erklären? Vor einem Jahr wusste weder der Jude noch der Junker noch der Industrielle noch der Kaufmann, wie sich die Sache entwickeln würde. Die heutige Stabilisierung ist, kurz gesagt, allgemeiner Art. Trotz der äußerst schwierigen wirtschaftlichen Lage und der massiven Einmischung des Staates in die Angelegenheiten der Unternehmen kann jeder Durchschnittsdeutsche heute einen mehr oder weniger vernünftigen Haushaltsplan aufstellen, vor allem die Rentner; es ist verblüffend, wie viele Rentner es gibt, trotz Katastrophen und Inflation.

Der Lärm auf Berlins Straßen hält bis spät in die Nacht an. Und ein typisches Berliner Phänomen ist wiederauferstanden: Die kleinen, bescheidenen Eckkneipen, in denen Taxifahrer mit den anderen ganz Kleinen dieser Welt Schach oder Billard spielen, haben wieder geöffnet und sind bis drei Uhr morgens mit fröhlichen Gesprächen erfüllt, und das nicht nur samstags – ganz zu schweigen von den echten Nachtlokalen. Vor einem Jahr war um ein Uhr keine Menschenseele mehr zu sehen, aber wenn heute um drei Uhr die Polizeistunde beginnt, müssen die Gäste mit Nachdruck zum Gehen aufgefordert werden. Die Liste der Lokale ist lang und täglich kommen neue hinzu. Es ist vorauszusehen, dass das Berliner Nachtleben, noch bevor ein Jahr um sein wird, wieder zu seiner »Weimarer Form« zurückfinden wird. Die Welle des Puritanismus scheint endgültig gebrochen; die einzig sichtbare Spur davon ist die stark zurückgegangene Anzahl der Prostituierten. Viele von ihnen sollen in den Arbeitslagern stecken.

Die Boheme hat wieder einige großartige Kneipen. Meist werden sie von Juden geführt, die zwischenzeitlich, ob der herrschenden Verhältnisse entmutigt, in Paris ihr Glück versucht hatten. Von der Sehnsucht nach Berlin gepackt, bereiten sie den Berlinern jetzt wieder großartige Momente für den bescheidenen Preis »eines kleinen Hellen« oder »eines Mocca«. In diesen Lokalen kann man selbst wichtige Regierungsvertreter antreffen, in Uniform oder in Zivil. Anders als vor einem Jahr ruft ihr Erscheinen keine Panik mehr hervor. Herzlich begrüßen sie den nichtarischen Wirt, sie schimpfen nicht über die Jazzmusik und verlangen keine Märsche. Als der Pianist mit seiner auffallend krummen Nase den letzten New Yorker Schlager zu Ende gebracht hat, beginnt er plötzlich unaufgefordert und spontan zu singen: »*Ich hab' mein Herz in Heidelberg verlor'n.*«

Dieses und ähnliche heimische Motive – und das nicht nur in der Musik – sind heute weit verbreitet. Früher hätte man sich in einem Berliner Nachtlokal über solch ein Lied vor Lachen ausgeschüttet. Nirgendwo sonst herrschte eine derart snobistische Vorliebe für alles Ausländische. Heute singt der jüdische Pianist nicht aus Berechnung über Heidelberg, sondern aus einem aufrichtigen Gefühl heraus. Der Reiz des Neckartals spricht zu ihm von so vielen Plakaten und aus so vielen Publikationen, Schönheit und Anmut der deutschen Lande werden ihm so energisch eingehämmert, dass, obwohl es der Propaganda vielleicht noch nicht gelungen ist, die Schönheit des Rheinlands oder Würzburgs als ein Verdienst Hitlers oder der Partei herauszustellen, mit dem Optimismus auch ein Bewusstsein über die Existenz dieser schönen Schätze in das Unterbewusstsein ausnahmslos aller eingezogen ist.

Diesen Eindruck also macht Berlin auf den ersten Blick im zweiten Jahr des Dritten Reiches. Doch noch viel wichtiger als die augenscheinlich erkennbaren »Formen und Muster« sind

Stimmungen, denen in Diktaturen ausgesprochen schwer nach-
zuspüren ist – und im heutigen Deutschland noch schwieriger
als anderswo. Jeder fürchtet sich vor der eigenen Stimme und
den eigenen Gedanken. In dieser Hinsicht ist es wohl nur in
Russland noch trauriger bestellt. Tatsache ist, dass die nationalsozialistische Regierung die volle Unterstützung der Massen besitzt und dies in einem viel höheren Grade als vor einem
Jahr. Auf die Intelligenz kommen wir später noch zu sprechen.
Die Masse des Volkes jedenfalls, die so schwer am Geschwür
der Arbeitslosigkeit litt, hat Hoffnung geschöpft und glaubt
an Genesung. Auch die größten Skeptiker oder, besser gesagt,
die dem Regime am stärksten Abgeneigten oder gegen die Partei Opponierenden geben zu, dass die Arbeitslosigkeit um die
Hälfte gesunken ist. Meinem Bekannten Kurt, von dem ich im
letzten Jahr berichtete, sind seine sarkastischen Geschichtchen
immer noch nicht ausgegangen, nur dass er jetzt ins Gespräch
oft Sätze einflicht wie: »Was willst du, da können wir noch so
viel meckern, aber wenn diese 60 000 arbeitslosen SA-Leute,
die wir in Berlin haben, erst einmal eine Arbeit bekommen –
sie haben ja Vorrang –, dann komme ich vielleicht auch irgendwann in den Genuss.«

Aber wie verhält es sich tatsächlich mit dem Rückgang der
Arbeitslosigkeit? Ein englischer Journalist warnt mich davor, die Statistiken ernst zu nehmen. Wie er sagt, gab es noch
nie eine Regierung in der Welt, die so viel, so konstant und
oft ganz ohne Not gelogen hätte. Die absolute und systematische Verachtung der Wahrheit erleichtert das Regieren sicherlich erheblich. Aber auch die Worte des Engländers sind natürlich mit Vorsicht zu genießen.

Die angelsächsischen Journalisten, die immerhin mehr als 15
Jahre unermüdlich für die Rechte Deutschlands gekämpft hatten, haben sich neuerdings in die verbissensten Feinde des Dritten Reiches verwandelt. Der Hitlerismus ruft nirgendwo sonst

eine solche Reaktion physischen Ekels hervor wie in England und den Vereinigten Staaten. Man kann in Berlin Franzosen oder Polen treffen, die diese oder jene Taten der Nationalsozialisten zu erklären oder zu entschuldigen suchen. Ein Engländer aber diskutiert nicht, er verdammt alles in Bausch und Bogen und wendet sich mit Verachtung ab. Daran sieht man, wie sehr sich die Temperamente dieser beiden nordischen Stammesverwandten unterscheiden. Das Fehlen jeden Humors in Hitlers Deutschland treibt die Inselbewohner und die Yankees zum Wahnsinn. Das beweisen die Vorfälle auf einer internationalen Studententagung, die kürzlich in Berlin stattfand und auf der die englische Jugend, heute im Allgemeinen radikal und links, sich geradezu provokant verhielt und das ganze nationalsozialistische Aufgebot laut verspottete. Die Briten blieben ostentativ sitzen, salutierten nicht, tranken lässig Bier – mit einem Wort, sie widersetzten sich der Kasernengesellschaft, wenigstens für die kurze Zeit der Tagung.

Zurück zur Arbeitslosigkeit. Statistik hin, Statistik her, die Zahl der Arbeitslosen ist tatsächlich deutlich gesunken. Man braucht sich nur in die Viertel zu begeben, in denen diese Unglücklichen konzentriert waren, um sich davon zu überzeugen, dass es dort Frauen gibt, die wieder jeden Morgen auf den Markt gehen. Doch wie gelang dieser Beschäftigungsanstieg? Leider mittels akrobatischer Kunststücke. Zwar kann man heute in Deutschland sehen, dass der Etatismus seine guten Seiten hat, aber eigentlich sollte es doch darum gehen, dass seine Maßnahmen die Gewähr für Nachhaltigkeit bieten. Einem Landwirt einen oder zwei »außerplanmäßige« Knechte aufzuzwingen – womöglich auch noch Städter – scheint eine höchst artifizielle Methode zu sein, die selbst dann nichts Gutes zum harmonischen Wirtschaften beitragen kann, wenn man sich viele komplizierte und gut gemeinte Dinge ausdenkt, um die bittere Pille zu versüßen. Öffentliche Arbeiten wie der Straßen-,

Eisenbahn- und Kanalbau, Staudämme, die Trockenlegung von Sümpfen und Poldern, der Bau von Arbeitersiedlungen, die mithilfe von frei verdingten Arbeitslosen oder »Freiwilligen« aus den Arbeitslagern durchgeführt werden sollen, sind unbestritten nützlich für das Land und wirksam bei der Bekämpfung des Hungers nach Arbeit. Aber erstens dürfte man *à la longue* keine unrentablen, unproduktiven Objekte entstehen lassen, denn man kann sich leicht ausrechnen, wann es zur Sättigung kommt; zweitens braucht man sehr viel Geld dafür. Die deutschen Optimisten behaupten, dass bei dem heutigen, also maximalen Arbeitstempo allein für den Bau »notwendiger« Straßen mindestens zehn Jahre benötigt werden. Diese Berechnungen erscheinen wirklich optimistisch, besonders einem Nachbar aus dem Osten, dem das »Notwendige« der Deutschen ungefähr so unentbehrlich vorkommt wie das fünfte Diadem irgendeiner exzentrischen Lady.

In fiskalischer Hinsicht ist die Finanzierung dieser Arbeiten schon heute Unsinn. Verschuldung auf die vier nächsten Haushaltsjahre im Voraus, Ausstellen von Schuldverschreibungen: Ich schulde dem Budget für die Jahre 1937–1938 so und so viel, und dann Diskontierung dieser Schuldscheine bei der Reichsbank, all das sind äußerst gefährliche Operationen, was selbst ein Laie auf dem Gebiet der Wirtschaft leicht erkennt. Ein Amerikaner, dem ich von diesen offensichtlichen Gefahren erzählte, stoppte meinen Argumentationsfluss: »Mach dir bloß keine Sorgen um die Deutschen. Sie zahlen bislang keine Reparationen und sie werden auch künftig nicht zahlen. Sie werden auch ihre Staatsschulden nicht bezahlen: weder das Kapital noch die Zinsen. Ähnlich verhält es sich mit den privaten Schuldforderungen. Du wirst sehen, dass die Transferkonferenz nur den Deutschen Vorteile bringt. Des Geldes wegen wird doch niemand mit ihnen Krieg führen. Unsere Regierung in Washington wird sich ärgern, privaten Finanziers den Kontakt mit Deutschen streng verbieten, und es werden nicht einmal zwei Jahre vergehen, bis die New Yorker Bankiers wieder vor den Deutschen kriechen und flehentlich anfragen, ob sie nicht einen Kredit aufnehmen möchten. Vielleicht werden die Anleihen aber auch sinnvoll angelegt, in einzelnen gesunden Betrieben mit hinreichenden Sicherheiten – so oder so, die Deutschen werden Geld haben.«[91] Ich stimme mit meinem Freund zwar nicht überein, aber ich führe seine Meinung hier an, weil sie interessant und für die Stimmung bezeichnend ist.

Was die ferne Zukunft bringt (eine gewagte Formulierung in Zeiten, in denen jeder nur von Tag zu Tag lebt), darüber zerbricht sich ein alter Mann auf der Straße nicht den Kopf. Er weiß nur, dass es bereits besser ist und dass man sagt, schreit, schreibt, malt und auf der Leinwand zeigt, es werde immer nur noch besser werden.

Wie man täglich feststellen kann, profitiert Berlin davon, dass man immer seltener ein junges und verzweifeltes Gesicht zu sehen bekommt, was früher durchaus vorkam, gelegentlich sogar eine regelrechte Fratze der Verzweiflung. Jetzt wird häufiger gelächelt, ein unschätzbarer Fortschritt. Es stellt sich nur die grundsätzliche Frage: Sind ein oder zwei Jahre Lächeln und Hoffnung oder selbst ein zeitweiliger Waffenstillstand im Kampf gegen Kälte, Hunger und Langeweile positive Errungenschaften, wenn danach der Status quo der Krise zurückkehren sollte? Wird es eine »Verschnaufpause« für die geschundenen Nerven sein oder ein Sprungbrett in eine noch tiefere, schwärzere Verzweiflung? Diese und ähnliche Fragen lassen mir während meines Besuches in Berlin keine Ruhe. Ich traue mich kaum, dieses Thema im Gespräch mit Deutschen anzuschneiden. Sollen sie sich doch freuen, solange es noch geht. Ich will keine Zweifel säen, das wäre doch schrecklich. Ständig habe ich den Eindruck, von etwas Schönem, aber sehr Zerbrechlichem umgeben zu sein, sodass ich mich wahrer Begeisterung nicht hingeben kann; alles verdirbt ein Gedanke: Ist das eine Eintagsfliege? Es tut mir im Herzen weh bei dem Gedanken, dass all diese jungen, fleißigen Menschen ihre Blicke auf das flüchtige Bild einer Fata Morgana richten.

Was für dankbares Menschenmaterial sind doch die Deutschen! Man braucht ihnen nur Hungerlöhne und eine schwache Hoffnung auf Arbeit zu geben, und schon produzieren sie von selbst eine erstaunlich große Portion an Frohsinn.

Fast unwillkürlich schrieb ich das Wort »Hungerlöhne«. Die Sache sieht so aus: Ob bei den öffentlichen Arbeiten oder in den Arbeitslagern, überall bekommt man buchstäblich einen Hungerlohn, also weniger als das Existenzminimum. In den Lagern werden die Menschen wenigstens ernährt und bekleidet, und sie brauchen sich nicht um ein Dach über dem Kopf zu kümmern, auch wenn jeder Mensch von Natur aus den Wunsch hat, über sein verdientes Geld selbst zu verfügen; auf die Hand ausgezahlt entspräche der Verdienst einem Pfennigbetrag. Den frei verdingten Arbeitern hat die Arbeit auch nicht zum Wohlstand verholfen. Gesprächspartner nannten mir Beträge von 55 Mark monatlich einschließlich Mietzuschuss, was in etwa 55 Złoty in Polen entspricht. Selbst angenommen, dass es sich hier um die niedrigste Lohngruppe handelt, so weiß ich doch, dass die Verdienstunterschiede minimal sind, weil der demokratische Grundsatz hier streng beachtet wird. Fest steht, dass es um die Löhne nicht gerade glänzend bestellt ist. Werden die Niedriglöhne nicht bald Verbitterung hervorrufen? Davon ist bislang nichts zu spüren, und auch wenn dem so wäre, dürfte es schwierig sein, etwas darüber in Erfahrung zu bringen. Denn eine unparteiische Presse, die davon berichten könnte, gibt es nicht, Gewerkschaften auch nicht; also könnten nur Massenstreiks und Unruhen der Welt kundtun, dass es im Volke brodelt.

Bei dem gegenwärtigen Polizeisystem, in dem jeder 25. Angehörige der »Arbeitsfront«, der Arbeiterschaft also, ein Informant des Sicherheitsapparats sein dürfte, fürchtet in Deutschland auch niemand unerwartete Aktionen oder Proteste auf Seite der elend verdienenden Arbeiter; jegliche Massenorganisierung ist von vornherein äußerst erschwert. Es besteht aber die begründete Befürchtung, dass ein großer Teil der Arbeiterschaft die Zuversicht verlieren könnte und dass dann eine psychische Depression um sich greifen wird, die im Laufe der Zeit auch Regierungskreise anstecken könnte, was dem Lande nichts Gutes verheißen würde. Welche Denkprozesse im Unterbewussten eines neu eingestellten Arbeiters ablaufen, kann man sich leicht vorstellen. Er hatte keine Arbeit, weil es infolge des Krieges eine Krise gab, deren Opfer er war, also sozusagen ein Kriegsopfer, ein Held; es wurde ja ständig betont, mit welcher Würde und welchem Gleichmut er sein Elend zu ertragen wisse. Und er war sich immer sicher, dass er Treuhänder eines großen Vermögens ist, nämlich seiner Arbeitskraft. Jetzt wird diese Kraft genutzt, und es stellt sich heraus, dass dieser Schatz für das Volk gerade einmal 55 Mark im Monat wert ist, nicht einmal genug, um einem einzelnen Menschen den Unterhalt in bescheidensten Umständen zu gewährleisten. In Wirklichkeit ist er ein Nutztier, das in Arbeitslagern gefüttert und beaufsichtigt wird, das man nicht verhungern lässt, auch wenn man es gerade nicht braucht.

Wenn man das Phänomen des Nationalsozialismus untersucht, drängt sich eine Frage auf: Gibt es eine Opposition, und wo kann man sie finden? Man stellt dann schnell fest, dass es keinerlei aktive Opposition gibt, und die Suche nach Keimen oder Überbleibseln einer solchen ist eine gefährliche und schwierige Angelegenheit. Normalerweise sucht man oppositionelle Stimmen in der Presse, bei den deutschen Zeitungen kann man jedoch mit hundertprozentiger Sicherheit darauf wetten, dass sie mit einer Opposition nicht das Geringste zu tun haben. Konnte man vor einem Jahr noch in einigen Zeitungen zwischen den Zeilen etwas herauslesen, ist es inzwischen vollkommen gleichgültig, welche Zeitung wir in die Hand nehmen. Ein deutliches Indiz dafür, in welchem Ausmaß, wie gründlich und erfolgreich die nationale Revolution sich des Landes bemächtigt hat, ist die Tatsache, dass man aufgehört hat, das bedeutungsträchtige Wort *Gleichschaltung* zu verwenden, das ja seinerzeit so in Mode war. Ich habe dieses Wort jetzt während meines zweiten Besuches kein einziges Mal gehört und auch nirgendwo gelesen. Vielleicht ist es Zufall, dann aber ein sehr aufschlussreicher. Alles ist bereits *gleichgeschaltet*, natürlich auch die Presse. Sie ist verlogen, fürchterlich langweilig, farblos und fad, ohne jedweden Anflug von publizistischem oder politischem Schneid.

An wem soll man sich reiben, wenn alle das Gleiche schreiben und angeblich auch gleich denken? Ich weiß wahrhaft nicht, wo die spitzen Edelfedern des Berliner Journalismus geblieben sind. Offenbar stutzt das Fehlen schöpferischer Freiheit dem Journalismus die Flügel und nimmt ihm den Schwung, wobei ich im Übrigen weiß – weil nicht alle Journalisten Juden waren –, dass viele immer noch an ihren Schreibtischen sitzen. Die monotone Langeweile der Sprache, die Eintönigkeit der Ansichten, Interessen und Themen haben ihren Stil in Floskeln erstarren lassen. Schamlos bedient man sich kleiner Tricks und liefert abgedroschene Banalitäten. Manchmal liest sich ein Artikel wie eine Parodie. Immer häufiger wird ein pädagogisch moralisierender Ton eingeschlagen, wie wir ihn aus dem Werk »Das brave Helenchen« von Frau Tańska-Hoffmanowa[92] kennen.

Im Januar dieses Jahres veröffentlichte Propagandaminister Goebbels einen Aufruf, in dem er die Presse dazu ermutigte, den Zeitungen ein individuelles Antlitz zu verleihen und konstruktive Kritik am Regime zu üben. Er betonte, dass die Katzbuckelei der Presse ein Maß erreicht habe, das ermüdend sei. Ein Redakteur der regimetreuen und bei den Landwirten sehr populären »Grünen Post« nahm prompt die Erklärung des Herrn Minister ernst und verfasste einen Artikel, in dem er äußerst zurückhaltend und vorsichtig die herrschenden Bedingungen für die Presse unter Goebbels Regime kritisierte. Ebenso prompt durfte die »Grüne Post« drei Monate nicht erscheinen. Eine der größten Zeitungen Kölns ereilte dieselbe Strafe wegen eines versehentlich gesetzten Fragezeichens, das von der Zensur als offener Skeptizismus gewertet wurde. Konfiszierungen sind an der Tagesordnung und dies, obwohl alle Zeitungen doch eigentlich auf Regierungslinie sind, wie wir wissen. Nun, eine neue Religion kommentieren zu wollen, wie sie der Nationalsozialismus darstellt, eine Religion, deren Dogmen und Liturgie noch nicht gefestigt sind, ist eben keine einfache Sache.

Man kann schnell in den Ruch der Häresie geraten, insbesondere, wenn das, was gestern noch als orthodox galt, heute schon als Abtrünnigkeit gelten kann. Der Vorfall mit der »Grünen Post« veranlasste Goebbels ein paar Tage später ein weiteres Dekret zu erlassen, zum Thema der sogenannten Pressefreiheit. Es ist das Zeugnis reinster Heuchelei, Augenwischerei und Verworrenheit! Und es ermutigt erneut zur konstruktiven Kritik.

Leider vermeidet dieses Schreiben jeden Hinweis darauf, was unter konstruktiv zu verstehen ist. Jeder Redakteur solle für kritische Worte in seiner Zeitung persönlich verantwortlich sein. Nur eines wird unmissverständlich klargestellt, dass ausschließlich Nationalsozialisten das Privileg zur Kritik besäßen, und dann auch nur diejenigen, die seit Bestehen der Partei aktiv am Kampf um die Macht teilgenommen haben.

Selbstverständlich glaubt niemand, dass durch Dekrete solcher Art den deutschen Journalisten die Zunge gelöst werden könnte. Sie werden weiterhin verschweigen, verdrehen und unverfroren lügen, wenn und wann man es von ihnen verlangt. Sie werden ganze Spalten mit einem Thema füllen, sollte die Regierung dies wünschen. Ein solches Thema ist hin und wieder Österreich, das in Zeiten angespannter Beziehungen unverhältnismäßig breiten Raum einnimmt, auch wenn heute der aggressive Ton einigermaßen im Zaum gehalten wird. Sehr erheitert hat mich ein Artikel, der die Verkündung der neuen österreichischen Verfassung kommentierte. Bekanntermaßen beginnt diese – wie auch die polnische – mit den Worten: »Im Namen Gottes«. »Der Tag« fragt empört, mit welchem Recht man sich in Wien auf den Schöpfer berufe, wo doch die Verfassung weder durch einen Monarchen noch durch eine nationale Revolution proklamiert wurde.

Wie schon vor einem Jahr wundere ich mich auch jetzt wieder, wie einfach fast jede ausländische Zeitung legal gekauft werden kann. Für die beste Nachrichtenquelle über Deutschland halte ich die »Basler Neuesten Nachrichten«, die sich in diesen Tagen mehr den Angelegenheiten des Reichs widmet als der Schweiz. Auch die »Times« veröffentlicht täglich Berichte über brennend aktuelle und interessante Ereignisse, die in Berlin totgeschwiegen werden und informiert in konzentrierter Form über wirklich alles, was man über Deutschland wissen sollte. Beide Zeitungen berichten unverhohlen und äußerst skeptisch über das heutige Deutschland, nur dass der Ton der »Times« deutlich aggressiver ausfällt. Ich erkundige mich nach den Gründen für die Toleranz gegenüber ausländischen Presseorganen, wenn bei den eigenen doch so penibel auf »Reinheit« geachtet wird.

Die Antwort lautet: Der Durchschnittsdeutsche liest »seinen Kurier«, und wenn der verboten wird, weicht er auf ein Lokalblatt ähnlicher Machart aus. Aus Sicht der Nazis erscheint mir das allerdings ein wenig zu optimistisch. Wie lässt sich sonst erklären, dass in allen Stadtvierteln fast jeder Kiosk und Zeitungskorb so gut mit ausländischen Zeitungen bestückt ist? Selbst in Berlin gibt es doch kaum noch Ausländer! Andererseits ist auch wahr, dass man keinen Berliner in der Öffentlichkeit sieht, der eine ausländische Zeitung liest; dennoch, irgendjemand muss diese Massen an Papier doch kaufen und unter Mantel oder Jacke versteckt nach Hause tragen. Wäre die ausländische Presse verboten, bliebe immer noch das Radio. Gerade erfahre ich, dass sowjetische Rundfunksender auf deutschen Empfängern nicht angezeigt werden. Wer Radio Moskau hört und noch dazu, wenn ein Programm in deutscher Sprache läuft, wird mit Gefängnis bestraft. Das öffnet Denunzianten Tür und Tor.

Illustrierte Zeitungsbeilagen oder Illustrierte nach Art der »Berliner Illustrierten Zeitung« fanden dagegen wieder zu ihrem alten Niveau der Vor-Hitler-Zeit zurück und veröffentlichen aktuelle Bilder aus aller Welt – nicht nur aus Deutschland, wie noch vor einem Jahr. Das Niveau der Magazine, darunter der einst großartige »Querschnitt«, ist im Vergleich zu früher jedoch immer noch erbärmlich, auch wenn es das Niveau vergleichbarer Publikationen in Polen allemal übertrifft.

In einer Illustrierten fand ich eine sowjetische Karikaturenreihe nachgedruckt, die den miserablen Zustand der Eisenbahn in Russland aufs Korn nahm. Der deutsche Kommentar schlussfolgerte, dass die russischen Schienenwege wirklich am Ende sein müssen, wenn die russische Presse dies offen zugibt. Meine Gedanken gingen in eine andere Richtung, ich glaube, dass im Dritten Reich Selbstkritik in Form von Karikaturen einfach nicht verstanden wird.

In der Bildenden Kunst hat man sich vollständig vom genialen Grosz[93] und seinen »gesellschaftlich sozialen Brennpunkten« abgewandt. Wiederbelebt wurde stattdessen die Tradition Buschs[94]: Der Gatte kommt spät nach Hause und fürchtet den Zorn seiner Ehefrau – das ist heutzutage der »Kammerton« der Pressewitze.

Natürlich tauchte auch die Sentimentalität der Vorkriegszeit wieder auf, was mich persönlich übrigens gar nicht irritierte. Nach der Weimarer Periode mit ihrem Sinn für frechen Humor kehrt nun eben das Sentimentale wieder ein. Ich werde nicht versuchen, dieses Phänomen zu erklären, weil sich schon Klügere vergeblich den Kopf darüber zerbrochen haben. Die Erklärungen sind auch unwichtig. Möge Gott den Deutschen in ihrer süßlichen Schwärmerei nur das Beste geben. Schließlich handelt es sich um eine nationale Eigenart, die wie alle anderen die Völkerfamilie bereichert, und sie stimmt ihrer Natur nach die Charaktere milder oder sollte eigentlich ausgleichend wirken, statt die Lage zu verschärfen. Schon deswegen sollte man sich über die teutonische Rührseligkeit nicht über Gebühr lustig machen.

Zum Abschluss möchte ich noch ein interessantes Phänomen beschreiben: Die Polnische Telegraphische Agentur PAT in Berlin unterhält ein hervorragend organisiertes, reibungslos funktionierendes und mit fachlich ausgebildeten, fleißigen und intelligenten Mitarbeitern besetztes Büro. Man arbeitet Tag und Nacht und liefert an die Zentrale in Warschau außergewöhnlich umfangreiches, präzises und vielseitiges Material. Während meiner beiden Aufenthalte in Berlin hatte ich häufig

Gelegenheit, dieses Material zu sichten, suchte aber später in der polnischen Presse vergeblich danach. Ist das nicht seltsam? Was von den Ereignissen im Ausland kann denn für Polen interessanter sein als Nachrichten darüber, was bei unserem westlichen Nachbarn geschieht, von dem uns weder eine natürliche geografische noch eine Wirtschaftsgrenze trennt, und von dessen Erfahrungen man gar profitieren könnte, umso mehr, da die Systeme keinesfalls diametral verschieden sind?

Genug von der Presse – wir sehen ja, dass sie als Informationsquelle oder Stimme einer möglichen Opposition nicht existiert. Versteckt sie sich irgendwo, die Opposition? Lohnt es, nach ihr zu suchen? Die Junker, die weiterhin unauffällig, dafür aber systematisch drangsaliert werden, sind, wie sich herausstellt, gar nicht so hochmütig, wie man dachte. Verarmt, verbittert, eingeschnappt, vor allem aber verängstigt sitzen sie auf ihren Landsitzen. Die alten sozialistischen Führer schweigen. Bezeichnend ist, dass noch nie jemand, der aus einem Gefängnis oder Konzentrationslager entlassen wurde, seine Erlebnisse in der *Schutzhaft* beschrieben (wo denn auch?) oder wenigstens einem guten Bekannten anvertraut hat. Ein Sozialist, von dessen unzähligen Bekannten viele zwischen einigen Tagen und mehreren Monaten gesessen hatten, erzählte mir das.

Aus keinem von ihnen war mehr als offensichtlich Banales herauszubekommen. Das Netz des Terrors ist mittlerweile so lückenlos und engmaschig, so dicht, dass es ohne Anwendung von Gewalt oder anderen drastischen Mitteln funktioniert. Alle wissen nur zu gut, dass man für einen unpassenden Scherz in ein Lager wandert, auch ohne vorherige Prügel. Man hört gegenwärtig auch nichts mehr über plötzliche Todesfälle oder Selbstmorde in den geschlossenen Anstalten. Die Methoden aus dem vergangenen Jahr werden offenbar inzwischen ausschließlich zur innerparteilichen Disziplinierung angewandt: Mitarbeiter eines Stettiner Gefängnisses haben sich brutale Übergriffe zuschulden kommen lassen. Die Angestellten wurden verhaftet und der Direktor ins Moabiter Gefängnis nach Berlin gebracht, wo er laut Pressemitteilung Selbstmord beging. Deutschland ist eine Idylle, im Vergleich zum Vorjahr.

Nur die Kommunisten sind nach wie vor aktiv und beweisen echten Heldenmut. Sie vervielfältigen immer noch ihr meisterhaft vertriebenes Blatt. Sie arbeiten höchstens zu dritt, damit jemand, der geschnappt und zu Geständnissen gezwungen wird, nur diese beiden Mitarbeiter verraten kann, weil er ja die anderen nicht kennt. Kürzlich sorgte der Spruch »Der Kommunismus lebt noch!«, der am frühen Morgen mit roter Farbe breit über die ganze Fahrbahn mehrerer Hauptverkehrsstraßen der Stadt geschrieben stand, für einige Verwirrung bei den Sicherheitsbehörden. Sofort wurde mit verbissener Energie die Straße geschrubbt. Mit wem aus unterschiedlichsten politischen Richtungen und Klassen man auch spricht, die Möglichkeit eines kommunistischen Umbruchs wird kategorisch verneint. Eher ist wohl das Gegenteil der Fall. Wenn bürgerliche, tolerantere und dem Weimarer Geist nahe Gruppen mehr Einfluss gewinnen, dürfte die schon heute dezimierte kommunistische Partei wohl weiter an Bedeutung verlieren. Sie hätte dann nicht mehr den Nationalsozialismus als willkommenes rotes Tuch zur Verfügung, um diesen unglücklichen Vergleich zu ziehen, also kein zwingendes Argument mehr für die eigene politische Daseinsberechtigung.

Diese allgemeine Einschätzung kann der alte Wasilij, ein Russe und der Diener eines meiner Bekannten, nicht teilen. Wasilij war Offiziersbursche bei einem russischen Magnaten und ist vor 15 Jahren zusammen mit ihm nach Deutschland geflohen. Jetzt wohnen sie in einem einzigen Zimmer und er verdient den

Unterhalt für beide. Ein wunderbarer Mensch ist er und ein seltener Vogel unter den ja nicht immer positiven Gestalten des alten Regimes. Wasilij behauptet, dass Hitler in seinem Verhalten und Auftreten ein typischer Jude sei, und dass Hitlers Werk dem ähnle, was 1917 in Russland passierte; nur dass man jetzt die Reichen in Ruhe ließe. Das sei ein großes Plus, meint der Diener, im festen Glauben an die Notwendigkeit und gesellschaftliche Nützlichkeit großer Vermögen. Ich frage, ob seine jetzige Herrschaft, die zu den Reichsten Deutschlands zählt, diesen Winter viele Empfänge gegeben hat. Er verneint. Wohl hätten sie ein prunkvolles Festessen gegeben, aber die Köchin erzählte einem Verwandten in der SA davon, worauf einige Tage später die Spendensammler der NSDAP kamen und anmahnten, das seinerzeit gespendete Geld wäre im Vergleich zu den Kosten des Empfangs doch sehr kleinlich gewesen.

Die Meinung des kleinen russischen Mannes über die großen Besitztümer scheint Hitlers Regierung nicht zu teilen, denn sie schürt ausgesprochen demagogisch – mit Genugtuung verweise ich hier noch einmal auf das Fehlen jeglicher Demagogie seitens der polnischen Regierung seit dem Maiputsch[95] – den Appetit der Massen mit dem vagen Versprechen, dass eines Tages alles dem »Volke« gehören werde, was mit Blick auf die absolute Macht dieser Regierung schwer zu glauben ist. Die Masse erlebt den Beschäftigungsaufschwung, glaubt begierig den Zusicherungen, dass der ganze Reichtum des Landes nur ihr gehöre, und steht schon allein deshalb entschlossen an der Seite der Regierung. Und weil sie noch weniger Sinn für Ironie besitzt als die Intelligenz, sucht man auf den Gesichtern des Pöbels – warum das Wort nicht verwenden? – vergeblich nach einem wissenden Lächeln oder einem Ausdruck des Überdrusses und der Langeweile, den ich bei Intelligenzlern während der regelmäßigen Umzüge des Propaganda-Zirkus und des patriotischen Mummenschanzes doch schon manches Mal beobachten konnte. Natürlich ist auch unter den Massen ein Murren zu vernehmen, wenn auch sehr leise. Hauptsorge der Unterschicht und generell aller Lohnabhängigen ist die Höhe der Sozialbeiträge, die von jedem Verdienst abgezogen werden und in diesem Umfang bei uns unbekannt sind. Es sind Versicherungen verschiedenster Art, Pflichtbeiträge an die Partei, an die Parteigewerkschaft und Ähnliches mehr. Außerdem gibt es seit einiger Zeit eine Junggesellensteuer, aus deren Einnahmen angeblich Stipendien für junge, wenig vermögende Ehepaare finanziert werden. In bestimmten Steuerklassen kommt es vor, dass der Angestellte nach allen Abzügen am Ende nur noch 70 Prozent seines Lohns ausgezahlt bekommt.

Ein weiteres Zeichen für den Mangel an Begeisterung am Vorgehen der Regierung sind die zahlreichen Versuche, sich vor dem Arbeitslager zu drücken. Dies betrifft vor allem die städtische, ärmere Intelligenz. Zwar ist es mir nicht gelungen, die Art der Rekrutierung für die Arbeitslager genauer zu erforschen, aber ich weiß, dass die Arbeit dort nach wie vor freiwillig ist. Eigentlich gehen in die Arbeitslager vor allem Arbeitslose und Studenten, die ja sowieso zum Arbeitsdienst verpflichtet sind. Dieser Pflicht wird mit einem gewissen Eifer gefolgt. Grundsätzlich jedoch könnte jeder Arbeitslose trotz der Existenz der Arbeitslager weiterhin faulenzen. Nur, wer ist denn heute nicht irgendwo »eingegliedert«, wer gehört nicht irgendeinem Verband oder Kampfbund an? In diesen Vereinen ist bekannt, welche Mitglieder keine feste Arbeitsstelle haben und ob sie sich vor dem Arbeitsdienst in ihrer Organisation, von der sie ja nur »profitieren« können, drücken. Einer meiner Bekannten, von Beruf Zeichner, aus einer durchschnittlich vermögenden bürgerlichen Familie und seit geraumer Zeit ohne Beschäftigung, ist jetzt Mitglied in der Fliegerabteilung einer Berliner Sturmabteilung. Einfach aus Spaß und weil er nun etwas zu tun hat. Um nichts in der Welt wollte er für ein halbes Jahr zum Ernteeinsatz aufs Land. Man drohte ihm aber – sollte er untätig bleiben – dass er womöglich nicht länger beim »Sturm« bleiben könne.

Wer hat gesagt, dass es öde Straßen oder Städte gibt? Ich habe das nie geglaubt. Jedes beliebige Gesicht, jede Seifenhandlung, jedes Jugendstilhaus hat ein Schicksal, das ich ergründen will. Wie könnte einem da langweilig werden? Ich gehe also eine ruhige bürgerliche Straße entlang, ähnlich unserer Warschauer Wilcza- oder Hoża-Straße, und plötzlich sehe ich etwas entfernt eine Menschenansammlung. Ich höre Schreie. Ich nähere mich dem Getümmel und sehe auf der einen Straßenseite ein Braunes Haus, die Kaserne einer Sturmabteilung, und eine italienische Eisdiele auf der anderen. Ich erkundige mich, worum es geht; sehr vorsichtig, weil in diesem Bezirk Ausländer etwas Ungewohntes sind. Zögerlich, oder wohl eher verängstigt, teilt man mir lediglich mit, es gäbe eine Schlägerei zwischen SA-Leuten aus der gegenüberliegenden Kaserne und Mitgliedern der SS, die zivil gekleidet waren. Aber nicht das ist bemerkenswert, bemerkenswert ist die Stimmung in der Menschenmenge. Die Masse steht und schweigt. Sie diskutiert nicht, wie sie es normalerweise in solchen Fällen tut; niemand brüstet sich, er hätte als Erster gehört, gesehen, oder so ähnlich. Bei einigen ist Entrüstung darüber zu beobachten, dass einige Stürmer sich untereinander prügeln, bei den meisten aber ist einfach eine unbestimmte Furcht zu spüren. Mit lautem Sirenengeheul fahren zwei Wagen mit bewaffneter Polizei vor. Aus der Torschlucht des Braunen Hauses taucht eine SA-Delegation auf. Ein Gespräch wird geführt. Währenddessen werden wir von zwei Polizisten mit aller Brutalität von den Bürgersteigen und Hauseingängen gedrängt, sodass die Straße bald im Abstand von vier Häusern auf jeder Seite der Kaserne wie leer gefegt ist. Verblüffend ist unser schweigendes Zurückweichen vor den Polizisten.

Wir gehorchen, mit dem eigenartigen Schuldgefühl, gesehen zu haben, was zu sehen war. Niemand zaudert. Wieder Sirenen, wieder zwei Wagen, diesmal fährt die Feldpolizei vor, also die Gendarmerie der SA, über die die normale Polizei keine Macht hat. Die Polizei rückt sofort ab. Die Feldpolizei ergreift irgendeinen armseligen Zivilisten, der auf die SA zeigte, und geht mit ihm in das Braune Haus. Man möchte meinen, der Vorfall ist damit beendet. Aber die zwei Revierpolizisten schieben uns noch energischer zurück. Wenn man sich erinnert, was in so einem Braunen Haus vor einem Jahr alles passierte, kann man sich des Eindrucks nicht erwehren, dass sie nicht wollen, dass wir die Schreie hören. Die Menge zerstreut sich langsam. Neben mir geht eine Frau mit zwei Männern. Aufgeregt sagt sie: »Ich war nie Nazi. Ich war immer deutsch national.« Die beiden Männer entgegnen mit Entsetzen: »Sprich doch nicht so laut! Bist du verrückt!?« Eigentlich habe ich an diesem Abend nichts Konkretes und nichts Sensationelles gesehen, auch nichts Neues erfahren. Dennoch hat es mich bis ins Mark erschüttert, plötzlich in das wahre, im Alltag verborgene Antlitz der Revolution zu blicken.

Nach den Morden vom 30. Juni[96] schrieb mir ein mitfühlender Freund: »Wenn du immer *à la page*[97] sein willst, besorge dir eine Sprecherstelle beim Rundfunk.« Sein Hinweis, eher philosophisch als mitfühlend, tröstete mich keineswegs. Selbst die Gegenwart und die aktuellen Fakten sind nicht frei von Fallstricken. Eine Zukunft aber, die mit Prophezeiungen ausgelotet wird, ist die trefflichste Gelegenheit, Unsinn zu verzapfen, aber auch die Beschäftigung mit der Vergangenheit, und sei es mit der von gestern, ist in den heutigen schnelllebigen Zeiten nichts anderes als langweilig und kann leicht als Nekrophilie verstanden werden. Ich muss mich entscheiden. Entschlossen, aber mit einem Gefühl der Trauer wähle ich als Thema dieser Reportage die ferne Vergangenheit eines vergessenen Staates; die Epoche: Mai/Juni 1934, der Staat: das von der nationalsozialistischen Partei regierte Dritte Reich, das immer noch keine Spaltungen, keine Meinungsverschiedenheiten, keine Opposition und keine Kritik kennt. (*Notabene*, dieser Staat hat Ende Mai aufgehört zu existieren.)

Deutschland war ein typischer Polizeistaat. Dass es dies auch heute noch ist, wurde in der Nacht vom 29. auf den 30. Mai auf brutalste Weise blutrot unterstrichen.

(Ich möchte Zeiten erleben, in denen das Wort »Polizei« und »Sicherheitsbehörde« nicht mehr so selbstverständlich als Synonyme gebraucht werden. Sie sollten Synonyme sein, ganz ohne Frage, können es aber nur in wirklich demokratischen Ländern wie den alten westlichen Demokratien sein – und auch dort leider mit vielen Ausnahmen – ich meine dort, wo die Polizei tatsächlich eine Sicherheitsbehörde ist und nicht eine Bande von Handlangern.)

In welchem Maße in Deutschland den Polizeiapparat der Nimbus der Staatsmacht umgibt, zeigt sich daran, dass die Geheimpolizei, die in anderen Ländern als notwendiges Übel gilt, hierzulande gleich den anderen Staatsfunktionärsgruppen um öffentliche Anerkennung wirbt. Selbst in Polen spricht man nur hinter vorgehaltener Hand davon, dass jemand beim Sicherheitsdienst ist. In Berlin dagegen wird die Ernennung Himmlers zum obersten Befehlshaber der Geheimen Staatspolizei durch Göring und der gesamte Ablauf dieser Zeremonie in der Presse ausführlich kommentiert und fotografisch dokumentiert.[98] Das Erinnerungsfoto dieses Ereignisses wurde sehr sorgfältig und überlegt in Szene gesetzt. Auch die Flagge mit dem Hakenkreuz ist auf dem Bild, und die beiden Herren, um die es geht, stehen genau in der Bildmitte, exakt im Profil. Sie reichen sich die Hand, wobei ihre Gesichter wie zufällig vor dem Hintergrund des weißen Teils der Flagge platziert sind.

Es ist ein typisches Propagandabild, weil es zwei Aufgaben erfüllt: Es wirkt verblüffend plastisch und es vermittelt den Eindruck, die Staatsmacht sei etwas ganz Besonderes.

Und schon betreten wir das weite Feld der Ikonografie dieser nationalen Revolution, die zum größten Teil von der sterblichen Gestalt »Seiner Mittelmäßigkeit des Führers« ausgefüllt wird. Übrigens ist dieses sehr umfangreiche Thema keineswegs unwichtig.

Ich sitze in Gesellschaft einiger Katholiken bei Tisch, einem etwas objektiveren und mutigeren Menschenschlag. Ein anwesender Italiener stimmt plötzlich Lobeshymnen auf Hitler an. Darauf folgt eine lebhafte Debatte. Meine Tischnachbarin beteiligt sich nicht daran, aber nach einer Weile berührt sie meinen Ellbogen und sagt in einem Ton, der jede weitere Diskussion ausschließt: »Ich halte mich an die Fotografien.« Ich brauche nicht zu betonen, wie sehr mich diese knappe, skeptische Bemerkung gefreut hat, denn nach dem Studium tausender Hitler-Fotos verspürt man kaum mehr den Bedarf zu erfahren, wer er eigentlich ist.

Ich kenne einen Laden in der Kleiststraße (einen von vielen, aber dieser erscheint mir besonders gut sortiert), dessen Angebot zu 90 Prozent aus Konterfeis des Führers besteht: Fotos, Gemälde, Stiche, Skulpturen, Flachreliefs und Medaillen. Die restlichen zehn Prozent sind Fotos mit anderen nationalsozialistischen Themen. Die Auswahl an unterschiedlichsten Bildern in allen möglichen Formaten und Ausführungen ließe selbst die heilige Theresa von Lisieux[99] vor Neid erblassen, wenn sie noch lebte.

Hitler ist auf jedem dieser Bilder sorgfältig in Positur gesetzt. Er wirkt ganz unbewusst (so wollen wir für Deutschland hoffen), ausdrucksstark und fotogen. Er versäumt keine Gelegenheit, sich mit Kindern oder Blumen aufnehmen zu lassen. Manchmal füttert er auch Damhirsche. Ersteres kommt im Allgemeinen bei Eltern gut an, Zweiteres besonders bei Frauen, Letzteres bei Kindern, Naturliebhabern und Tierfreunden. Es gibt auch allegorische Bilder, Gemälde, die den Führer im trauten Verein mit Friedrich dem Großen oder Bismarck darstellen; Bilder in Uniform (anders als Göring trägt er immer die gleiche) und in Zivil, dräuend und lächelnd, den faschistischen Gruß zeigend oder mit der klassischen napoleonischen Geste verschränkter Arme. Kleine Zwischenbemerkung: Während für die gesamte zivile und uniformierte Bevölkerung der altrömische Gruß gilt, den unsere Jungs von der Fliegerstaffel leicht in der Galerie »Zachęta« am Beispiel von Welońskis Gladiatorenskulptur studieren können[100], hält der Führer den Arm angewinkelt und die Handfläche über der Schulter zum Himmel gewandt. Das soll angeblich das Stützen des Staates symbolisieren, aber es sieht eher aus, als trüge er ein unsichtbares Tablett. Obwohl Arbeit bekanntlich nicht schändet – und schon gar nicht die Arbeit unserer lieben Kellner –, sieht der Hitlergruß, vom Führer selbst ausgeführt, doch ziemlich komisch aus; in Verbindung mit seinem Gesicht wirkt er sehr einstudiert. Eine Meisterleistung unter den fotografischen Darstellungen des posierenden Führers stellt unbestritten eine kleine Postkartensammlung mit dem Titel »Adolf Hitler spricht« dar. Ich bezweifle, dass es Momentaufnahmen sind. Bei ihrer Betrachtung drängt sich das Gefühl auf, indiskret durch eine Spiegelrückwand zu schauen, so sehr scheint jede Gebärde geprobt und gekünstelt, und zwar im Stile eines Provinzschauspielers. Die Postkarten zieren kurze Ausschnitte aus Führerreden von krassester Demagogie, und die dargestellte Geste soll den entsprechenden Gedanken illustrieren. Ich nehme an, dass die Bekannte, deren lakonische Bemerkung ich oben wiedergab, sich vor allem an diese kleine Postkartensammlung hält.

Der Eindruck, den mir die Postkarten vermittelten, verstärkte sich, als ich am 1. Mai diesen Jahres auf dem Tempelhofer Feld den Führer selbst hören und aus der Nähe beobachten konnte. Lebhaft trat vor mein geistiges Auge Fidlers hervorragende Leistung als Kolasiński in Słonimskis Komödie »Die Familie«.[101] Man könnte schwören, dass sich der Warschauer Schauspieler das Gebaren und die Mimik von Hitler persönlich geborgt hat. In den Gesten liegt etwas Primitives und zugleich Schematisches, etwas Verkürztes, Abgebrochenes, als ob der Redner selbst ständig im Zweifel liege, ob er nicht versehentlich gerade eine falsche Bewegung ausführt oder eine unpassende Haltung einnimmt.

Obwohl der Pomp des 1. Mai nun schon recht lange zurückliegt, rufe ich ihn uns noch einmal ins Gedächtnis, weil der Ablauf der Feier so bezeichnend war für die Fähigkeit der Deutschen, Massenstimmungen zu verfallen. Ich würde darüber auch dann noch berichten, wenn die Regierung der Nationalsozialisten inzwischen gestürzt wäre. Es ist ein herrlicher Tag und schon sehr heiß. Vor meinem Haus steht eine Gruppe von 150 Personen mit einem Spruchband, das den Namen ihrer Firma trägt. Sie warten mitten auf der Fahrbahn darauf, dass geheimnisvoll und unglaublich effektiv agierende Ordner sie weiter vorrücken lassen. Allem Anschein nach besteht die Gruppe aus kleinen Büroangestellten, Männern und Frauen. Sie sind nicht sonntäglich gekleidet, im Gegenteil, sie tragen ihre ältesten Sachen, wohl wissend, was sie erwartet. Schon jetzt sind sie verschwitzt und müde, aber bis nach Tempelhof liegen noch gut vier Stunden Fußmarsch vor ihnen. Die Stimmung scheint jedoch ausnehmend gut zu sein. Ich nehme ein Taxi und fahre zunächst zum Lustgarten, wo die *Kundgebung* der Hitlerjugend stattfinden soll. Es ist nicht einfach, dorthin zu gelangen, weil auf allen Straßen Kolonnen des Umzugs marschieren. Es ist aussichtslos, direkt am Schloss vorfahren zu wollen, wo auf der Terrasse die Reden gehalten werden sollen und die Plätze für die Presse und die geladenen Gäste sind. Ich bahne mir einen Weg durch Polizeiketten, Hitlerjungs und die SS und gelange endlich zu einer Grube oder vielmehr einem rechteckigen Graben inmitten des braunen Ackers, in den sich der Lustgarten inzwischen verwandelt hat. Dieser Graben (oder besser Schützengraben) ist an beiden Seiten von einem Spalier schwarzer, groß gewachsener SS-Männer befestigt, die ihn, an den Ellbogen durch Gurte verbunden, vor der Flut der braunen Masse schützen, die sehr jung und entsprechend agil ist. Dieses leere, wie ausgetrocknet wirkende Flussbett, durch das der Führer kommen soll, durchschreite ich in meiner hellen Sommerkleidung, einsam und beschämt, ein hundertprozentiger Zivilist, nur ein Jude könnte noch unpassender sein. Wie sich ein paar Tage später auf einem Empfang herausstellen sollte, auf dem viele SS-Leute waren, irritierte mich mein einsames Eindringen nicht ohne Grund. Mein Erstaunen war groß, als drei mir unbekannte Herren, diesmal in Zivil, an mich mit der Frage herantraten, ob ich es gewesen sei, der am 1. Mai so einsam zu der Pressetribüne schritt. Sie haben mich also beobachtet und nicht vergessen.

Von der Schlossterrasse genoss ich eine herrliche Aussicht. Ein Meer von Braunhemden, mal in strengen disziplinierten Reihen, mal locker verstreut in Gruppen. Die Laternen gleichen mit Hitlerjungen überladenen Weihnachtsbäumen. Es fällt auf, dass fast jeder zweite ständig am Fotografieren ist, und zwar nicht mit irgendeinem Apparat, sondern mit einem teuren und komplizierten Modell. Die Sitte, alle und alles auf Fotos zu bannen, diese in der Brieftasche zu tragen, und neuen Bekanntschaften schon nach zwei Minuten Bilder der Familie, der Geliebten, des Hundes oder des Motorrads zu zeigen, ist bei der deutschen Halbintelligenz zur lieben Gewohnheit geworden.

Mitten im Lustgarten steht ein *Maibaum*. Es ist ein gigantisches Exemplar, ein Prachtexemplar aus den Wäldern Thüringens. Er führt dem Zuschauer deutlich vor Augen, dass es in diesem insgesamt reichen Land neben der Hölle des Ruhrgebietes auch Stille und Achtung vor der Natur geben muss, wenn dort solch ein riesiger Baum gedeihen kann. Der *Maibaum* ist entrindet, mit grünen Girlanden behängt und mit Symbolen verziert, unter denen das Hakenkreuz eine beachtliche Rolle spielt. Er erinnert an den polnischen *gaik* oder den englischen *may pole*. Da in Deutschland nichts ohne Feierlichkeiten geschehen kann, wurde die Ankunft des *Maibaums* gefilmt, vom Fällen über die Reise durch mehrere Bahnhöfe bis hin zum zeremoniellen Empfang durch die Minister Thüringens und des Reiches. Das war ein eigenes Fest für sich, Hunderte, wenn nicht gar Tausende waren einen ganzen Tag damit beschäftigt.

Ich erinnere mich plötzlich an das seltsame Gefühl, das mich bei der Zeremonie anlässlich der Grundsteinlegung des neuen Gebäudes der Reichsbank beschlich.[102] Wir wissen alle, wie es um die Finanzen Deutschlands steht. Ein Bauvorhaben, das etwa 40 Millionen Reichsmark kosten soll, kann deshalb nur Befremden hervorrufen. Das Gebäude soll eine Grundfläche von 13 Hektar haben und laut Plan innerhalb des nächsten Jahres fertiggestellt werden. Dieses Vorhaben, das in den Augen jedes nüchtern denkenden Menschen zweifellos auf Verschwendung hindeutet, wird nicht im Stillen durchgeführt, nein, im Gegenteil, der Feier, deren Zeuge ich war, wurde eine unglaubliche *Prosopopöie*[103] verliehen. Man baute 20-mal größere und aufwendigere Tribünen auf als in Warschau bei der Feier des 3. Mai am Marshall-Piłsudski-Platz, was ja bekanntlich auch schon viel Geld kostet.[104] Mädchen in Weiß traten auf und die gesamte Regierung mit Hitler an der Spitze. Bei dieser Gelegenheit kam es zu einem interessanten Vorfall. Hitler sollte sprechen, und den anwesenden Journalisten wurden Zettel ausgehändigt mit der Aufforderung, während seiner Rede keine Notizen zu machen. Das hat natürlich die journalistische Neugier umso mehr geweckt, aber sie wurde enttäuscht, weil Hitler dann doch nicht sprach (ein seltener Fall). Stattdessen hielt Schacht[105] eine Rede, in der er die unvergesslichen Leistungen Friedrichs des Großen auf dem Gebiet der Staatsfinanzen würdigte und den Monarchen als einen wahren »Nationalsozialisten auf dem Thron« bezeichnete. Man fragt sich, wie sie heute wohl zu dessen Geschlechtsleben stehen?

Aber kehren wir doch zum Lustgarten und zum »Tag der Arbeit« zurück. Wie auf jeder deutschen Kundgebung besticht die Vielfalt und der Reichtum im Detail; wie viele Symbole, Fahnen, Embleme gibt es hier, auch wenn die Uniformen fehlen, die im Vorjahr den Grundton ausmachten, nämlich die des Stahlhelm und der Deutschnationalen. Dafür gibt es eine solche Vielfalt von Uniformen bei der SA, der SS, der Feldpolizei, der Reichswehr, dem Arbeitsdienst und der Polizei, dass ich allein auf der Schlossterrasse 15 verschiedene braune Kopfbedeckungen zählen konnte.

Begleitet von frenetischen Rufen und Fahnengeschwenke fahren die Machthaber ein. Zuerst spricht Goebbels – man hört ihm zu, obwohl der Inhalt seiner Rede über die Jugend nebulös und nicht neu ist; er erntet lebhafte und lautstarke Begeisterung. Dann ist Hitler an der Reihe. Er betritt das Rednerpult: tosender Applaus; er fängt an zu sprechen, vielmehr zu brüllen, und unter den Zuhörern macht sich langsam und völlig unerwartet eine Art Entspannung breit, etwa wie beim Militär, wenn das Kommando »Rührt euch« ergangen ist. Man unterhält sich und schaut sich um. Buchstäblich keiner oder fast keiner hört zu.

Nach den Reden folgt ein Umzug, der mich an den Karnevalszug von Nizza erinnert. Es marschieren malerische Bauerngruppen aus allen Ecken des Reichs in bunten, traditionellen Trachten; nach ihnen Gruppen und Fahrzeuge in allegorischer Aufmachung, oft süßlich sentimental, dann wieder beseelt von einem strengen, nahezu sowjetischen Geist. Viel interessanter als die Umzüge und die Reden ist jedoch ein Gang entlang der Schlossterrasse, wo sich die geladenen Gäste, die Regierung und die Presse aufhalten. Einen seltsamen Anblick bieten sie. Einige ältere Schlossdiener, gewiss ehemalige kaiserliche Bedienstete, schauen mit Verachtung auf die Kundgebung des »Volkes« herab – man sieht ihnen an, dass sie echte Snobs sind. Ein Reichswehroffizier mit Schmiss und Monokel verrät mit keiner Miene seine Einstellung zu den Erscheinungsbildern der Revolution. Eine einsame Frau in neuestem Pariser Chic – sie muss einst sehr schön gewesen sein – hebt, wenn es die Umstände erfordern, pflichtbewusst ihren müden Arm, aber im Übrigen scheint sie ungemein gequält und gelangweilt zu sein. Während unweit von ihr ein junger Offizier und dessen Frau, eine schlecht und nachlässig gekleidete Aristokratin, den Arm, falls mir nichts entgangen ist, kein einziges Mal während der Kundgebung sinken lassen. Sie halten ihn die ganze Zeit so hoch wie beim faschistischen Gruß zu Beginn der ersten Hymne. Sie singen alles mit, was es zu singen gibt, mit Tränen der Rührung in den Augen und mit vor Erschöpfung zitternden Armen. Daneben steht, ebenfalls mit erhobenem Arm und skeptischer Miene, ein älterer Diplomat vom Auswärtigen Amt, der das seltsame Paar beobachtet, sich aber nicht von dem Possenspiel beeindrucken lässt.

Die *Kundgebung* der Jugend ist zu Ende. Ich habe noch ein paar Stunden Zeit, bis ich nach Tempelhof muss. Ich schlendere durch die Stadt und beobachte die Gruppen, die in der Hitze und im Staub nach Tempelhof marschieren, wohin ich, ein Paria[106] und Ausländer, bequem mit dem Taxi fahren werde. Besonders erheitert mich der Anblick der Vertreter der Berliner Theater. Die großen Bühnenstars fehlen natürlich, sie machen sich nicht die Mühe mitzumarschieren; daher bildet die Gruppe eine höchst lächerliche Mischung aus Garderobenfrauen, Büfettdamen und ausrangierten Tenören mit überlangen Haaren in Samtjacken – arme, alte Schmierenkomödianten.

Die Organisation ist, wie gesagt, perfekt. Jede Gruppe besitzt einen »Marschplan« mit Sammelzeit, genauer Marschroute, Ort und Zeit des Zusammenschlusses mit anderen Gruppen. Dasselbe gilt für die Auflösung dieses ganzen Zwei-Millionen-Zirkus. Es kam zu keinem Stau, aber weil man für alles auf der Welt bezahlen muss, war der Preis für den reibungslosen Ablauf des Sternmarsches nach Tempelhof, dass er von sieben Uhr morgens bis ein Uhr mittags dauerte; da war der ganze Platz dann dicht gefüllt, die Reden aber sollten erst um vier Uhr beginnen. Mindestens drei Stunden Stehen in unerträglicher Hitze, ohne sich auf den Boden setzen zu können, ist für Zivilisten nicht ganz ohne, besonders wenn sie nicht einmal ein besonderes Schauspiel erwartet, sondern nur eine Reihe von Ansprachen. Ähnliches Gebrüll hört man ja seit einem halben Jahr fast täglich bei jeder öffentlichen Veranstaltung und sooft man das Radio einschaltet. Ein Bekannter, ein einsamer Vertreter seiner Firma auf der Kundgebung, erzählte mir stolz, dass er ohne vorherige Absprache eine halbe Stunde nach der Ankunft am Ziel alle seine Kollegen in einer nahe gelegenen Kneipe antraf: Ihnen gelang es, »vom Feld zu flüchten«, wie die Jäger sagen. Nach der Anzahl derer zu urteilen, die blieben, waren die Fahnenflüchtigen in der Minderheit.

Ein erster Blick von der Höhe der Tribüne auf das Menschenmeer genügt, selbst den unverbesserlichsten Skeptiker davon zu überzeugen, dass er eine ähnliche Menschenkonzentration nie zuvor gesehen hat. Der Anblick von zwei Millionen Menschen auf kleinstmöglicher Fläche in dichten Reihen ist schwer zu beschreiben: ein riesiges Feld kleiner weißgrauer Flecken, eine raue, asch- oder bimssteingraue Fläche, überdeckt von meterhohen, deutlich sichtbaren Schwaden, den Ausdünstungen der Lungen. Aus diesem Nebel ragen symmetrisch aufgestellte, in die Erde eingelassene Flaggenmasten. Die Monotonie und Monochromie des Bildes durchbrechen zwölf oder 16 riesige weiße Zelte mit der flatternden Fahne des Roten Kreuzes. Im Wechsel mit den imposanten – an die Bunker vor Verdun erinnernden – Toiletten aus Eisenbeton bilden sie ein Schachbrettmuster. Der Anblick bestätigt, dass der Mensch nicht allein vom Wort lebt. Auch die Erste-Hilfe-Stellen sind nicht nur zur Zierde da. Mehr als 4000 Menschen nahmen angeblich die Dienste der Sanitäter in Anspruch. Wie ich erfuhr, erlitten etwa 1000 Personen, als sie in Ohnmacht fielen, Arm- oder Beinbrüche, vor allem in der Handwurzel und am Knöchel.

Auf dem Tempelhofer Feld sollen auch sechs oder, wie andere behaupten, neun Kinder zur Welt gekommen sein. Die meisten Notfälle waren natürlich gewöhnliche Ohnmachten infolge der Hitze. Eingerahmt ist die auf dem Platz herrschende gesammelte und ehrfurchtsvolle Stimmung von der weniger ideellen Atmosphäre einer gewöhnlichen Kirmes. Unzählige Limonadenstände gibt es. Ein Herr in Weiß trägt auf einem Tablett Tatarbeefsteaks aus, die mittlerweile ziemlich trocken, lila und von Fliegen bedeckt sind. Er arbeitet, als ob er einen Vertrag mit dem Roten Kreuz in der Tasche hätte.

Den Hintergrund unserer Tribüne bilden drei Fahnen: zwei Hakenkreuzfahnen und eine deutsche Trikolore. Sie sind an mehrstöckigen, über zehn Meter hohen Stahlgerüsten aufgespannt, die in riesige Betonblöcke eingelassen sind. Dieses gewaltige, komplizierte Bauwerk hielte dem Winddruck nicht stand, wären die Flaggen wie üblich zusammengenäht; um den Wind durchzulassen, bestehen sie nur aus einem leichten Geflecht aus Baumwollbändern. Aus der Nähe erkennt man, dass sie durchsichtig sind. Diese Fahnen waren das Erste, wovon ich in Berlin gehört habe. Mein Frisör, ein alter Bekannter und unverbesserlicher Sozialist, erzählte mir von den Vorbereitungen für die Feier zum »Tag der Arbeit«[107] und betonte mit bitterem Sarkasmus, dass das einzige bemerkenswerte Ergebnis von Hitlers Regime diese 25 Meter hohen Flaggen seien.

Aber werfen wir doch noch einen Blick über das Feld: Die ersten 100 Meter sind von Vertretern der uniformierten Formationen besetzt, in weniger dichten Reihen als die zusammengepferchten Massen der Zivilisten weiter hinten. Wunderschön glänzen in der Sonne die Schaufeln der »Arbeitsabteilungen«, die wie Karabiner an der Schulter getragen werden. (Wollte die Menschheit doch nur mit solch edlen Waffen kämpfen!) Über dem Feld kreist ein himmelblaues Luftschiff mit der Aufschrift »Odol«. Von dort oben steuert die Polizei angeblich per Funk den Strom der Menge. Neben mir steht der kleine Sohn amerikanischer Freunde. Er fragt mir Löcher in den Bauch, zum Beispiel, welcher der Nationalvogel Deutschlands sei. Aus ihm wird noch ein bedeutender Heraldiker werden. Um die richtige Antwort verlegen, weise ich auf das Luftschiff und sage beiläufig, das sei vermutlich der »Odol« – im Stillen denke ich mir, dass – selbst wenn all das hier auf Fürsprache eines »heiligen nationalistischen Geistes« hin geschehen sollte –, man trotzdem nicht mit einer Friedenstaube rechnen sollte, weshalb mir mein Ausflug ins »zähnebleckende Dentale« erlaubt sei.

Die Konstruktion der Tribüne, von der der Führer sprechen soll, erinnert an die Modelle antiker Städte in Museen. Sie hat Treppen, Vorsprünge und Terrassen. Auf einem der Vorsprünge stehen reglos im Viereck mit dem Rücken zum Rednerpult die Mitglieder der SS in schwarzer Uniform. Ein beeindruckender Effekt. In diesem Moment dachte ich, dass selbst Charell im »Großen Schauspielhaus« keinen besseren Bühneneffekt erzielt hätte.[108] Hier ist alles bunt und interessant. Jetzt betritt gerade der Apostolische Nuntius die Tribüne mit verdrossener Miene. Kein Wunder, selbst einen an nächtliche Gebete gewohnten Kamaldulensermönch müssen die nicht enden wollenden Stundengebete der Nationalisten ermüden. Und die ganze Liturgie wird einem erst recht unerträglich, wenn man davon überzeugt ist, dass diese Stundengebete an den falschen Gott gerichtet sind – und man sollte wohl annehmen, dass der Nuntius dieser Meinung ist. Ich bin erst seit einer Viertelstunde auf der Tribüne, und schon jetzt wird mir die Zeit lang. Die einzige Bewegung – und auch die wirkt schon monoton – verursachen die mit Tragbahren zu Hilfe eilenden Sanitäter.

Endlich fährt Hitler unter tosendem Jubel auf dem Feld ein, wie gewohnt im offenen Wagen stehend – ein Cäsar wie in einer

Filmkomödie. Damit endet der interessante Teil der Veranstaltung. Die Reden und die Reaktionen reichen nicht mehr an das heran, was wir heute Morgen bei der Kundgebung im Lustgarten erlebt haben. Nur die Hitze ist größer, sodass die Aufmerksamkeit des Publikums immer mehr nachlässt. Unterhalb des Rednerpults sitzen Röhm und August Wilhelm, der jüngste Sohn des Ex-Kaisers. Sie erzählen sich lautstark Witze und lachen sich krumm dabei. Angesichts des verordneten Ernstes wirkt das sehr merkwürdig. Nach einer Dreiviertelstunde ist bereits zu Ende, was mehrere Millionen Mark und einen Arbeitstag gekostet hat, der die meisten Beteiligten unnötig erschöpft und viele erniedrigt hat. Der Berg kreißte und gebar eine Maus, doch die Geburt war schwer und sensationell.

Die Auflösung der Kundgebung war ebenfalls eine Meisterleistung der Organisatoren. Nicht nur, dass innerhalb einer halben Stunde das Tempelhofer Feld leer war, mir ist es auch gelungen, ohne heftigen Gebrauch der Ellbogen in die U-Bahn zu gelangen, wobei ich nur einen überfüllten Zug durchfahren lassen musste. Um meine Gedanken zu sammeln und etwas durchzuatmen, ging ich in die Bar des Eden-Hotels. Gähnende Leere überall, einzig das gesamte Personal lauschte andächtig Görings Rede, der heute schon die dritte Kundgebung eröffnet, jetzt gerade wieder im Lustgarten. Es war das erste und einzige Mal, dass ich Menschen erlebte, die aufmerksam eine politische Rede verfolgten. Aber was will ein Barmann auch machen, wenn alle Cocktail-Trinker auf einer Kundgebung sind?

1936 – deutschland drei jahre unter hitler

Enttäuschte Hoffnungen

Ich fahre zum Parteitag nach Nürnberg und bin dem nationalistischen Regime etwas freundlicher gesonnen als noch vor zwei oder drei Jahren. Gegen Sowjetrussland hege ich nach wie vor eine sehr starke Abneigung, und der Trotzki-Prozess[109] hat nicht dazu beigetragen, mich umzustimmen. Spanien[110] ermuntert einen zurzeit nicht gerade zu linken Ideen, und beim Anblick des innerlich zerrissenen Frankreich wird einem angst und bange um die Zukunft der europäischen Kultur. Straßburger Journalisten berichteten mir auf dem Parteitag von einer gestiegenen Popularität Deutschlands im Elsass unter der Regierung Blum[111]. Die skandinavischen Länder und England können sich ihrer politischen Systeme zwar erfreuen, sind aber leider nicht ansteckend. Somit ist die Auswahl auf eine traurige Weise beschränkt. Das französische Sprichwort »*On ne sait à quel saint se vouer*«[112] stammt noch aus der schönen alten Zeit des Überflusses, als einem noch die Dienste aller Heiligen zur Verfügung standen. Heute ist man dazu verurteilt, zwischen dem heiligen Karl Marx und der heiligen Jeanne d'Arc wählen zu müssen, der die Historiker mit gutem Grund die Erfindung des Nationalismus zuschreiben. Beide Heiligen verlangen von ihren Adepten schreckliche Selbstverleugnung und Askese.

Seit ich 1918 das letzte Mal in Russland war, hatte ich keine Gelegenheit mehr (den Willen dazu habe ich immer), mich vom Kommunismus überzeugen zu lassen. Aus der Entfernung, nach den Erzählungen und vor allem den Ansichten meiner kommunistischen und kommunistenfreundlichen Bekannten zu urteilen, erscheint das sowjetische System völlig unattraktiv und seine Errungenschaften mit einem Übermaß an Entwürdigung und Leid erkauft. Ich denke, ich reise gerade in das Land des kleineren Übels, wo es inzwischen sicherlich erträglicher als 1933 und 1934 geworden ist, wo die überzogene Schärfe am Abstumpfen ist, wo in das »unmenschliche« System eine gewisse Menschlichkeit eingekehrt sein dürfte.

Nun, meine optimistischen Erwartungen erfüllen sich nicht. Ich fürchte, dass alles, was ich im Folgenden schreiben werde, einseitig und negativ klingen muss. Deswegen will ich vorweg anmerken: Ich komme mit der Überzeugung nach Deutschland, dass die überwältigende Mehrheit des Volkes das gegenwärtige politische System des Dritten Reiches nicht als Unrecht oder Unglück empfindet; im Gegenteil, ich bin davon überzeugt, dass viele Millionen Menschen von Hitlers Sieg profitierten, vor allem die Arbeitslosen und all jene, deren Leben nun von Nationalstolz erfüllt ist. Ich bin überzeugt, dass das System den Menschen zwar gewisse moralische Werte (womöglich aber nur abstrakte) genommen hat, ihnen dafür aber materielle und materialistische Vorteile, zumindest einen primitiven, niederen mystischen Gewinn beschert hat.

Neugierig auf die Wahrheit breche ich auf und gleichzeitig sage ich mir immer wieder, dass in Sachen Moral Vergleiche nicht angemessen sind; dass also, obwohl die Verhältnisse in Spanien schlimm sind, dies noch lange nicht bedeutet, dass sie in Deutschland gut sind – wie es die deutschen katholischen Bischöfe bereits in ihrer Fuldaer Denkschrift[113] angedeutet haben; dass der Weißmeer-Kanal[114] das eine ist und die Ermordung Röhms und van der Lubbes etwas anderes; dass Juden und Sozialisten eben auch Menschen sind und dass sich die Verfolgung der Religion in Deutschland von der in den kommunistischen Ländern nur im Ausmaß, nicht aber im Grundsatz und in den Zielen unterscheidet.

Ich sitze im Zug. Die Grenze zwischen *Rawicz* (Rawitsch) und Trachenberg ist nicht zu erkennen. Das Land links der Ackergrenze, die durch diese osteuropäische Wiese läuft, unterscheidet sich nicht von dem rechts. Nur die Strafe Gottes für den Bau des Turms zu Babel, die in den letzten Jahrhunderten zu zweifelhafter Würde als höchstes Ideal erhoben wurde, bewirkt, dass sich die Menschen auf beiden Seiten dieser grünen Grenze nicht verständigen können und sich nicht mögen. Trotzdem treibt sie derselbe Instinkt zu denselben Absurditäten, zwingt sie die Furcht vor der eigenen Meinung und dem gesunden Menschenverstand in den Aberglauben und bringt sie dazu, sich blind »denen da oben« anzuvertrauen und sich so Linderung zu verschaffen. Ich denke mir: Wozu diese Grenze, wenn sich die ganze Menschheit im selben Maße von Unheil verkündenden Sternen beeinflussen lässt?

Der Zug ist überfüllt. Das gehört zu den angenehmen Momenten im heutigen Deutschland. Man spürt hier eine gewisse Tradition, und von der Unsicherheit, die sich in Arroganz zu äußern pflegt, ist hier wenig zu sehen; das brutale, parvenühafte Auftreten, das man bei den Parteigenossen so oft beobachten kann, ist hier nicht zu bemerken. Und noch ein einnehmendes Detail: die Militärs »heilhitlern« nicht, sie salutieren einfach, was im Vergleich zum olympisch-römisch-faschistisch-hitlerischen Gruß bezaubernd zivil anmutet. (Vielleicht weil Gary Cooper im Film »Marokko« dem militaristischen Gruß durch sein schlichtes »Hand an die Mütze« eine eigene erotische Note verliehen hat.) Der ganze Speisewagen wirkt wie eine Festtafel guter Bekannter. Jeder spricht mit jedem und alle über das eine: das Militär. Es ist entsetzlich langweilig, sture männliche Fachlichkeit dominiert die Stimmung, ähnlich wie bei Zusammenkünften von Bridgespielern, Pferdezüchtern oder Jägern. Man unterhält sich über Manöver, Beförderungen von Kollegen, deutet auf neue Uniformen in Militärjournalen. An dieser Stelle werden die Gespräche fast zu Frauengesprächen, denn die Liebe zur Uniform ähnelt der weiblichen Sucht nach schicken Kleidern.

Unmenschliche Zweckmäßigkeit

In diesem Wagon kommt mir zum ersten Mal ein Gedanke, der sich später bei meinen Beobachtungen während meines Deutschlandbesuches bestätigte, nämlich dass all diese Menschen, die Zivilisten wie die Militärs, sich mit etwas beschäftigen, dessen Zweck allein in der Tätigkeit selbst liegt und nicht in ihrem Ergebnis. In anderen Ländern widerspiegelt der Einzelne mehr oder weniger vollständig den jeweiligen nationalen Charakter. Hier macht er vor allem den Eindruck eines kleinen Rädchens in einer Maschine, dessen einziger Zweck die eigenen Umdrehungen sind. Im Vergleich zur »zügellosen« Epoche unter Kanzler Brüning[115] ist Deutschland heute ein langweiliges Land, so langweilig wie ein Räderwerk ohne Zweckbestimmung und vielleicht sogar so langweilig, wie nur ein Ersatzteillager es sein kann.

Aber sprechen wir nicht von Langeweile. Was mich entsetzt, ist das Fehlen jeglicher Unzufriedenheit. Das ist kein Paradox – denn es heißt natürlich nicht, dass mich der Anblick einer zufriedenen Nation traurig stimmt. Aber in jeder Gesellschaft gibt es doch Herren mit chronischen Leberkrankheiten oder wenigstens einem akuten Kater. Solchen Herren ist nichts recht, alles geht ihnen auf die Nerven – sie nörgeln. Es gibt normalerweise auch Frauen, denen in der Schwangerschaft neun Monate lang übel ist, und solche, die gerade darüber nachdenken, ob sie Migräne bekommen sollen; solche Frauen sollten sich wenigstens leise beschweren, wenn sie eine Stunde lang auf dem Bürgersteig warten müssen, bevor sie die Straße überqueren können und nach Hause kommen. Sie tun es aber nicht. Warum nicht? Sicherlich hat die Disziplin daran ihren Anteil und das exotische deutsche Naturell, vielleicht aber auch Angst. Die genaue Rezeptur dieses Verhaltens zu bestimmen, ist mir jedenfalls nicht gelungen.

1935 war ich in England beim Jubiläum des Königs[116] und vor
Kurzem in den Vereinigten Staaten, die sich gerade von der
großen Depression erholen; ich weiß also, was eine glückliche
Nation ist. Das Deutschland von 1936 fällt nicht in diese Kategorie. Allerdings ist man sehr beschäftigt, beansprucht, aufgeregt, was natürlich wenig dazu beiträgt, Momente der Überle-
gung und des Zweifels festzuhalten. Parteiveranstaltungen gibt
es alle naselang selbst in kleinen Städten. Die wollen vorbereitet, glänzend in Szene gesetzt und so effektiv wie möglich organisiert sein. Die Frauen zum Beispiel sind auch jetzt mit der
neuesten Mode beschäftigt. Während der ganzen Woche in
Nürnberg habe ich eine einzige Deutsche in klassisch-westli-
chem Chic gesehen. Im Grand Hotel, einem besonders elitären
Tempel, trifft man immerhin gelegentlich Generalinnen, preu-
ßisch distinguiert, diskret gekleidet und altmodisch wie aus der
Vorkriegszeit. Die meisten Damen aber drücken mit ihrer Klei-
dung deutlich bauernschwärmerische Tendenzen aus: gotisches
Bäuchlein und darüber ein obligatorisches Schürzchen, Kopf
und Beine nackt, die Schuhe sportlich. Von diesen verdirndel-
ten Städterinnen heben sich die echten Bäuerinnen wohltuend
mit ihren geschmackvollen traditionellen Trachten ab.

Kontraste

Von der bäuerlichen Kultur und dem Traditionalismus der
Bauern, besonders der süddeutschen, wird jeder Ausländer sehr
angetan sein. Obwohl das Bauerntum im Dritten Reich großen Respekt genießt, hebt es sich merkwürdig von den grauen,
gleichgeschalteten Gedanken und schmutzigbraunen Hemden
der heutigen Zeit ab. Schon deshalb eignet sich Nürnberg mit
seiner Atmosphäre nicht als Ort für einen Parteitag. Die Hei-
mattrachten unterscheiden sich hier von Dorf zu Dorf ganz
erheblich. Und in Nürnberg selbst schlägt geradezu das Herz
des Individualismus. Jeder Patrizier rückt mit seinem Haus bis

zur Straßenmitte, um aufzufallen. Hier könnte das Projekt einer anonymen Pracht wie auf dem Place Vendôme oder in der Rue de Rivoli nie gelingen.

Dieser Stadt mit ihrer geradezu feenhaften Schönheit kann man als Einziges vorwerfen, dass sie wahre Weltenbummler oder gerissene Hochstapler mit ihrem theatralischen Kitsch zum Lachen bringt. Aber wie soll man sich auch das Lachen verkneifen, wenn man sich in einer Mondnacht auf einem kleinen Platz mit einem Baum und einem Brunnen wiederfindet, links ein kleines Haus mit Erker, rechts eine gotische Brücke über ein Bächlein, etwas weiter eine schmale Gasse, deren Drang nach oben ab und an durch Treppchen beschleunigt wird, und zu guter Letzt steht über Allem auf einem unzugänglichen Felsen auch noch eine Burg wie eine Requisite; all das in einer gewissen wolgemutschen[117] Verkürzung; in dieser Stadt, wo jede Hauswand Zeichen der Vergangenheit und Menschenspuren trägt, wo die Steine der Wehrmauer eine Patina angenommen haben, die stofflich und moralisch einem Schrotbrot ähnelt, und hinter deren Mauern bildnerische Genies wie Wolgemut und Stoß[118], Kraft[119] und Vischer[120] ihre Werke schufen – in dieser Stadt ist überhaupt kein Platz für den abrupten, brutalen Hitlergruß.

Und dennoch atmet jede hoffnungslos banale und breite Magistrale Berlins den Hitlerismus weniger als die Gassen dieser Burg.

Eine Anmerkung, die für alle meine Beobachtungen in Nürnberg gilt: Der Parteitag zieht Massen von »*les purs*«[121] an, wie die Franzosen sie nennen, denn es handelt sich um eine Tagung »der Kämpfer der ersten Stunde« trotz ihrer gewaltigen Zahl, sodass pures Geschäftsinteresse den Schankwirt und den Zeitungsverkäufer zwingt, heidnischer als Rosenberg[122] und arischer als Streicher[123] zu sein.

Dresden und Bamberg führten mir vor Augen, dass es trotz Gleichschaltung Unterschiede gibt. Durch diese Städte kann ein Ausländer den ganzen Tag lang gehen, ohne dass ihm das allheilige »Heil Hitler!« entgegengebracht wird. In Nürnberg dagegen stellt jedes Betreten eines Geschäfts, jedes Erscheinen eines Kellners oder der Abschied von einer Garderobenfrau Ausländer vor die Aufgabe, mit einem gewöhnlichen »Guten Tag und Auf Wiedersehen« ihre ausländische Neutralität geltend zu machen. In Dresden begegnete ich zwei »Wandervögeln«[124]. Sie trugen Tiroler Tracht, die tirolischer nicht sein konnte. Sie gingen von Kneipe zu Kneipe und verkauften Postkarten in eigener Sache. Am Revers und an ihren grünen Hütchen mit den Rasierpinseln steckten Unmengen von Abzeichen, aber kein Parteiabzeichen! In Nürnberg sind solche Außenseiter undenkbar.

Die Presse und das Café

Ich greife zur Zeitung. Im Allgemeinen gibt es kaum Auslandsnachrichten, über Polen hingegen verhältnismäßig viele, vorwiegend in freundlichem Ton oder ganz ohne Kommentar; die übrigen sind über Spanien. Die Aufständischen der faschistischen Falange seien wahre Engel, zu keiner Grausamkeit fähig. Der Kampf gegen die Kirche in Spanien und Russland ruft absurderweise in der nationalsozialistischen Presse tiefste Empörung hervor. Ebenso das mangelnde Verständnis Moskaus für das hehre Ideal des Pazifismus.

Stattdessen kann man einiges über die inneren Angelegenheiten des Landes erfahren. Eine Illustrierte veröffentlicht eine Fotoreportage aus einer Musikhochschule, in der Militärorchester ausgebildet werden. Des Weiteren gibt es einen Beitrag über neue Uniformmodelle und Änderungen an den Kragenspiegeln der Postboten. Die prächtige Welt der Uniformen ist nach wie vor Gegenstand der Begeisterung und eines schulbubenpedantischen Interesses des ganzen Volkes. Häufig hört man die Frage »Was für eine Uniform ist das?«; ich sehe so viele verschiedene, dass ich den Ehrgeiz verloren habe, mich in der Kleiderkammer des Militärs auskennen zu wollen.

Es folgen Fotos eines schönen Schlosses, in dem eine Schule der Arbeitsfront untergebracht ist. In einen der oberen Säle hat man Schulbänke gestellt und eine Aufschrift verkündet, dass es sich um eine Klasse für »politische und weltanschauliche Schulung« handelt. Es stimmt mich traurig, weil der deutsche Arbeiter lange vor 1933 eine sehr fundierte und gefestigte Weltanschauung hatte, und jetzt setzt man ihn wie eine Rotznase auf die Schulbank und bringt ihm seine zukünftige Meinung bei (»seine eigene«, weil er sie sich vollständig zu eigen machen wird). Der nächste Beitrag ist ausgesprochen propagandistisch. Das Thema: Das neue Deutschland entdeckt die Würde der Arbeit. Das hat zuvor noch niemand entdeckt – erst jetzt das Dritte Reich.

Ich habe entschieden genug von der Lektüre. Ich schaue mich im Café um. Es ist laut und wimmelt von Leuten. Die Musik spielt Wiener Schlager oder Jodelmelodien aus Tirol und Bayern. Die Tischnachbarn legen eine ausnehmende Freundlichkeit an den Tag, wenn sie bemerken, dass man Ausländer ist, aber im Gegensatz zu früher in Berlin kommt man sich nicht näher und es findet kein Gespräch statt. Die Nation hat so viele eigene, technische Angelegenheiten zu besprechen, dass man als Ausländer den Eindruck gewinnt, eine Beratung unter Experten zu stören. Außerdem entsteht allein dadurch, dass man nicht mit dem Hitlergruß grüßt, eine tiefe Kluft zur Umgebung. Ich sitze mittendrin und fühle mich so hoffnungslos fremd und einsam wie kaum je zuvor in meinem Leben.

Wo ist der alte Berliner Humor geblieben? Es sind doch auch Abertausende Berliner, Hamburger und Rheinländer hier. Vor ein paar Jahren noch hätten sie alle beim Anblick der fettleibigen Herren in braunen Hemden gelacht, die beim Betreten des Lokals den Arm wie ein Eisenbahnsignal schwenken und dabei den Namen eines Anstreichers aus Oberösterreich rufen. Die früher ziemlich offene erotische Sinnlichkeit der Deutschen ist verschwunden, nicht einmal eine präerotische Sentimentalität bemerkt man, wie man sie außer in islamischen Ländern überall in der Welt antrifft. Es gibt keine Pärchen in den Cafés, in den Parks nur vereinzelt. Stattdessen Horden von uniformierten Männern an den Tischen, die sich mit ihresgleichen die Zeit vertreiben und sich nicht die Mühe machen, den Mädchen hinterherzuschauen; sie singen »Volk ans Gewehr«[125], etwas angetrunken und vermutlich ohne irgendeinen bewusst militaristischen Hintergedanken. An einem Tisch sitzen vier SS-Leute und vier Fräuleins. Sie sind sehr jung, schlecht angezogen, und mit ihren kleinen, bis zum Schlüsselbein reichenden Zöpfchen sehen sie wie Ratten aus; Backfische im anmutigsten Alter. Ihre Begleiter singen derbe Lieder, die Mädchen wiederholen artig mit unbewegter Miene den Refrain. Masken des Stumpfsinns. Wie wird der heutige Abend wohl für sie enden? Das sich vom übrigen Europa entfernende Dritte Reich ist wahrhaftig schwer zu verstehen.

Ich versuche mir zu vergegenwärtigen, dass wir es hier nur mit der zugeströmten Elite zu tun haben, denn Eliten stellen in totalitären Ländern oft etwas Untypisches, wenn nicht sogar etwas Fremdes dar, und – sagen wir einmal – meist etwas Unsympathisches.

Freunde der Diktatur

Es wäre so schön, einen anderen Ausländer zu treffen, um sich über das gemeinsame Befremden austauschen zu können. Aber auf einem Parteitag sind im Allgemeinen nur wenige Ausländer vertreten. Die meisten sind Journalisten – immer sehr beschäftigt oder blasiert und moralisch entsetzlich gleichgültig. Die Nichtjournalisten sind wiederum eine Ansammlung von Anhängern des Totalitarismus im Allgemeinen. Bisher kannte ich schrullige Damen aus Genf, ich erlebte Millionärinnen auf ihren alljährlichen Touren durch Moskau, aber den Wanderzirkus einer Diktatur kannte ich noch nicht. Diese »Mitläufer« sind noch »verrückter« als die Vertreter der beiden erwähnten Gruppen. Dazu gehören: junge Engländer mit langen Bärten; alte geschminkte Französinnen, die tief bewegt mit ausgestreckter Rechter »le Fuhrer« brüllen und unter dem linken Arm einen Pekinesen halten; Faschisten aus Lettland, England, Irland, Ungarn usw.

Lediglich die Sonderlinge aus Italien sind ausgeblieben. Angereist ist stattdessen eine offizielle Faschistendelegation, die auf die Nürnberger Hysterie ziemlich blasiert und sogar verächtlich herabschaut.

Die meisten Sonderlinge stellen jedoch die Mitglieder der Partei selbst. Es versetzt einen in Staunen, dass die Partei keine ernsthaften Anstrengungen unternimmt, bedeutendere, wenn vielleicht auch kritischere Anhänger anzulocken. Das Ergebnis: Es gibt keinen bekannten Namen oder überhaupt jemanden von gutem Ruf. Stattdessen werden unbedeutende Käuze für ihre Grillen belohnt und auf Händen getragen.

Während des Parteitages bereitet der Aufenthalt in der Halle des Grand Hotels großes Vergnügen. Von Blomberg[126] geht in einem rot gefütterten Uniformmantel mit klimpernden Orden an mir vorbei. Das Futter erinnert an Zeiten, als man die Uniform noch nicht mit etwas so Grausamen wie dem Großen Krieg in Verbindung brachte. Dem General folgt mit kleinen Schritten der Adjutant, allerdings zeitgenössisch uniformiert. Im Sessel sitzt eine Dame – und zwar eine echte Dame, sie erinnert ein wenig an die letzte hiesige Kaiserin. Um den Hals trägt sie eine weiße, auf Fischbein gespannte steife Tüllkrause. Die Frisur ist Jahrgang 1908. Sie begrüßt von Blomberg mit dem Hitlergruß, aber die Unzahl altmodischer, mit Klunkern besetzter Armbänder und die Fingerringe mit ihren glanzlos gewordenen Perlen verleihen dem Gruß eine gewisse Distinktion und Weiblichkeit. In der Nähe sitzen zwei SA-Männer. Offensichtlich stammen sie aus dem einfachen Volk, ihre Hände sind schrecklich abgearbeitet. Sie trinken Bier und sehen sich schweigend die Großen dieser Welt an. In einer anderen Ecke unterhält sich eine im internationalen Stil gekleidete Frau mit einer Bäuerin in schöner, echter Tracht. Nur ihr Verhalten und ihr Gesicht besitzen wenig Ländliches. Ich frage mich bange, ob sie womöglich das gnädige Fräulein vom hiesigen Schloss ist, das sich hier verkleidet versteckt. Auf hohen Barhockern trinken eindeutige Möchtegernbäuerinnen in Pseudotrachten alkoholische Getränke. Außerdem gibt es Ehrengäste aus dem Ausland. Hier überwiegen zwei Typen: ein Operettenaristokrat à la Redo[127] und ein ausgesprochen spießerischer Krämer. Bei jeder Gruppe von Ausländern sitzt irgendein Deutscher, meist in Uniform, der erklärt, verharmlost und Propaganda treibt. Eine alte Engländerin dankt für die herrlichen Rosen, die sie auf ihrem Zimmer vorgefunden hat: »Wie gütig und lieb ihr alle seid ...« Von allen Seiten hört man hervorragendes Französisch, Englisch, »lingua toscana in bocca tedesca«[128], und nur beim aufmerksamen Hinhören vernimmt man das unverkennbar deutsche »R«. In der Schlange vor der ständig belagerten Garderobe steht der Parteigenosse Hohenzollern in zerknitterter SA-Uniform und wartet darauf, seinen Mantel abgeben zu können.

Ich schaue mich um und sehe, wie ein guter Bekannter hereinkommt, ein Engländer, Offizier und Adjutant eines der Prinzen von Geblüt. Bisher hielt ich ihn für einen durchschnittlichen, normalen Offizier. Ich frage ihn, was er denn hier mache, und höre, dass er schon als Mitglied der Okkupationsarmee im Rheinland seinen Urlaub damit verbrachte, nach München zu fahren, um sich mit der nationalsozialistischen Bewegung vertraut zu machen. Inzwischen gehöre er zu »British Mistery« (der zweite Buchstabe ein »I«, kein »Y«, wie er mit Nachdruck betont). Ich frage, was das für eine Organisation sei, aber eigentlich will ich es gar nicht wissen. Allein ihr Name und sein Gesprächston geben mir zu verstehen, dass wir es hier mit einer nebulösen, mystisch-antisemitischen Bewegung zu tun haben. Natürlich ist »British Mistery«, wie jede Bewegung, völlig anders als alle anderen und entstammt auch keiner anderen, aber nach Meinung meines Freundes kann man in Nürnberg doch etwas lernen. Übergeschnappt, ein klarer Fall, was ich in den elf Jahren unserer Bekanntschaft leider nicht bemerkt habe. Aber so sind sie, die Engländer.

Im Zeichen der Uniform

Die schmalen, kurvenreichen Straßen der Stadt sind vom Verkehr überschwemmt. Die Bürgersteige können die Passanten nicht aufnehmen und die Fahrbahn ist von Straßenbahnen, Reisebussen mit Besuchergruppen, Militär- und Parteiautos verstopft. Der Verkehr muss immer wieder angehalten werden, um irgendeiner Marschkolonne mit Orchester und noch öfter nur mit Gesang den Weg frei zu machen. Der Gesang ist rhythmisch, wenn auch ein wenig düster, dafür aber sind die neuen oder neu arrangierten Märsche kompositorisch nicht auf dem gewohnt hohen Niveau der deutschen Musiktradition. Manchmal begegnet man auch einer schweigenden Kolonne, wie zum Beispiel einer Krankenschwesternabteilung, und gelegentlich hört man piepsige Kindergesänge. Wenn die Kompanie der Hitlermädel vorbeimarschiert ist, fahren die Autos wieder los. Mit Privatwagen darf man sich in der Stadt überhaupt nicht fortbewegen. Diejenigen, die zum Parteitag mit Autos gekommen sind, können sie nicht benutzen. Nur einige wenige Taxis dürfen fahren. Der Verkehr ist so dicht, dass auf allen belebten Plätzen und Straßenkreuzungen außer den aufgestellten Eisengittern zwischen dem Bürgersteig und der Fahrbahn noch ein Kordon der SS steht und den Fußgängerstrom zurückhält. Aus Lautsprechern dröhnen Anweisungen für Fußgänger und Fahrzeuge sowie Informationen über Änderungen im Straßenbahnfahrplan. Der Zustand wird geschlagene acht Tage anhalten, weil schon am Vortag der Eröffnung des Parteitages der Verkehr geradezu abenteuerlich war. Kein Wunder, denn die Stadt hat zusammen mit den entlegenen Vororten ungefähr 400 000 Einwohner und man weiß, dass für die Dauer des Parteitages allein die Eisenbahn 800 000 Fahrkarten nach Nürnberg verkauft hat. Die meisten dieser Besucher wohnen zwar außerhalb der Stadt in verschiedenen Lagern, sie versuchen sich jedoch möglichst oft im Zentrum aufzuhalten, in der überfüllten Altstadt. Wenn ich diesen endlos rollenden Verkehr beobachte, das Schreien der Händler, die Musik aus den Lokalen und den Klang der vorbeimarschierenden Orchester höre, denke ich, dass es in Polen während der Wahlen so ähnlich, nur in kleinerem Rahmen gewesen sein muss, ebenso im Westen während der Konzile. Mit dem Unterschied, dass man dort Exzesse des Luxus von Einzelnen und auch gemeinschaftliche Ausschweifungen erleben konnte, aber hier ist es gerade umgekehrt. Ich schlenderte nachts durch die Stadt und begegnete keinem einzigen Nachtschwärmer. Der Park war, wie bereits erwähnt, menschenleer und still. Ich fragte einen Deutschen nach dem Grund dafür. So viel Jugend hier, frei von Alltagssorgen, und die Gärten nachts so unnatürlich jungfräulich. Der Bekannte antwortet, dass er das selbst nicht ganz verstehe, er wisse aber, dass die vom Regime so sehr geförderte Kameradschaft einen gesteigerten Bierkonsum nach sich ziehe, was womöglich die Abende hinreichend ausfülle. Übrigens wundert es mich nicht, dass die deutsche Frau, ganz wie das Dritte Reich es wünscht, diesen »wiedergeborenen« Deutschen in seiner Askese unterstützt. Ich dränge mich durch die Menge auf dem Bürgersteig. Vor einem Hoteleingang »säubern« plötzlich sechs Polizisten äußerst heftig den Gehweg. Drei auf jeder Seite halten die Fußgänger zurück. Ich wechsle auf die gegenüberliegende Straßenseite, um besser sehen zu können. Ich erinnere mich, dass in diesem Hotel Himmler wohnt. Plötzlich, keiner weiß woher, tauchen in der Fahrbahnmitte drei weitere Polizisten auf, es folgt ein unglaublich mechanischer Wachwechsel. Augen glitzern, der Gänsemarsch imponiert mit seiner geradezu ballettreifen, ausgetüftelten Technik. Hier endet das kleine Menuett, und die abgelöste Wache entfernt sich wie in einem Zeichentrickfilm. Ich stehe da und schmunzle vor mich hin. Plötzlich höre ich neben mir eine drohende Stimme: »Was gibt es da zu lachen?« Dort steht ein Männlein mit einer Rotznase an der Hand.

Er ist um die 30 und ein typischer Proletarier. In einem anderen Land wäre er bestimmt ein Linker. Ich antworte ihm, dass ich nicht lachte, sondern lächelte, weil mich die Gereiztheit der Polizisten amüsierte, die die Masse zurückhielten, als ob der Führer persönlich käme. Darauf bekam ich zu hören: Ein Wachwechsel ist ein Festakt, nicht nur bei der Armee, sondern auch bei der Marine und der Luftwaffe, in der SA, der SS und im NSKK[129], in der HJ und im Arbeitsdienst usw. usw. Ich versuchte nicht einmal, mein schändliches Schmunzeln zu verteidigen.

Juden

Während der ganzen Woche sah ich in den Menschenmassen kein einziges jüdisches Gesicht. Umso erstaunlicher war es, mit welcher Offenheit manchmal unter den Uniformierten ein semitisches Profil auftauchte, wohl nur deswegen, weil die Arier physisch noch nicht ausreichend gleichgeschaltet sind. Ich weiß aber, dass es in Nürnberg Juden gibt. Das beweist zumindest eine riesengroße, geschlossene und nun unzugängliche, sehr hässliche Synagoge. Zwei Mal wurden die Juden von dort vertrieben, das letzte Mal im 15. Jahrhundert. Das Getto befand sich an der Stelle des heutigen Hauptmarkts (der seit drei Jahren Adolf-Hitler-Platz heißt). Damals wurden die Tore des Gettos, das mit einer Mauer umgeben war, geschlossen und die ganze Siedlung samt ihrer Einwohner verbrannt. Genau an der Stelle wurde die wunderbare Frauenkirche erbaut. Erst Mitte des vergangenen Jahrhunderts kehrten die Juden zurück. Wie wir also sehen, hat Nürnberg, die Wiege des »Stürmer« und Streichers Hauptstadt, eine beachtliche judenfresserische Vergangenheit. Ich frage, wo die Juden sind. Es stellt sich heraus, dass sie entweder nicht aus dem Haus gehen oder für die Dauer des Parteitages weggefahren sind. Ich will etwas in einem Herrenkonfektionsgeschäft kaufen. Geschlossen. Aha, Mittagszeit. Ich komme nachmittags zurück und und stehe wieder vor verschlossener Tür. Im Nachbargeschäft frage ich nach dem Grund. »Es ist doch ein jüdisches Geschäft. Jüdische Geschäfte sind während des Parteitages geschlossen.« Ich versuche mein Glück in anderen Läden, die im Schaufenster haben, wonach ich suche. Alle geschlossen. Also gehe ich zu den arischen Brüdern. Ihre Geschäfte sehen billiger, kitschiger und weniger chic aus. Nirgendwo finde ich, wonach ich suche. Ich warte bis zum Tag nach der Tagung. Ich gehe zu einem jüdischen Geschäft, betrachte sein Schaufenster und will schon hineingehen, als mir eine am Eingang stehende Frau, eine typische Terziarin[130], alterslos und schwarz gekleidet, verlegen zuflüstert: »Verzeihen Sie, aber dies ist ein jüdisches Geschäft.« Ich bedanke mich, sage, ich wisse Bescheid und gehe hinein. Ich frage die Verkäuferin, die völlig arisch wirkt, ob die Damenwache immer dort stehe. Sie sagt, nein, bisher nicht, vielleicht ist es nur vorübergehend, solange die große Tagung mit den ortsunkundigen Teilnehmern dauert.

186

Ich bin offenbar der erste Kunde, da sie mich beinahe gerührt, wenn auch irgendwie ängstlich empfangen hat. Ich frage, ob jüdische Geschäfte freiwillig geschlossen wurden, und erfahre, nein, es gab einen Befehl. Ich begriff schnell, dass ich nicht mehr erfahren werde, da mir selbst diese bescheidenen Informationen nur zögernd und ungern gegeben wurden. Ich machte eine Runde durch alle Geschäfte, die am Vortag geschlossen waren. Die feinen Damen passten überall auf. Sie waren alle vom selben Schlag wie jene, die sich auf Bahnhöfen um die Mädchen kümmern. Gut, ehrenhaft und uneigennützig. Erzogen hat sie der Gauleiter des Frankenlandes, Streicher, mithilfe des »Stürmer«. Da die »Literarischen Nachrichten« (Nr. 649) bereits im Frühjahr dieses Jahres eine ausführliche Beschreibung dieser Zeitung veröffentlichten, bleibt lediglich anzumerken, dass sich am vulgären Ton des Hetzblattes, an seiner sadistisch-pornografischen Verbissenheit und an seinem unglaublich niedrigen Niveau nichts geändert hat. Diese Wochenschrift wird jedoch von allen gelesen. Bekannte erzählten mir, dass ihre Köchinnen überhaupt nichts anderes lesen wollen, es wundert mich nur, dass auch in der Halle des Grand Hotels mehr als nur ein Herr aus der Intelligenz mit diesem Schmierblatt unter dem Arm herumspaziert. Der »Stürmer« wird seit der ersten Ausgabe in Nürnberg herausgebracht, und während des Parteitages wurden eigens für ihn Kioske in der ganzen Stadt aufgestellt.

Bei Streicher

Es wäre interessant, den Menschen einmal selbst zu erleben, der mehr als irgendjemand sonst im Dritten Reich für den antisemitischen Kurs verantwortlich ist, der für seine Härte bekannt ist und der selbst unter den Kollegen der Hitler-Elite als ehrlicher Psychopath gilt. Die Gelegenheit ergibt sich unerwartet. Bekannte von mir wurden vom verantwortlichen Redakteur des »Stürmer« zu einer Konferenz eingeladen. Sie dürfen jemanden mitbringen. Die Wahl fällt auf mich, und ich nehme die Einladung mit Freude an, obwohl ich deswegen das Feuerwerk verpassen werde, eines, wie es die Welt noch nicht gesehen hat, dessen Kosten Experten auf eine siebenstellige Summe schätzen.

Bereits im Fahrstuhl des Hotels, in dem die Konferenz stattfinden soll, begegne ich einer Engländerin mit zwei Gehstöcken, die die Aussicht, Streicher zu sehen, unerhört erregt. Im Saal erkenne ich die bärtigen Angelsachsen und einen irischen Faschisten wieder. Mit einem Wort, eine ziemlich repräsentative Auswahl von Anhängern. An uns werden verschiedene Schriftstücke verteilt, vor allem »Service Mondial«. Das ist ein mehrsprachiges antisemitisches Bulletin der Presseagentur. Ich fange an, darin zu blättern, und finde dort merkwürdige Sätze. Zum Bespiel lese ich im Zusammenhang mit den religiösen Verfolgungen in Russland und Spanien, die angeblich unter jüdischer Leitung durchgeführt werden, dass man dagegen nichts vom Tod eines Rabbiners oder vom Brand einer Synagoge gehört habe. Das nimmt sofort die Form einer Kampfansage an, wenn es gerade hier ausgesprochen wird, in Nürnberg, im Schatten der Frauenkirche. »Service Mondial« begeht, wie viele Parteiredner übrigens auch, ständig dieselben Sünden gegen die Logik. Mal wird behauptet, die Juden würden immer einvernehmlich handeln, kurz danach, dass sie sich zanken, wie es alle Parasiten tun – daher auch der Trotzki-Prozess. Weiter lese ich, dass ein sowjetisches Schiff Waffen nach Barcelona brachte, diese aber ursprünglich für die Araber in Palästina bestimmt waren. Diese Aussage weist auf propagandistische Schlamperei hin. Wie denn, sowjetische Juden schicken Waffen an Araber?

Nun betritt Streicher den Saal. Ein dicker, untersetzter Mann mit einer Hakennase und schmaler Stirn. Feierlich, aber rasch mit erhobenen Händchen, schreitet er durch den ganzen Saal.

Anschließend werden wir ihm alle der Reihe nach vorgestellt. Die meisten verneigen sich tief – sie fühlen sich ausgesprochen geehrt. Nach dem Abschreiten »unserer Front« stellt er sich hinter den Tisch und redet eine halbe Stunde. Er ist ein Fanatiker mit rabiater Diktion. Einen Journalisten zum Beispiel, der angeblich unberechtigt auf einer ähnlichen Konferenz letzten Jahres erschien und seine Worte verdrehte, nennt er »einen Schweinehund«. Er spricht zu den Versammelten wie zu den zwölf Aposteln, die sich in alle Welt zerstreuen werden, gestärkt von dem, was sie in Nürnberg gesehen haben, und besser gerüstet für den Kampf gegen die Juden, den sie in ihren eigenen Ländern führen werden. Er spricht wie ein Papst zu abreisenden Missionaren. Ständig wiederholt er, dass wir sicherlich kleine, graue und bei uns zu Hause unbekannte Menschen seien, und außerdem vermutlich sehr arm, denn diejenigen, die gegen die Juden kämpften, lebten immer in Armut. Aber unsere Benachteiligung solle uns nicht entmutigen, denn unser Kampf werde siegreich sein, und es komme der Tag, an dem wir aus der Düsternis unserer Mittelmäßigkeit heraustreten werden. Es sei nicht wichtig, wie viele wir sind, wir Kämpfer, wichtig sei der Geist, der uns leitet. Die Deutschen hätten nicht die Absicht, das Judentum in allen anderen Ländern zu bekämpfen, sie wollen nur dazu beitragen, die Völker über die Judenfrage aufzuklären. Wenn diesen Völkern die Augen geöffnet werden, wenn sie beschließen, zur Tat zu schreiten, werden die Deutschen ihnen gern ihre kampferprobten Spezialisten schicken. Der Antisemitismus liege in Skandinavien und England schon in der Luft. Streicher wünscht sich sogar ein Bündnis mit England. Man reiche England die Hand, nur habe England die freundliche Hand noch nicht ergriffen. (Der verworrene Satz soll vermutlich zu verstehen geben, dass jüdischer Einfluss daran schuld ist.) Dann spricht er von der Lebenskraft des Antisemitismus; so werden zum Beispiel in der Schweiz antijüdische Zeitungen immer wieder verboten, tauchen aber stets unter neuem Titel wieder auf. Nachdem er sich in Rage geredet hat, verkündet er uns schließlich Folgendes: Die Menschen denken, man könne die jüdische Frage vielleicht ohne Blutvergießen lösen. Das sei aber falsch. Die Judenfrage könne nur auf blutigem Wege gelöst werden. Dann, um sich vielleicht für seine letzten, vorsichtigen Worte zu entschuldigen, die übrigens unter den Anwesenden lauten Beifall ernten, beginnt Streicher zu erklären, Juden seien von je her über Millionen Leichen zu großem Einfluss und Macht gelangt und hätten dabei schon so viel jüdisches Blut vergossen, dass man sie im Namen der Sicherheit für die ganze Welt vollständig ausrotten müsse. In den überlieferten Märchen trügen sogar die Gesichtszüge des Teufels semitische Züge. Er, der Teufel, spricht doch: »Wenn du vor mir auf die Knie fällst und betest, bekommt du von mir die ganze Welt.« Das einzige Element des Bösen auf der Welt sei das Judentum, es gibt kein anderes. Diese Theorie begründet der Gauleiter Frankens etwas ausführlicher und halbtheologisch. Es ist die Rede von Adam, Eva und der Schlange, die das Judentum sei und der es den Kopf abzuschlagen gelte. Nach diesen Drohgebärden schlägt der Redner idyllischere Saiten an. Er malt sich aus, wie schön es sein wird, wenn alle, in deren Adern reines und edles Arierblut fließt, endlich Brüder werden, weil es niemanden gibt, der sie entzweit. Ich schaue in den Saal: in der ersten Reihe ein fettleibiger, olivenfarbener und abstoßender Italiener mit rabenschwarzem Haar, lüstern hervorquellenden Lippen und Hakennase. Ein hervorragendes Gesicht für die erste Seite des »Stürmer«. Jemanden, der weiter vom Ariertum entfernt ist, kann man sich schwer vorstellen. Aber für Streicher ist er ein Bruder.

Überhaupt spricht man heute in Deutschland über Blut mit einer intimen Sinnlichkeit und einer gewissen Gier, abhängig von den Umständen erscheint es mal edel wie Wein, mal stärkend wie Hühnerbrühe oder ekelerregend wie bestimmte Flüssigkeiten, die man nicht laut nennen darf.

Nachdem ich die Konferenz verlassen hatte, war mir, als erwachte ich aus einem bösen Traum. Der entsetzliche Hass hat ihnen jeglichen Sinn für die Realität genommen. Ich brauchte lange, um wieder zu mir zu kommen. Diese Pressekonferenz war wohl der stärkste Eindruck, den ich vom Parteitag mitnahm.

Lohengrin und die Roboter
Der Führer fuhr mindestens vier Mal am Tag über den Bahnhofsplatz, es gab aber auch Tage, an denen es 16 Mal passierte. Aber den Getreuen ist auch das noch nicht genug. Nachdem sie den Führer einmal erlebt haben, rühren sie sich nicht vom Fleck in der Hoffnung, ihn in ein paar Stunden wieder vorbeifahren zu sehen. Die Hoffnung wird nicht enttäuscht. Nach einer gewissen Zeit ist er wieder da. Er steht im offenen Wagen neben dem Chauffeur, meist ohne Kopfbedeckung, bekleidet mit brauner Uniform und Braunhemd, und wenn er nicht wie gewöhnlich mit gerade ausgestrecktem Arm salutiert, sondern die Hand nach hinten wirft, weckt das Assoziationen zu Lohengrin[131] und seinem Schwan. Im Württemberger Hof, wo die meisten Journalisten wohnten, hörte ich flüstern: »Lohengrin ist wieder da.« Die Parade des Führers, die Menschenmassen, die aus allen Seitenstraßen herbeiströmen, sobald ein Polizeiwagen mit gelber Flagge gesichtet wird, dem stets der Wagen des Führers folgt – all das wäre einerlei und leicht zu ertragen, wenn nicht jedesmal ein entsetzliches Chaos im Straßenverkehr ausgelöst würde. Da mit vielen langen Umzügen verschiedener Formationen zu rechnen war, wurden an strategisch wichtigen Stellen der Stadt Fahrbahnüberführungen für den Fußgängerverkehr errichtet. Aber jedes Mal, wenn der besagte Polizeiwagen als Vorbote – in seiner Verkünderrolle so eine Art Hitler'scher Johannes der

Täufer – auftauchte, wurden auch diese Überführungen bis nach dem Passieren Hitlers gesperrt, manchmal fünf Minuten, manchmal für eineinhalb Stunden.

Meine Mutter, eine Galizierin, die einst in Franz Josephs Wien gewohnt hatte, erzählte mir nach ihrem ersten Besuch in Petersburg empört, dass dort vor der Durchfahrt des Kaisers der Fahrzeugverkehr für ganze fünf Minuten angehalten wurde. In Nürnberg fiel mir diese Geschichte wieder ein, und ich dachte mir, dass wir seitdem große Fortschritte gemacht haben.

Wie viele in dieser götzendienerischen Masse, die drängt und rennt, um den Führer zu sehen – wie viele davon müssen früher ebenso aufrichtige Sozialisten und Kommunisten gewesen sein, wie viele sind Katholiken, die den Kult Gottes mit dem Führerkult zu verbinden wissen, ebenso naiv wie devote Betschwestern, die das Leben ihrer Umgebung vergiften. Diese Leute werden sich wohl nicht mehr daran erinnern können, dass sie jemals anders waren oder selbstständig denken konnten. Ihr Anblick erfreut heute gewiss den Doktor Ley[132], der in einer seiner ersten Reden die Meinung äußerte, den Terminus »Privatmann« dürfe es heute nicht mehr geben. Während ich so über die deutsche Gesellschaft nachdenke, insbesondere über die in Nürnberg genossene eindrucksvolle Kostprobe, wird mir schlagartig der Zusammenhang zwischen bestimmten Erinnerungen bewusst. Mir fällt ein vor Jahren gesehenes Ballett wieder ein. Die Tänzer trugen Masken, die Puppengesichtern glichen, die jeden Ausdrucks beraubt waren. Diese sich in einem normalen, modernen Salontanz bewegenden Masken wirkten makaber. Ebenso makaber wirkt auf mich, dass jede unvermittelt angesprochene Person immer gleich reagiert, dass der Deutsche von heute das bedrohliche Abbild eines Roboters ist, dessen Gesicht von der Maschine des Systems zurechtgeschliffen wurde.

Der Nürnberger Trichter

Noch vor der offiziellen Eröffnung des Parteitags lud der Reichspressesprecher, Dr. Dietrich,[133] die versammelten Journalisten zum Tee ein, während dessen er eine längere Rede hielt. Er betonte, was man der Presse immer sagt, nämlich dass sie sehr viel Einfluss besitze. Leider hat in allen totalitären Systemen die Presse längst aufgehört, daran zu glauben und hört dieses zweifelhafte Kompliment mit einer gewissen Verbitterung. Er wies außerdem auf die konstruktiven Aufgaben des Journalismus hin. Auch diese Formel kennen wir, sie steht in krassem Widerspruch zu den Arbeitsgrundlagen des Journalismus, wie man sie bis 1917 verstand, bis begonnen wurde, der Presse das Informieren ihrer Leser übel zu nehmen. Ihre einzige Aufgabe ist heute die Wiedergabe von Regierungspropaganda. Zum Schluss brillierte er mit ein paar Redewendungen, deren sich selbst der Wojewode aus Słonimskis »Familie«[134] nicht zu schämen bräuchte. Eine Kostprobe: Indem er den Hitlerismus als die neueste und zugleich einzig wahre Form der Demokratie anpries, verkündete er, dass man in diesem System zur »Freiheit auf höchstem Niveau gelange, die zu einer schöpferischen Verpflichtung zum Wohl des Volkes werde«. Jawohl!

Am Abend fand eine Vorführung in der Oper statt, selbstverständlich »Die Meistersinger von Nürnberg«. Nur Parteimitgliedern wurde Einlass gewährt. Es sollte eine Art Erbauungsstunde werden, in der man sich am Wagnerschen Germanentum stärken konnte. An diesem Abend sind sämtliche im Einheitsgesang hervorragend ausgebildete Anführer der Bewegung angetreten, um die Massen für die kommende Woche, wenn nicht für das ganze Jahr, zu begeistern. In den folgenden Sitzungen des Parteitags, bei denen ich anwesend war, erkannte ich in den Rednern die wahren Nachfolger der »Meistersinger«. Mir fielen die ganzen Anekdoten über die Naivität und die gegenseitige Bewunderung der ehrwürdigen Stadtbürger wieder ein; manchmal glaubte ich aber, Ansätze von Erleuchtung und Vernunft herauszuhören, als ob in den Kreuzgängen des Klosters der Hl. Katharina plötzlich ein neuer Hans Sachs[135] erschiene.

Ich schlenderte durch die Stadt. Für die Besichtigung von Sehenswürdigkeiten war es schon zu spät, aber die Souvenirläden waren noch geöffnet. Denjenigen, die eine perverse Vorliebe für Kitsch und dazu eine ordentliche Portion Humor haben, können solche Läden großes Vergnügen bereiten. Mir sind zwei Dinge besonders ins Auge gestochen.

Hitlers Lieblingsblume: das Edelweiß – was zweifellos bezeichnend ist, denn es zeigt den wahren bürgerlichen Charakter der nationalsozialistischen Revolution. Das Edelweiß wird aus allen möglichen Materialien hergestellt und überall angebracht: an Hüten, am Busen und am Anzugsrevers. Es gibt sogar Exemplare mit einem Glas in der Mitte, durch das man etwas sehen konnte – was, weiß ich nicht –, hörte aber Ausrufe wie: »Ach, wie süß«. So sieht ein Land also aus, das den sarkastischen jüdischen Skeptizismus verloren hat.

Und der Nürnberger Trichter: Irgendeine hiesige Tradition führt dazu, dass überall Postkarten mit zwei mittelalterlichen Professoren zu sehen sind, die mit Hilfe eines Trichters einem verblödeten Burschen direkt in den Kopf eine Brühe einflößen, vermutlich verflüssigte Weisheit. Dieser Trichter ist sozusagen das inoffizielle zweite Wappen der Stadt. Nichts eignete sich besser als Symbol für den Parteitag als eben dieser »Nürnberger Trichter«. Den Teilnehmern wurde die Propaganda auf dieselbe primitive, etwas brutale und quacksalberische Art eingetrichtert, wie die Weisheit dem kleinen Jungen auf der Postkarte. [136]

Das Forum der Giganten

Um elf Uhr morgens findet die feierliche Eröffnung des Reichs-
parteitags in der Luitpoldhalle statt. Sie liegt außerhalb der Stadt
und ist das bauälteste Element eines neu entstehenden Forums
für den alljährlichen Pomp des Systems. Die Parteimitglieder
sollen dort Erquickung des Herzens finden und den Glauben an
die Größe ihrer Sache – für die nächsten Jahrtausende. Und ich
sage Jahrtausende, weil das Ausmaß, die Kosten und der Aufwand dieser Baumaßnahmen nicht nur den Eindruck von Dauer, sondern gleich von Ewigkeit vermitteln sollen.

Das Forum wird acht Kilometer lang und dreieinhalb Kilometer breit werden. Die Bauarbeiten an dieser zweifellos größten
Bühne der Welt sollen bis 1943 dauern. Die künftige Kongress-
halle will 60 000 Menschen in sich aufnehmen. Auf der Bühne
wird es 5000 Plätze geben. Dazu kommen noch zwei »kleine«
Säle: einer für 5000 Zuschauer, der zweite für 2000. Neben der
Luitpoldhalle befindet sich die Luitpoldarena, hier können
50 000 Zuschauer den 150 000 »Schauspielern« dieses Theaters
zusehen. Die Luitpoldarena, die nach eigenhändigen Skizzen
von Hitler gebaut wurde, ist wirklich schön, harmonisch und
heiter. Am anderen Ende des Forums befindet sich das Stadion.
Es besteht aus einer ovalen Arena, in der Wettkämpfe stattfinden oder 40 000 Hitlerjungen und 5000 Hitlermädel defilie-
ren. Ein Ort für noch größere Spektakel, insbesondere für die
Appelle der politischen Leiter an die Arbeitsdienste oder Mili-
tärzeremonien, ist die Zeppelinwiese. Hier ist Platz für 250 000
Menschen; für Zuschauer gibt es wiederum nur 70 000 Plätze.
Es stellte sich heraus, dass die Zeppelinwiese nicht ausreicht,
und deswegen – denn diese Menschen denken an wirklich alles
– entstand das Projekt des Marsfelds, das ausschließlich Mili-
tärvorführungen dienen soll. Dieses Feld soll fünf Mal größer
sein als die Zeppelinwiese und mit der Luitpoldarena durch
eine 80 Meter breite Fahrbahn verbunden werden. Bei den Be-

schreibungen der Wege und Straßen werden nicht nur die ehrlichen »pazifistischen« Meter als Maß angegeben, sondern es wird gezählt, wie viele uniformierten Menschen auf ihnen in einer Reihe nebeneinander marschieren können. So führt zum Quartier der SA vor der Stadt eine neue Straße, die entweder 40 Meter oder 48 Menschen breit ist. Man fühlt sich unweigerlich an die Angaben zum Fassungsvermögen eines Güterwaggons im Krieg erinnert.

Die Eröffnung des Parteitags

Nun zum Parteitag selbst. Am Ende der langen Halle, in der mehrere Tausend Menschen Platz haben, ist eine Bühne mit einem Rednerpult und einigen ansteigenden Stuhlreihen aufgebaut. Dahinter ist Platz für ein ganzes Symphonieorchester. Es ist laut, ein Geraune geht um, dass ER jeden Moment komme. Der Dirigent gibt ein Zeichen und jetzt betritt der Führer, zu den Klängen irgendeines klassischen Marschs, den Saal. Alle sind aufgestanden, den Blick zum Eingang gerichtet. Alle erheben ihre Hände. Er geht schnellen Schritts mit nach vorn ausgestreckter Hand, und hinter ihm läuft – wie ein Schwarm – alles, was wichtig und verantwortlich ist im Dritten Reich. In keiner Monarchie und keiner Republik des 19. Jahrhunderts konnte man zu feierlichen Anlässen derart viele, nämlich sämtliche Vertreter der Macht und des herrschenden Systems auf einmal sehen. Hier laufen sie alle hinter ihrem Führer her und nehmen auf der Bühne Platz. Zuerst setzt sich Streicher als fränkischer Gastgeber in die erste Reihe links vom Eingang. Neben ihm der stellvertretende Direktor und »Thronfolger« Rudolf Heß[137] mit seinem harten, aber angenehm anzusehenden Gesicht (zugegeben: das beste Gesicht der Partei), und erst dann Hitler. Links vom Eingang gebührt Göring der erste Platz. Während die Musik noch spielt, führen drei SS-Männer durch den Mittelgang die Fahne Hitlers hinein und stellen sich zwischen den Stuhlreihen der Bühne auf. Dann wird an der Eingangstür am Ende des Riesensaals plötzlich alles rot und gold. Bannerträger marschieren paarweise hinein, tragen die Parteiabzeichen sämtlicher Reichsgaue. Von den Seiten her treten im Gänseschritt zwei Reihen SS-Männer hinzu und stellen sich, jeder mit breit gespreizten Beinen, im Spalier zu Füßen der Bühne auf. Sie bilden eine starke schwarze Linie, eine Art Bühnenrahmen für dieses Bild: Unten die braunen Flecken der Potentaten, weiter oben das Flimmern der bunten Farben des Abzeichenwalds, und im Abschluss eine riesengroße Hakenkreuz-Fahne an der Wand.

Einen Moment herrscht Stille. Dann spielt das Orchester Wagner. Hervorragend übrigens, und ziemlich lang. Eine Andachtsstimmung wie in der Kirche. Nach der Musik ein kurzes Schweigen, wir schlucken noch an den Nibelungenvitaminen. Dann eröffnet Heß den Parteitag: feierlich, sachlich, kurz. Das Rednerpult betritt Lutze.[138] Seine Aufgabe ist es, die Exequien für die seit 1923 für die Sache gefallenen Nationalsozialisten zu verlesen. Diese Meßfeier dauert mindestens eine Dreiviertelstunde. Danach begrüßt Streicher den Parteitag. In seiner Rede fallen die ersten antisemitischen Beschimpfungen. Nach ihm liest der Münchner Gauleiter Wagner[139] eine beinah zwei Stunden lang dauernde Proklamation des Führers vor. Man hört ihr ohne jede Langeweile und Ermüdung zu. Sie besticht durch ihren exzellenten Aufbau und große Logik. Markig verfasst, bleibt sie frei von prahlerischer Phraseologie. Obwohl Skeptiker diesen Autor der Aufschneiderei und des bösen Willens bezichtigen, tritt hier lediglich die Naivität des »neuen Menschen« zum Vorschein – seine kleinbürgerliche Freude über im Weltmaßstab gesehen doch eher unwichtige Dinge. Zum Beispiel beim Abschnitt über die Kultur, der ausschließlich vom Theater handelt. Allerdings sind mit dem Theater sowohl Hitler durch seine Freundschaften als auch Göring durch seine Ehe verbandelt. Zwar sind beide nicht gerade alte Theaterhasen, sie haben nur wenig gesehen, sind auch nicht viel herumgekommen, aber für das, was sie hier hören, können sie sich aufrichtig begeistern. Zum Schluss dieses Teils der Rede, über die vermeintliche Wiedergeburt des deutschen Theaters – wodurch, wird nicht gesagt – lässt der Führer uns süffisant wissen, all das habe man erreicht, ohne dass sich ein einziger Jude daran beteiligte. Wie so mancher Teil der Proklamation, löst diese Bemerkung langen Beifall und viel Gelächter aus. Göring zum Beispiel, sehe ich, schüttelt sich vor Lachen regelrecht aus. Er hopst in seinem Sessel wie ein Ball auf und ab und klatscht dabei spärlich in seine fetten Hände. Er ist einfach herrlich derb. Sein weibliches Gesicht wird dabei fürchterlich rosa, fast lachsfarben. Aus seiner Gestalt sprudelt grenzenloser infantiler Sadismus. So muss Nero ausgesehen haben, als er den Brand Roms besungen und auf der Lyra begleitet hat. Schade, dass wir Charles Laughton[140] nie in der Rolle des preußischen Premiers erleben werden. Nur die antijüdischen Akzente, die vom ersten Tag an fallen, berühren im Verlauf dieser rhetorisch überwiegend hervorragenden Proklamation ausgesprochen unangenehm durch ihr besonders niedriges Niveau und geradezu lächerliche Unterstellungen. Dadurch macht die Rede einen unseriösen, wenig staatsmännischen Eindruck, als ginge es um eine persönliche Abneigung. Wir konnten am ersten Tag noch nicht ahnen, dass im Verlauf des Parteitags dieses zunächst kleine, störende Detail die erstaunlichen Ausmaße eines Hauptthemas annehmen würde, während auf die eigentlich angekündigten Themen immer seltener zurückgegriffen wurde.

Aber solang sich der Führer selbst lobt und daran erinnert, was er alles erreicht hat, ist er einfach unschlagbar überzeugend. Selbst wenn man eine großzügig bemessene Anzahl an Skeptikern abzieht, bleiben auf seiner Seite mehr als genügend Enthusiasten. Wenn er etwa von der Wiederherstellung der innenpolitischen Ruhe spricht, kann man ihm auch nur sehr schwer widersprechen. Ohne Zweifel braucht man sich nur noch vor dem Regime zu fürchten und vor sonst nichts. Diese Furcht ist schon groß genug, mehr ist nicht zu ertragen. Die Partei ist ohnehin der Auffassung, dass Menschen, die trotz ihrer Angst darauf bestehen, ein eigenes und anderes Lebens zu führen, prinzipiell sowieso kein Recht auf Leben hätten. *De facto* herrscht also Ruhe und Ordnung, auch wenn diese Ruhe von Manchem als pure Furcht erlebt wird.

Selbst wenn der Führer die deutschen Kolonien zurückfordert, fällt es schwer, ihm nicht zuzustimmen. Man fragt sich höchstens, wie diese Rassisten die Neger wohl behandeln würden. Aber wer weiß, vielleicht verhielten sie sich weniger heuchlerisch als andere Kolonialmächte. Als er nun einen »Vierjahresplan« des nationalsozialistischen Reichs zur Herstellung synthetischer Rohstoffe ankündigen lässt, löst das bei den Zuhörern inklusive der Skeptiker breite Zuversicht aus. Der Plan wird erfüllt werden, wenn nicht übererfüllt. In solch einem Moment wird deutlich, wie unmöglich es ist, auch nur ein Versprechen des Führers anzuzweifeln. Undenkbar, einen Misserfolg anzunehmen, wenn die Sachlage als genügend ausgereift betrachtet wird, um sie hier einer breiteren Öffentlichkeit zu verkünden. Mit einem Wort: Es geht es um Zuversicht, um Vertrauen. Die Wirksamkeit dieses Systems erinnert mich an die Unaufhaltsamkeit einer Dampfwalze auf den gerade neu entstehenden Straßen im Land. Dieser Vergleich kam allerdings unter einem ganz persönlichen Eindruck zustande: Dort, wo ich sitze, trennen mich von Hitler bedrohlich knappe acht Meter – ich sitze zu nah an der Walze...

Gauleiter Wagner liest also gerade die knapp verfasste Ankündigung der neuen Rohstoffe vor. Und weil ich ihm direkt gegenüber sitze, kann ich sehen, wie Hitler die Worte der Rede leise wiederholt. Er kennt sie selbst am besten. Er hat sie durchdacht und zu Papier gebracht: und wiederholt sie nun mit einem von Schmerz und Entsetzen gepeinigten Gesichtsausdruck. Er zeigt die lautere Verantwortung, die er auf sich geladen hat. Er ist blass und auf seinem Gesicht klebt ein hässlicher, lächerlicher Zug, den man bei leidenden Männern oft sehen kann. Doch nicht einmal der hartherzigste Skeptiker könnte ihm in diesem Moment Komödiantentum unterstellen. Auch wenn sich sehr bald die Logik und Klarheit der Beweisführung verirrt. Denn jetzt ist die Rede vom Friedenswillen. Die Worte klingen unge- logen aufrichtig, zugleich aber ist immer wieder die Rede von der Notwendigkeit der Aufrüstung, weil der Feind *ante portas* stehe. Der Feind ist der Bolschewismus. Ist hier etwa die Sowjet- union gemeint? – die Redner haben doch während des gesamt- en Parteitags immer wieder betont, dass seitens der UdSSR kei- ne Überfallgefahr besteht.

Unter dem Zeichen solch unbestimmter Bedrohungen steht der ganze Parteitag. Auffällig oft gibt es Zusicherungen von Friedensabsichten und das Versprechen, dass aktuell keine Ag- gression zu befürchten sei. So fällt es schwer nachzuvollzie- hen, worum es wirklich geht. Bei dem Druck, der auf die deut- sche Öffentlichkeit ausgeübt wird, kann doch von der Gefahr einer Ausbreitung des Kommunismus keine Rede sein. Auch wenn in Berlin oder in den Hafenstädten des Reichs woh- nende Ausländer behaupten, dass die kommunistische Arbeit in vollem Gange sei, und nur im Vergleich zu anderen Ländern sehr schwach erscheine. Oder richtet sich der Hass gegen die Juden, wofür Einiges spricht: Es fällt – trotz des Trotzki-Pro- zesses – schwer, das sowjetische System nicht gedanklich sofort mit dem semitischen Element zu verbinden. Man weiß nicht so recht, ob die antisemitische Bewegung in Deutschland nicht einzig auf dem allseits bekannten Hass Hitlers gegen das sow- jetische System fußt, oder ob in dem antisowjetischen Lärm doch ein taktisches Kalkül steckt. Sicher ist nur: Das öffentliche Augenmerk soll auf irgendeine äußere Angelegenheit gelenkt werden. Bloß keine innenpolitische Introspektion.

In puncto Aufrüstung, die die ganze Welt den Deutschen zu Unrecht übel nehme, stellt der Führer eine durchaus interessante Frage: Was wäre, wenn man den ganzen Kapital- und Arbeitsaufwand statt in die Aufrüstung in die zivile Industrieproduktion gesteckt hätte? Es würde zu einer riesigen Überproduktion kommen, zur Ausfuhr von Billigwaren aus Deutschland, das Wirtschaftschaos würde enorme Ausmaße annehmen und ein Krieg wäre dann nicht mehr nur möglich, sondern geradezu notwendig.

Neben der rhetorischen Brillanz zieht sich ein goldener, roter oder schwarzer Faden nationalistischer Metaphysik durch sämtliche Ausführungen. Das Dritte Reich wird von der Metaphysik regiert. Wie sonst wäre der immer wieder auf dem Parteitag wiederholte Satz zu verstehen, dass die Fortpflanzungsfähigkeit der Rasse für alle Zeiten die Sorge der Regierung, die Pflicht jedes Bürgers und der Stolz der Nation sei, ungedacht aller Kataklysmen[141], die eine solche kaninchenhafte Vermehrung auslösen kann. Meiner Meinung nach beachtet das Ausland gerade diese Metaphysik des deutschen Nationalismus nicht zu Genüge. Sollte es je zu einem europäischen Massaker kommen, wird wohl nicht der Eroberungsdrang oder die Aggressivität der Deutschen daran schuld sein, sondern ihre stürmische und naive Liebe zur Uniform, die Begeisterung für das Marschieren in Reihen und die Lust jedes Einzelnen, sich am liebsten als Rädchen in einer leistungsfähigen Maschine zu fühlen ...
Der Vortrag von Hitlers Proklamation nähert sich dem Ende. Es folgen ein paar letzte pompöse, die Seele stärkende Abschnitte, die in ihrem Deutschtum an den schnarrenden Wirbel einer Trommel erinnern. Sie werden von tosendem Ap-

plaus übertönt. Der Führer verlässt den Saal, wieder mit »königlichem Geleit«. Die Gruppe, ihr schnelles Vorrücken und ihre Farbenpracht machen auf den Zuschauer einen derart zielstrebigen Eindruck, dass man fast sagen möchte – einen ballistischen.

Auch ich breche auf. Im Bus, der mich in die Stadt zurückbringt, schlage ich die »Times« auf. Ich stoße auf ein Interview mit General Smuts[142], vielleicht der größte Staatsmann und politische Denker unserer Zeit (in Polen ist er leider wenig bekannt). Der General sieht in der heutigen Form des Nationalismus, dessen logische Entartung der Rassismus darstellt, eine der größten Bedrohungen für unsere Zivilisation. Der »Times«-Artikel führt mich wie in eine andere Welt. In diesem Moment begreife ich, wie leicht man vergessen kann, dass es noch etwas anderes auf der Welt gibt als … den Nationalsozialismus.

Ich komme im Württemberger Hof an. Unter den Journalisten tobt eine Diskussion über die Proklamation. Meine schwedischen Bekannten, die das Hitlersystem prinzipiell in Schutz nehmen, kochen vor Wut wegen der antijüdischen Akzente, da es ihre redaktionelle »Linie« stört. Es war schon schwierig genug, der öffentlichen Meinung in Schweden die Gesetze des letzten Jahres zu erklären.[143] Inzwischen seien doch alle Juden längst in ihren äußerst unprivilegierten Gettos eingesperrt worden. Musste denn zum Teufel dieses Thema wieder aufgegriffen werden? Selbst Goebbels äußere sich ja mit Bedauern über die Pseudowissenschaftlichkeit der Rassenlehre und ist der Meinung, die nationalsozialistische Revolution hätte bereits erreicht, was sie erreichen wolle, und bräuchte sich daher nicht hinter halbgaren unseriösen Theorien zu verstecken. Und selbst Hjalmar Schacht opponiert nach Ansicht meiner Schweden in gewisser Weise. Jedenfalls sind sie sehr verärgert.

Ich frage andere Journalisten, weshalb im Übrigen jedwede antireligiöse Ausführungen ausgeblieben sind. Man sagt mir, es habe noch vor kurzem einen Moment gegeben, in dem man beschließen wollte, das Konkordat aufzuheben und den Katholizismus ernsthaft anzugreifen. Aber die Ereignisse in Spanien führten dazu, dass die Kampfbereitschaft der deutschen Katholiken nachließ, was das Regime wiederum auf den Gedanken brachte, dass es ihm nach und nach auch so gelingen würde, die Jugend von der Kirche wegzubringen, ohne zu drastischen Mitteln greifen zu müssen. Es bestehe derzeit die Hoffnung, dass sich bald ein Zustand einstelle wie bei den Sowjets: die Kirche werde überaltern und mit der Zeit aussterben.

Im Lager

An diesem Nachmittag besichtigen wir ein Zeltlager des Arbeitsdienstes. Es ist eins von fünf Lagern außerhalb der Stadt, die nur anlässlich des Parteitags genutzt werden. Zu etwas anderem werden sie nicht benötigt, obwohl für sie nicht nur ein eigenes Kraftwerk geschaffen wurde, sondern auch ein komplettes Wasserleitungs- und Kanalisationssystem. Die Lager dienen der Wehrmacht, der SA, der SS, der Hitlerjugend und eben dem Arbeitsdienst. Alle Lager zusammen können während der kurzen »Saison« ungefähr 350 000 Personen aufnehmen. Sie alle verfügen über steinerne Bauten.

Im Lager herrscht eine nette, sorglose Stimmung. Die Jungs, die im Arbeitsdienst einen sechsmonatigen Pflichtdienst absolvieren, bevor sie zum Militär einberufen werden, sehen gesund und munter aus. Es fällt angenehm auf, dass sie keinen »gedrillten« Umgang mit ihren Vorgesetzten pflegen müssen. Zur Straße hin hat jedes Zelt sogar einen kleinen Vorgarten und eine verzierte Vorderseite.

Bei diesem »Dekor« spielt der Regionalismus eine große Rolle. Alle Zelte sind von Abteilungen aus verschiedenen Gauen bewohnt. Auch Politik spielt hier eine Rolle. So sind sämtliche Sprüche aus der demagogischen Trickkiste des Nationalismus hier plastisch ausgestellt: Hasstiraden, Racheschwüre, revisionistische und antipolnische Sprüche sind auf Schriftbändern und Landkarten zu lesen. Angesichts der Friedensdeklarationen auf dem Parteitag ist man doch erstaunt und kommt ins Grübeln. Aber auch jene süße, kitschige Rührseligkeit ist hier reichlich vertreten, die von allen Seiten verlacht wurde, bis sie 1933 ihre »Wiedergeburt« erlebte und sich heute der höchsten Schirmherrschaft erfreut.

Vom Lager des Arbeitsdiensts werden wir zur Hitlerjugend gefahren. Die Stimmung ist wie früher bei den Pfadfindern. Die Jungs tragen teure Fotoapparate mich sich herum. Diese Art von Luxus in Deutschland erstaunt mich immer wieder. Ein Wiener führt uns durch das Lager. Er ist Leiter der Hitlerjugend in Königsberg und verteidigt seine Organisation vor den völlig ungerechtfertigen Vorwürfen, militaristischen Geist zu verbreiten und ein Militärkindergarten zu sein. Im Gegenteil, die Jungs würden seines Wissens nach keine Waffe zu Gesicht bekommen, während ähnliche Organisationen in Polen ihren Zöglingen sogar den Umgang mit einem Maschinengewehr beibringen würden.

Ein älterer amüsanter Journalist, ein Franzose, ist bei der Besichtigung des Lagers auch mit von der Partie. Er stellt viele Fragen, wobei er mir ständig verschwörerisch zuzwinkert. Gerade fragt er nach einer Kapelle für die Gottesdienste. Es gibt keine. Und Kapläne? Auch keine, aber unser *cicerone* weist uns nachdrücklich darauf hin, dass dies ja nur ein Übergangslager sei, in dem selbstverständlich jeder Junge, der den Wunsch äußere, am Sonntag in die Kirche zu gehen, sofort frei bekomme. (Die Hauptparade der Hitlerjugend fand aber ausgerechnet am einzigen Sonntag während des Parteitags statt und dauerte den ganzen Vormittag.) »Gibt es einen Wotan-Tempel?« fragt nun der Franzose ernst. Verlegenheit macht sich breit. Es gibt keinen. Wieso, Wotan sei doch Staatsreligion ... Diesmal protestiert der junge Österreicher fast schon entschlossen: »Sehen Sie, es ist eigentlich keine Staatsreligion, es ist ›eine Weltanschauung‹«. Nun, ich würde es eher »Himmelsanschauung« nennen.

Parteisitzungen, Paraden, Propaganda
Am Abend findet in der Oper eine Sitzung zum Thema Kultur statt. Wie alle Nürnberger Sitzungen verläuft auch diese ohne Diskussion. Sie besteht aus Programmreden und begeisternder Selbstbeweihräucherung. Obwohl der Führer und Rosenberg lange sprechen, ist es mir unmöglich, den beiden Reden etwas Konkretes zu entnehmen, außer rassistische und antisemitische Töne wie beispielsweise, dass weder das Klima, noch die geografischen Bedingungen, und auch nicht die Geschichte darüber entscheide, wie sich der Charakter und die Kultur eines Volkes formt, sondern einzig und allein der unveränderliche Urstoff, aus dem eine Rasse von Anfang an ganz einfach besteht. Tja, wie unterschiedlich müssen die Söhne Noahs gewesen sein!

Die Reden sind lang, schwer und sehr nebulös. Über Kultur spricht man mit großer Ehrfurcht, aber ohne je ihre tatsächlichen Erscheinungsformen zu erwähnen. Als bekannt wird vorausgesetzt, dass die Kultur vom Aussterben bedroht gewesen sei, wegen der Juden vor allem, aber nun erlebe sie einen unglaublichen Höhenflug. Bei dieser wie allen anderen Reden Hitlers merkt man, dass er viel liest und über die Geschichte nachdenkt, denn ihm fallen lauter offensichtliche Parallelen und Analogien ein, die er dann mit seiner Vorliebe für verallgemeinernde Verkürzungen und Vereinfachungen auf historische Ereignisse überträgt – nur für die Aufgaben der Kultur in seinem System findet er weder vereinfachende Formeln noch deutliche Ausdrücke.

Am nächsten Tag findet eine Parade des Arbeitsdienstes statt. Auf den Tribünen ist kein Platz mehr frei. Der Führer kommt vorgefahren. Wie üblich hört man das Gebrüll von mehreren Tausend Menschen. Auf dem Feld sind die Abteilungen im Anmarsch. Sie marschieren gekonnt, wenn die Kolonne im rechten Winkel dreht, glänzen ihre Spaten über den Schultern silbern wie Fischschuppen. Das Blitzen tausender Spaten im Sonnenlicht ist wirklich sehr effektvoll und bereitet den Zuschauern großes Vergnügen. Eine alte Engländerin neben mir salutiert vor der Flagge jeder einzelnen Abteilung und greift dann gierig zu ihrem Notizbuch, damit nichts ihrer kostbaren Ergriffenheit verloren geht – sie macht mich wahnsinnig. Sie beklagt sich tatsächlich, die Sonne sei zu blass, die Spaten würden zu wenig blitzen, und im Flaggenwald flattere es nicht genug. Sie fasst mich am Ellenbogen und sagt mit vor Rührung erstickter Stimme: »Wie die Jungs marschieren. Wirklich, gar nicht wie eine Armee, irgendwie elastischer«. Ich schlage vor, dass wir uns darüber noch einmal unterhalten, wenn sie einen Landungstrupp des deutschen Arbeitsdienstes in England marschieren gesehen hat. Diese Bemerkung verärgert sie aufs Äußerste. Um so heiterer lacht sie über die unglaublich platten Witze auf Kosten der Franzosen und Juden, mit denen der Verkäufer des »Völkischen Beobachters« sein Blatt anpreist. Die Abteilungen besetzen im Takt der Musik nach und nach das ganze Feld. Nachdem alle auf ihren Plätzen angekommen sind, legen sie auf ein Kommando hin ihre Spaten und Tornister ab und setzen sich auf den Boden. Ein in seiner Präzision und Rasanz unglaublich gekonntes Manöver: Es löst tosenden Applaus aus und stellt angenehm unter Beweis, dass selbst beim ermüdenden Militärdrill so etwas wie sitzende Vernunft eingekehrt ist.

Vor der Tribüne des Führers steht ein sowjetisch wirkendes Denkmal mit den Emblemen des Arbeitsdiensts. Vom Ende des Felds her marschiert eine Kolonne in einer Breite von fünfzig Jungs heran. Dass sie Arbeitsdienst leisten, sieht man daran, dass sie oben herum nackt sind. Sie marschieren und singen. Einige Tausende: ein beeindruckender Effekt, obwohl die Idee doch ein wenig vom Zigarrenrauch des alten Juden Freud inspiriert scheint. Freikörperexzesse dieser Art hätten die hier anwesenden Machthaber vor 1933 als schamlos oder homosexuell bezeichnet. Die Halbnackten umkreisen ihr Denkmal und führen kunstvolle akrobatische Figuren vor. Dann beginnt eine Totenehrung in einer Art säkularer Vesperandacht. Ein Kantor ruft mit der Stimme eines Pfaffen zur Andacht. Inzwischen haben sich vor der Formationen ein paar Dutzend Bannerträger mit langen Flaggen aufgestellt und beginnen auf ein Zeichen und im Takt sehr vertrackte Figuren zu schwenken. Mich erinnert das an die Zeiten vor dem Krieg, als in den »Illusionstheatern« Frauen in üppigen Tüllkleidern Schmetterlingseffekte im Stil von Loie Fuller[144] vorführten, ihre Röcke mit Stäben hoben und eine magische Laterne dem Stoff und den Körpern besondere Farben und Reize verliehen. Diese »Fahnenweihe« kommt jedenfalls dem Ballett sehr nah. Aber wo bleibt das Flaggenheiligtum?

Am Nachmittag wieder Parteisitzungen. Derselbe Personenkult und derselbe Pomp. Die antijüdischen und antisowjetischen Töne werden immer lauter. Deutlich herauszuhören ist die sozialistische Seite des Nationalsozialismus. Und immer wieder der Satz, dass es in Deutschland Arbeiter und Arbeitgeber nicht mehr gebe, weil im Betrieb alle nur für einen arbeiten: den Staat. Widerwillig schaue ich mich im Saal um. Die Reden sind lang und gleichen einander aufs Komma. Die Teilnehmer des Parteitags versäumen kein einziges Wort und reagieren mit Applaus auf jeden Absatz, wird er nur mit entsprechender Intonation beendet. Selbst der Ausländer wird aus der Lethargie gerissen, wenn ein besonders kräftiges Wort fällt. Jetzt zum Beispiel: Dr.

Ley[145] hat die Unfehlbarkeit des Führers verkündet. (Jawohl!) Am Dogma der Unfehlbarkeit wäre seinerzeit die Katholische Kirche fast »verunglückt«, hier wird sie per Akklamation angenommen, als allgemein bekannt, weil ja »der Führer immer Recht hat«. Jener Ley preist nun den Lebensstandard des deutschen Arbeiters und vergleicht die Lebensunterhaltskosten und Löhne in Deutschland mit denen Sowjetrusslands (und zwar ausschließlich). Der Kitsch dieser Propaganda überrascht selbst einen neutralen Zuhörer. Warum nicht mit Skandinavien vergleichen? Bei den Straßenarbeiten und dem Eisenbahnbau wird erneut der Kontrast zur Sowjetunion betont. Ich höre zu und lasse dabei die gigantischen Bauvorhaben in den Vereinigten Staaten vor meinem Auge vorbeiziehen, die ich noch frisch in Erinnerung habe und über die die übrige Welt nichts weiß. Selbst unter den Amerikaner kennen sie nur wenige, weil es dort keine brüllende Lautsprecher eines Propagandaministeriums gibt, und weil man dort für die Mitbürger baut und nicht für die Propaganda. In Deutschland, wie in allen totalitären Staaten, wird den Untertanen eingeredet, dass bis zum siegreichen Einzug des gegenwärtigen Regimes nichts von Wert entstanden sei. Nur ein Dschungel am Rand des Abgrunds, in den das Land zu stürzen drohte. In jeder Rede wird das unterstrichen. Und dazu wiederholt man gern offensichtliche Wahrheiten, vorzugsweise im markigen Stil des Führers, wie: »Moskau ist Moskau und Deutschland ist Deutschland«.

Bei diesem nicht enden wollenden Gehetze gegen die Sowjets wird Stalin höhnisch »Genosse Stalin« genannt. Aber im selben Atemzug wird einer aus den eigenen Reihen allen Ernstes mit »Parteigenosse« tituliert. Dort der verlachte *pjatiljetka*[146] – hier der messianische Vierjahresplan; dort die faulen *udarniki*[147] – hier die Arbeitsfront und ihre Stoßtruppen. Bei der Hatz auf die Juden blüht ein argumentativ doktrinärer »Talmudismus« auf.

Im ganzen Laizismus des Systems herrscht eine Theologie und Scholastik, die sich auf die Offenbarung in »*Mein Kampf*« stützt. Neben der Blutmystik steht die Rassenmystik. Und schließlich die ganzen Sensationsmeldungen über die Freimauer: die wesentlichen Motive der deutschen Entwicklung können nur in einer tiefen, mystischen Konspiration liegen.

Die nächtliche Schau

An diesem Abend findet auf der Zeppelinwiese ein Appell der politischen Anführer statt. Aus dramaturgischer Sicht ist dies der Höhepunkt des Parteitags. Es ist bereits Nacht – vollkommen dunkel, in der Platzmitte 40 000 Braunhemden. Vom Denkmal des Arbeitsdienstes keine Spur mehr, auch wenn es so aussah, als hätten sie es für die Ewigkeit gebaut. Die Lücke gegenüber Hitlers Tribüne wurde seit gestern mit einer monumentalen Treppe geschlossen. Der Führer fährt vor, ein Wunder passiert. Es wird taghell. Wir sitzen plötzlich unter einer spitzen Lichtkuppel aus milchblauen Säulen, die durch Streifen tiefblauer Nacht getrennt sind und über unseren Köpfen zu einem hellen Saphir zusammenlaufen. Um diesen Effekt zu erreichen, wurden aus den Garnisonen des Reichs 150 Flakscheinwerfer herbeigeschafft. Damit die Lichtquellen unsichtbar bleiben, wurden sie um die Zeppelinwiese herum außerhalb der Tribünen aufgestellt. Damit sei angeblich die Lichtkraft von Milliarden Kerzen erreicht. Aber kein Wort kann beschreiben, was uns an diesem Abend geboten wird. Es ist unvergleichlich. So gab es zunächst auch keinen Beifall, nur Stöhnen und Sprachlosigkeit unter den Tausenden Zuschauern. Erst eine gute Minute später erhob sich tosender Beifall. Damit aber nicht genug: Auf ein Zeichen hin erscheinen sechs rotgoldene Fahnen und eine mächtige Flagge an der Front der neuen Treppe. Sie bilden die Spitze der Kolonnen, die nun 25 000 Fahnen aller Parteiabteilungen ins Feld hineintragen. Unter der blauen Kuppel formiert sich der

Aufmarsch: sieben rote Raupen mit schillernd glänzenden Spitzen, begleitet vom Lichtspiel der Scheinwerfer, schieben sich unter die dunkle Masse der auf dem Feld stehenden Formationen.

Sobald das Feld lückenlos gefüllt und in rote Streifen geteilt ist, beginnt die Totenfeier für die Gefallenen mit einer Rede des Führers. Die Schau überbietet aber den Anlass derart, dass man einfach nicht über Zweck und Sinn dieser Pracht nachdenken kann.

Die Feier ist zu Ende. Wir verlassen den Lichtdom. Von außen sieht man nur eine glatte, senkrechte Wand aus milchigem Blau, die unendlich ist. Der über den Scheinwerfern wirbelnde Staub und einige fliegende Fledermäuse wirken wie flatterndes Gold. Der Rauch, der die Wand durchdringt, verwandelt sie in lyrischen Marmor. Als ich wieder zu mir komme, wird mir bewusst, dass es ein rein arisches Schauspiel war, hierbei hätte kein noch so begabter Charell[148] Regie führen können, an den Fahnenspitzen fehlen die Wolken aus Straußenfedern, nicht einmal der Brillantenglanz der großen Mistinguett[149] war zu sehen. Nun, die Zukunft wird zeigen, ob diese Art Budenzauber rentabel ist.

Der Tag der Armee

Es folgt der Tag, der zum Höhepunkt aller Gipfel werden soll. Der Tag der Armee. Am Vormittag gehe ich ins Kino, um den Film »Verräter«[150] zu sehen. Seine Uraufführung war Bestandteil des Parteitags. Die Bilder sollten beweisen, dass der deutsche Film von seinem einst jüdischen Glanz nichts verloren hat. Hat er aber. Die Aufnahmen sind zwar nach wie vor beeindruckend und gelungen, aber der Film ist langweilig und naiv. Außerdem kitschig. Er will das Volk und das Militär davor warnen, dass überall Spione lauern und mithören.

Am Nachmittag wird uns dann die bedauernswerte Armee vorgeführt, der soviel »Friedensgefahren« drohen. Wir Ausländer sind ein wenig enttäuscht. Wir hatten wohl »Kolossaleres« erwartet. Schon in Polen sah ich genauso viele Flugzeuge bei nicht minder prächtiger Flugakrobatik. Zu Beginn erschien am Horizont eine kleine aschgraue Wolke in Zigarrenform, es war der Zeppelin »Hindenburg«.[151] Er glitt so dicht und tief an die Tribünen heran, dass man in den Fenstern Menschen erkennen konnte, die eine Flagge heraushielten. Etwa fünf Minuten lang blieb er schwerfällig und bewegungslos über unseren Köpfen hängen.

Schwere Tanks[152] hat man uns nicht gezeigt, angeblich, um den Boden der Zeppelinwiese zu schonen. Dafür konnten wir uns von der hervorragenden Leistungsfähigkeit der Militärabteilungen überzeugen. Aber wahrscheinlich waren wir nach einer Woche Parteitag einfach übersättigt. Es wurde uns zwar eine kleine Schlacht geboten, die aber einen eher »gemütlichen« Eindruck hinterließ. Bei den Granatenwölkchen musste ich an Wouwermans Gemälde denken.[153]

Hervorragend sind nur die Kavallerieorchester, wenn sie im Kurzgalopp heran reiten, ohne dabei an Tempo und Rhythmus zu verlieren. Die Paukenschläger jonglieren mit Stöcken und trommeln sehr kunstvoll. Wozu man sie in einem Gas- oder Luftkrieg verwenden will, weiß ich nicht. Hitler spricht wieder. Er sagt genau das, was man heute in allen Ländern der Armee über die Armee zu sagen pflegt: »Das Volk und die Armee sind eins«.

Erschöpft vom dreistündigen Defilee und den sechs Tagen des Parteitags schleppen wir uns zur Abschlussfeier. Wir verbringen sie im Stehen, die ganze Zeit mehr oder weniger von einem Fuß auf den anderen tretend, weil für beide Füße kein Platz mehr ist. Die Stühle sind heute für »das Bauernvolk« reserviert. Führers Abschlussrede hat etwas von der alten, bisher nur selten gehörten Heiserkeit, mit mehr Invektiven als sonst. Viel ist seiner Rede nicht zu entnehmen. Er scheint ein Selbstgespräch zu führen, wie ein ermüdeter Mensch.

Abreise und Resumee

Nun endlich ist das alles zu Ende. Wir, die gegen die Reize der Propaganda immun sein sollten, gerieten in geistige Turbulenzen. Ich fahre für 24 Stunden in das wunderbare Bamberg, um in Ruhe nachdenken zu können. Traurig, wie leicht man Nürnberg verlassen kann, ohne dass es einem Leid tut. Nur eine Stunde Bahnfahrt – und was für ein Kontrast! Im katholischen Bamberg steht ein Kloster neben dem anderen, dazu diese unbeirrbar an Klavierstunden erinnernden Barockhäuser, überall diese langen alten Gartenmauern mit Kaskaden altmodischer Blumen, die aus vernachlässigten Gärten herüberwuchern. Es herrscht vollkommene Ruhe. Hier merkt man nichts von der Penetranz der Partei, es sei denn, man fragt jemanden nach seiner Meinung. Die Antwort wäre immer die gleiche, und zwar die, die im Weltanschauungsunterricht gelehrt wird. Sie kommt mechanisch und duldet keine weiteren Fragen. So ist es eben: Die Menschen in Deutschland haben jetzt endlich ihre Ruhe, wenn auch um den Preis der völligen Selbstverleugnung. Die Vereinheitlichung der Gesellschaft wirkt auf mich so überwältigend, dass ich mich, wenn ich ein gerade fertig gestelltes Gebäude sehe, sofort frage, was für ein Mensch der Erbauer wohl ist. Läuft er auch hin, um den Führer zu sehen? Oder marschiert er in den Reihen mit? Denn irgendeiner Organisation muss er ja angehören.

In Bamberg schlage ich mich nun seit 14 Stunden gedanklich in Richtung Polen durch und bin ständig am Grübeln. Deutschland ist für jeden Journalisten eine harte Nuss. Es ist ein Land, in dem die Mehrheit der Menschen nicht glücklich ist, das steht fest. Kann diese Mehrheit hoffnungsvoll in die

Zukunft schauen, wie etwa in den USA? Nein. Über die Zukunft wird einfach nicht nachgedacht. Die ganze Aufmerksamkeit muss auf die Gegenwart gerichtet bleiben. Die Massen sind mit Privilegierten durchsetzt, mit den Mitgliedern der Partei. Sie wirken auf mich wie Bäume, die gepflanzt wurden, um einen Erdrutsch zu vermeiden. Aber wie tief sie ihre Wurzeln schlagen können, wird erst die Zukunft zeigen.

Während meines ganzen Aufenthalts in Deutschland ist es mir nur gelungen, zwei »oppositionelle« Momente zu erleben. Als ich in einem Restaurant zur Kellnerin »Grüß Gott« sagte, antwortete sie leise und eifrig: »Es ist doch der schönste Gruß.« Und am nächsten Tag, als ich durch die wunderbare Lorenzkirche[154] schlenderte, tief berührt die einmaligen Werke von Veit Stoss bewunderte und draußen eine Trommel eine Abteilung marschieren ließ, wandte ich mich an den Kirchendiener mit der Bemerkung, dass in dieser Kirche das wahre Deutschland lebe, nicht dort, im Lärm der Straße. Er sagte nichts – und das war schon sehr viel – er lächelte vielmehr selig und schaute mich sichtlich dankbar an. Bestimmt ein »Oppositioneller«, dachte ich. Ich fuhr nach Deutschland in der Hoffnung, dass Hitler, der in Europa macht, was er will – und das sogar ziemlich geschickt – an dessen seltsamen Idealismus ich zu glauben begann, mit irgendeiner genialen Idee zur Sicherung des Weltfriedens überraschen könnte.

Ich fuhr zum Parteitag zwar ohne Glauben, aber doch wie ein Lottospieler in der vagen Hoffnung auf ein Wunder. Nur gab es kein Wunder in Nürnberg. Ein Rezept für den Weltfrieden bekam ich auch nicht. Trotzdem nehme ich zwei positive Eindrücke mit. Im Moment – das scheint sicher – will das nationalsozialistische System keinen Krieg und erwartet auch keinen. Und dieses System sieht sich selbst als nicht geeignet an, als Nachahmungsmuster für andere Länder zu dienen. Im Gegenteil, es schwört jeglichen Bekehrungsanspruch ab. Was für

Hitlers Nationalsozialismus spricht, auch wenn es der Welt nur schwachen Trost spendet.

Der Kommunismus verlangt unermesslich viel Untergrundarbeit und benötigt viel Geld, um sich zu verbreiten, gerade weil seine ursprüngliche Parole »Wohlstand für alle« lautet. Der Nationalismus dagegen, der vor allem eine Kriegsbedrohung für die Nachbarn darstellt und sich im besten Fall von der Welt durch eine Mauer der Autarkie und Selbstzufriedenheit trennen könnte, braucht überhaupt kein Betriebskapital. Der Spruch: »Sei stolz, Estländer oder Baske zu sein« genügt vollauf. Kein Nachbarstaat muss von außen nationalisiert werden.

Die Pest des Nationalismus, den alle sogenannten denkenden Menschen irgendwie billigen, vor allem diejenigen, die ihre Resignation leichtfertig als bequemen Seelenfrieden ansehen – wütet nicht in allen Ländern mit gleicher Intensität. Es gibt Länder, in denen er seine traurige Arbeit gerade erst beginnt. Darum atme ich erleichtert auf, als ich Polen erreiche. Nach einem mehr als zehntägigen Aufenthalt im Dritten Reich kann ich, auf dem Bahnhof in Zduny stehend, nur sagen: Man fühlt sich hier wie im Himmel, oder jedenfalls fast wie …

Der Autor dieser Reportagen wurde am 1. Mai 1898 auf dem Familienbesitz Obodówka in Podole (ehemaliges Ostpolen, heute Ukraine) geboren. Sein Geburtsjahr kennen wir aus einem von ihm eigenhändig verfassten Curriculum Vitae und einem noch erhaltenen Militärdienstausweis. Der Adelstitel wurde Antoni Sobańskis Großvater, Feliks Sobański 1880 durch Papst Leo XIII verliehen. In seinen im Spätherbst 1940 im Londoner Exil geschriebenen Erinnerungen »Die drei Heimatländern meiner Kindheit« (*Trzy kraje lat dziecinnych*) setzt Sobański die Ukraine an erste Stelle, ihre Natur und die Landschaft an den Ufern von Zbrutsch und Dniester konnte er wohl nie vergessen. Sein Abitur legte er in Kiew ab. 1919 wurde er zur Armee eingezogen und im polnisch-sowjetischen Krieg als Funker und Dolmetscher eingesetzt. 1922–25 studierte er an der Philosophisch-Humanistischen Fakultät der Warschauer Universität, allerdings erwarb er keinen Studienabschluss.

Das hinderte ihn jedoch nicht daran, sich in Warschau in intellektuellen Kreisen als bekannte und geschätzte, wenn nicht gar bedeutende Persönlichkeit zu etablieren. Der englische Konsul, Frank Savery, erinnert sich an Antoni Sobański: »Er war einer der interessantesten Menschen in Warschau.« Jaroslaw Iwaszkiewicz nennt ihn einen »guten und klugen Freund« und beschreibt ihn in seinem Roman »Die Allee meiner Freunde« (*Aleja Przyjaciól*) so: »Er war hinreißend [...] groß, gut gebaut und sehr elegant – eine besondere Art von Eleganz, die wir *le style Tonio* nannten –, er hielt gern etwas zu laute Vorträge und konnte alle am Tisch übertönen. Dafür war er aber sehr witzig, kultiviert und neugierig auf alles, sowohl in der Welt der Politik als auch in der Kultur. Mit besten Manieren ausgestattet, redete er nie schlecht über andere, und wenn er manchmal doch ein bisschen gehässig war, dann nur einer guten Pointe wegen. Er war ein Gentleman und bestens geeignet für den Journalistenberuf.«

Witold Gombrowicz erinnert sich viele Jahre später so an ihn: »Eigenartiger Mensch, dieser Tonio Sobański! Ausgesprochen typisch für das einstige Warschau und die sich langsam ankündigende Wende in Polen. Der Graf, Besitzer des herrlichen Landsitzes Guzów, besaß eine Zigeunerseele, er mochte das Landleben nicht, ignorierte die traditionellen Sitten, tauchte lieber in den intellektuellen und künstlerischen Sumpf ein. Sicherlich war er längst enterbt, sozusagen eine »verkrachte Existenz«, und mit seiner lasterhaften Lebensweise hat er vermutlich seine unzähligen Tanten zum Wahnsinn gebracht. Er war ausgesprochen intelligent, ein Europäer, sehr kultiviert, mit ausgezeichneten Manieren, eine Persönlichkeit, von der man sprach. [...] Tonio war kein Snob, auch kein Lackaffe oder eitler Beau – er gehörte ganz einfach zur Elite, sein Wirkungskreis waren die höheren gesellschaftlichen Schichten. Solche Menschen wurden gebraucht. Er war einer der aufgeklärtesten polnischen Aristokraten und das will etwas heißen. [...] Aus meiner Sicht spielte Tonio eine sehr wichtige Rolle in den Warschauer Künstlerkreisen, da er ein Vorbild für Eleganz, Geschmack, distinguierte Umgangsformen und ähnliche Tugenden wurde, die bei uns normalerweise als ›oberflächlich‹ oder gar ›unmännlich‹, zumindest jedoch als nicht genügend ›heroisch‹ und ›kernig‹ galten. [...] Tonio hat verstanden, dass der Charme einer Nation, ihre Fähigkeit zu begeistern nicht weniger mächtig sein dürfen als ihre Kanonen; dass eine Nation, die Stil, Form und Zauber zu bieten hat, in der Welt ganz anders wahrgenommen wird.«[156] Ich will an dieser Stelle noch Aleksander Janta-Połczyński zitieren: »Tonio Sobański: Als ob er buchstäblich einem Werk Prousts entsprungen wäre, ein junger und doch besser zum vergangenen 19. Jahrhundert passender »Times«-Korrespondent, vornehm und sehr menschlich, verlieh seinem Wirkungskreis eine neue, europäische Note. Immer wieder kehrten bei ihm Besucher aus dem Ausland ein, einmal sogar ein Schwarzer aus New York, ein anderes Mal drei schottische Eigenbrödler, die sich in ihrem Rolls-Royce auf den Weg nach Polen machten, nur um Tonio in seinem Zuhause zu erleben, obwohl er jeden Ausländer nachdrücklich vor solchen Experimenten warnte, aus Furcht, der Gast könnte beim Anblick Polens womöglich allzu heftig enttäuscht werden, das ja mit seinem Lebensstandard immer noch weit von England entfernt war. Tonio liebte England und empfahl es allen als Vorbild in Sachen Kultur, gemäßigtem Charakter und Vernunft. Er selbst war zwar ein vielseitig gebildeter, eloquenter Mensch und als Schriftsteller sehr kritisch in allem, aber was Polen betraf, brachte ihn seine Zuneigung immer wieder dazu, irgendwelche paradoxen Behauptungen aufzustellen und er verstieg sich regelrecht in halsbrecherische Diskussionen.«[157] Nur Wacław A. Zbyszewski hat den Grafen in weniger schmeichelhafter Erinnerung: »der unglückliche Tonio Sobański, ein philosemitischer Angeber und anglophiler Exhibitionist.«[158]

Der Autor der »Nachrichten aus Berlin« war beunruhigt über die Entwicklungen in Polen nach dem Tod Marshall Piłsudskis, den wachsenden polnischen Nationalismus und die immer bedrohlicher werdenden Formen des Antisemitismus. 1937 nimmt er an einer Diskussion in den »Literarischen Nachrichten« teil, die in einer Kolumne unter dem Motto »Polnische Schriftsteller und die Judenfrage« ausgefragen wird. In seinem Beitrag führt er unter der bezeichnenden Überschrift »Die Judenfrage – gibt's nicht« aus, dass die Verschlechterung der polnisch-jüdischen Beziehungen nur vorübergehend sein dürfe und dass die notwendige Koexistenz bald wiederhergestellt werden müsse, da eine »Eliminierung der Juden aus der polnischen Wirtschaft eine gewaltige Katastrophe auslöse, die das Verschwinden des stabilsten und sichersten Bindeglieds mit Westeuropa bedeute«. Er glaubt nicht, dass eine Massenmigration der Juden nach Palästina möglich sei, genauso wenig wie ihre Zwangsumsiedlung nach Madagaskar. Für den plötzlichen Anstieg des Antisemitismus in Polen findet er keine plausible Erklärung: »Manchmal glaubt man, dass sich vier Jahre nach der Machtergreifung der Nationalsozialisten in Deutschland das Gift des Antisemitismus durch die Grenzporen durchgefressen hat und ganz Polen mit dieser Hassbrühe überschwemmt«, um gleich hinzuzufügen: »Das ist aber natürlich keine Erklärung.«

Als Augenzeuge beschreibt er einen Vorfall, bei dem eine jüdische Kommilitonin von einem polnischen Studenten getreten und mit der »edelsten aller weißen Waffen – einer Rasierklinge« bedroht worden war, und appelliert an alle: »Möge jeder wahre Patriot den tiefen und aufrichtigen Abscheu nachempfinden, mit dem ein Westeuropäer unser Land wegen des Verhaltens der Mehrheit unserer arischen Bevölkerung gegenüber den Juden betrachten muss.« Die Szene der geschlagenen und auf dem Boden liegenden Jüdin lässt ihm keine Ruhe: »Das war kein kalmückisches uns Polen so bekanntes Gesicht eines Kosaken, der mit einer Nagaika-Peitsche auf wehrlose Menschenmassen zureitet, sondern das Gesicht des souveränen, von uns herbeigesehnten Polens, das angeblich seit Jahrhunderten wegen seiner Toleranz geschätzt wird. Es wäre wohl naiv, von unseren Antisemiten humane Gefühle zu erwarten, diese sind dem neuen Zeitgeist zu fremd, ich wünschte mir aber, dass diese Menschen eins begreifen, auf längere Sicht schaden sie Polen nur.« Sobańskis Worte haben leider auch heute nicht an Aktualität verloren.

Wenn man jemanden aus dem Umfeld der »Literarischen Nachrichten« als Europäer bezeichnen kann, dann Antoni Sobański.

Dafür spricht nicht nur sein wie durch ein Wunder erhaltenes Tagebuch, in dem seine Lektüre der Jahre 1912–25 nachvollzogen werden kann, das er vor seinem Tod Antoni Slonimski überreichte und das heute in der polnischen Nationalbibliothek aufbewahrt wird. Er beherrschte sechs europäische Sprachen in Wort und Schrift, hielt sich mehrere Monate in London, Paris und Berlin auf; er kannte Wien, Petersburg und die Schweiz, die er aus gesundheitlichen Gründen besuchte. Wir wissen, dass Graf Tonio auch dreimal die Vereinigten Staaten bereiste. Die erste Reise von 1921–22 dauerte sechs Monate. Eine zweite fand Mitte der 30er Jahre statt. Vermutlich hat er damals an den südlichen Ausläufern der Rocky Mountains ein kleines Stück Land erworben, in der Nähe von Santa Fé im Bundesstaat New Mexico. Er hoffte, das Klima würde ihm bei der Heilung seiner Lungenkrankheit helfen. Er verbrachte dort Weihnachten 1938, und die »Literarischen Nachrichten« veröffentlichten später seinen wunderbaren Text »Weihnachten in San Filipe«.

Den Ausbruch des Zweiten Weltkrieges hat Antoni Sobański in Warschau erlebt. Am 5. September 1939 verlassen die Schriftsteller Slonimski und Tuwim mit ihren Familien Warschau und fahren mit dem Auto ins nahe gelegene Kazimierz an der Weichsel, in der trügerischen Hoffnung, dort das Kriegsende abwarten zu können. Tonio brach entweder zusammen mit ihnen auf oder er schloss sich ihnen später an. Ähnlich wie Antoni Slonimski hatte er allen Grund, sich vor der Rache des Aggressors wegen seiner eindeutig gegen Hitler gerichteten Publikationen zu fürchten. An dieser Stelle sei erwähnt, dass sein Deutschland-Buch seit dem 30. April 1940 auf einer vom Generalgouvernement veröffentlichten »Liste des deutschfeindlichen, schädlichen und unerwünschten polnischen Schrifttums« stand.

Sein Weg ins Exil führte ihn zunächst nach Italien – dann über die ehemaligen ostpolnischen Städte Krzemieniec und

Zaleszczyki in der heutigen Ukraine, weiter über Rumänien und Jugoslawien –, und schließlich nach Großbritannien. Antoni Slonimski erinnert sich später, dass es bei der Ausweiskontrolle an der jugoslawisch-italienischen Grenze unter den Polizisten zu Diskussionen kam: »Schließlich stellte sich heraus, dass es um unseren Freund und Mitreisenden, Antoni Sobański ging. Wegen seiner hellblonden und leicht rötlichen Haare hatte man ihn für einen Juden gehalten. Ohne große Mühe gelang es mir, die Polizei zu überzeugen, dass Sobański nicht jüdischer Abstammung war, sondern ein polnischer Aristokrat und päpstlicher Titelgraf. Ich sage ohne Mühe, da die Italiener bei den Papieren polnischer Flüchtlinge gewöhnlich ein Auge zudrückten.«[159]

In London angekommen, bemüht sich Antoni Sobański um ein amerikanisches Visum, das ihm aber bis zu seinem Lebensende versagt blieb. Um seine Zeit sinnvoll zu verbringen, arbeitete er für das polnische Exil-Informationsministerium und die BBC. In der von Zygmunt Nowakowski in Großbritannien initiierten ersten Ausgabe der »Polnischen Nachrichten« (*Wiadomosci Polskie*), einer Exilausgabe der »Literarischen Nachrichten«, erscheint Sobańskis Text »Smoking im Dschungel«. Dort lesen wir: »Ich bin als Pole so unsagbar stolz darauf, dass sofort nach der Ankunft des Redakteurs und der Mitarbeiter der »Literarischen Nachrichten« hier in London auf englischem Boden die erste Nummer der, Gott sei dank, nicht neuen, sondern zu neuem Leben erweckten Zeitschrift erscheint.« In seinem Artikel »Anglomanen und Anglophile« legt er seinen Landsleuten nahe, sich den Aufenthalt auf der Insel zunutze zu machen und von den Engländern zu lernen, um das Gelernte später »auf polnisches Terrain zu übertragen, beziehungsweise es zu adaptieren«. Er rät sogar dazu, sich auf englische Art zu »snobisieren«, weil der »Snobismus sich manchmal als praktischer Wegweiser und als ›kreative Kraft‹ erweisen könne«.

Sobański arbeitete in dieser Zeit viel an seinem autobiografischen Text »Die drei Heimatländer meiner Kindheit«. Dieser enthält auch bittere Gedanken über den Untergang der II. Republik Polen. Die Besetzung des tschechischen Zaolzie-Gebietes[160] bezeichnet er als »Treten nach dem auf dem Boden liegenden Bruder« und verurteilt die »Legalisierung dieses dunkelsten, animalischen Fanatismus« – die Gründung der faschistisch-antisemitischen Partei Ozon 1937. Auf der anderen Seite bewundert er die Tapferkeit seiner Landsleute nach der Niederlage im September 1939. »Polen ist wieder groß in seinem Leid und verdient Hochachtung. Seine Soldaten gereichen ihm in der Fremde überall zur Ehre. Die Legende lebt, kämpft und blutet.« Im selben Text klagt Sobański bitter über Paris, eine Stadt, die er wie Berlin, Warschau und London liebt. Paris »hat uns eine unheilbare Wunde zugefügt, uns verraten. Gott, gib uns die Kraft, es irgendwann vergessen zu können. Für uns ist das hundertmal wichtiger als für Paris.«

Ich halte einen Brief an die Redaktion der »Polnischen Nachrichten« mit dem Titel »Der Charakter des künftigen Polen ist mir nicht gleichgültig« für den wichtigsten Text, den Sobański im Exil veröffentlicht hat. Er ist so etwas wie ein Glaubensbekenntnis und das Vermächtnis eines aufgeklärten, klugen und zugleich edlen Menschen. Er schreibt: »Ich persönlich wünsche mir kein Polen, das nationalistisch, antisemitisch, kommunistisch, totalistisch, antitschechisch, antifranzösisch, antibritisch, antireligiös oder feudal ist, weder eines unter dem moralischen Einfluss Deutschlands noch Russlands, ungeachtet von deren Staatssystemen.«

In einem Brief von Mieczysław Grydzewskis an Julian Tuwim, datiert auf den 14. April 1941, finden wir folgende Notiz: »Soeben erhielt ich die traurige Nachricht von Tonio Sobańskis Tod. Vor einigen Monaten war seine Lungenkrankheit wieder ausge-

brochen, zu Beginn war es ein Emphysem, anschließend bekam
er eine Rippenfellentzündung, und nach einem Eingriff bildete
sich ein Blutgerinnsel – er starb gestern Abend.«

Zwei Tage nach seinem Tod wurde ein Nachruf auf ihn
in London veröffentlicht: »Gestorben ist ein hinreißender
Mensch, einer von denen, die kein mehrbändiges Werk hin-
terlassen, und denen man auch keine bestimmte Leistung zuschreiben kann, die aber das kulturelle Ambiente schaffen, in
dem eine Gesellschaft leben und atmen kann. […] Durch seine
Güte und sein Wohlwollen gewann er die Herzen aller. Der Ver-
storbene gehörte zu den wenigen Polen mit engen und vertrau-
lichen Kontakten zur angelsächsischen Welt. Seinen Tod werden viele Engländer, kaum weniger als Polen betrauern. […]
Möge er selig in der englischen Erde ruhen, die er so sehr, so
aufrichtig und so herzlich geliebt hat.«

Sein Begräbnis fand am 18. April 1941 auf dem katholischen
Friedhof Saint Mary's statt. Die Grabrede hielt Antoni Slonimski. Sie wurde in den »Polnischen Nachrichten« veröffentlicht und enthält eine schöne Charakterisierung des verstor-
benen Freundes: »Der polnische Leser kennt die öffentlichen
Stellungnahmen Antoni Sobańskis und er weiß seinen Edelmut
und seine Kompromisslosigkeit zu schätzen. Er setzte sich für
jede gute Sache ein, eilte der Wahrheit zu Hilfe, nahm Benach-
teiligte in Schutz. Er war ein wahrer Christ, sein Herz war mit
Nächstenliebe und Mitgefühl für die Leidenden erfüllt. […]
Sobański war unter den polnischen Schriftstellern der größte
Freund französischer und englischer Literatur. Seine künstle-
rische Sensibilität zeichnete sich durch ungewöhnliche Viel-
seitigkeit aus. Als hervorragender Kenner der europäischen
Dichtung, der bildenden Künste und der Architektur bewies
er zugleich tiefes Verständnis für politische, ethische und so-
ziale Fragen. […] Wir werden ihn vermissen, bei jedem neu geschriebenen Vers, jeder Zeichnung und jedem Buch. Er wird

uns fehlen in sorgenvollen und in glücklichen Tagen. Harte Zeiten werden schwerer zu ertragen sein und unsere Freude verliert einen Teil ihres strahlenden Glanzes. Wir werden ihn nie vergessen.«

Auszüge aus dem Vorwort der polnischen Ausgabe von Tomasz Szarota, Professor am Geschichtsinstitut der Polnischen Wissenschaftsakademie (PAN) in Warschau.

1 Hauptfigur einer Romantrilogie von Henryk Sienkiewicz, der zum Inbegriff eines nationalen säbelschwingenden Heldentums wurde; vergleichbar dazu könnte man in Deutschland von »unseren zahlreichen kleinen Siegfrieds« sprechen.

2 Bei der Reichstagswahl vom 5. März 1933 errang die NSDAP 44 Prozent der Stimmen. Zur Eröffnung des Reichstages am 21. März 1933 wurde von den Nationalsozialisten in der Potsdamer Garnisonkirche eine Siegesfeier, der »Tag von Potsdam« inszeniert, bei dem sie ihre Machtübernahme in einen preußisch-deutschen Zusammenhang stellen wollten. Über den Gräbern zweier großer preußischer Könige reichten sich der alte und der neue Herrscher (Hindenburg und Hitler) die Hand als Symbol für den Schulterschluss zwischen den Faschisten und den alten Eliten.

3 Franz von Papen (1879–1969), konservativer Zentrumspolitiker (bis 1932); von Reichspräsident von Hindenburg im Juni 1932 zum Reichskanzler der »nationalen Konzentration« ernannt, trat von Papen bereits im Dezember wieder zurück. Allerdings betrieb er den Sturz seines Amtsnachfolger Kurt von Schleicher und ebnete Hitler den Weg zur Macht, in dessen Regierung er als Vizekanzler und Reichskommissar für Preußen eintrat. 1946 wurde er im Nürnberger Prozess freigesprochen.

4 Schlacht bei Tannenberg; am 15. Juli 1410 wurde das Heer des Deutschen Ritterordens unter seinem Hochmeister Ulrich von Jungingen (Rz. 1407–10) von einem gemeinsamen Heer des Königreiches Polen und des Großherzogtums Litauen unter König Władysław Jagiełło (litauisch *Jogaila*) und Großfürst Vytautas von Litauen vernichtend geschlagen. Diese Schlacht wird in der polnischen Geschichtsschreibung die »Schlacht bei Grunwald« genannt und gehört seit dem 19. Jh. zum Nationalmythos Polens.

5 Marinus van der Lubbe (1909–34), holländischer Kommunist; nach der Machtübernahme der Nationalsozialisten wanderte er nach Berlin, um für einen aktiven Widerstand zu agitierten. Am 27. Februar 1933 wird er um 21.27 Uhr im brennenden Reichstagsgebäude verhaftet. Er erklärt, den Brand allein gelegt zu haben, um die deutsche Arbeiterschaft zum Widerstand gegen die faschistische Machtergreifung aufzurufen. Hermann Göring hingegen stellt die Brandstiftung als Verschwörung der Kommunistischen Partei Deutschlands (KPD) dar und lässt noch in derselben Nacht zahlreiche politische Gegner verhaften. Adolf Hitler erreicht tags darauf, dass Reichspräsident Paul von Hindenburg die sogenannte Notverordnung unterschreibt, die als Ausnahmegesetz »zur Abwehr kommunistischer staatsgefährdender Gewalttakte« bis zum Ende des Zweiten Weltkrieges gültig bleibt. Neben van der Lubbe werden als Mittäter u. a. der KPD-Vorsitzende Ernst Torgler (1893–1963) und der bulgarische Kommunist Georgi M.

Dimitrow (1882–1949) angeklagt. Marinus van der Lubbe wird vom vierten Strafsenat des Reichsgerichts zum Tode wegen »Hochverrats in Tateinheit mit vorsätzlicher Brandstiftung« verurteilt und am 10. Januar 1934 in Leipzig hingerichtet.

6 Horst Ludwig Wessel (1907–30), SA-Sturmführer; er schrieb den Text zum »Horst-Wessel-Lied«, das kurz nach seinem Tod zur offiziellen Parteihymne der NSDAP, später zur zweiten deutschen Nationalhymne wurde, die von 1933 bis 1945 stets nach dem Deutschlandlied gesungen wurde. 1930 war er von mehreren Mitgliedern des kommunistischen Roten Frontkämpferbundes überfallen und niedergeschossen worden; nach seinem Tod als Märtyrer der nationalsozialistischen Bewegung verehrt.

7 Richard Billinger (1890–1965), österreichischer Dichter und Dramatiker; er wurde 1932 gemeinsam mit Else Lasker-Schüler mit dem Kleistpreis ausgezeichnet.

8 Stefan George (1868–1933), deutscher Lyriker; als Gegenspieler der Naturalisten und Realisten entwickelte er einen lyrischen Symbolismus und beeindruckte durch mystische Selbstinszenierungen. Er fand zahlreiche Anhänger, die den sogenannten George-Kreis bildeten. Obwohl er von den Nationalsozialisten bis zu seinem Tod im Schweizer Exil heftig umworben wurde, ließ er sich nicht von ihnen vereinnahmen.

9 Rudolf Borchardt (1877–1945), nationalkonservativer, deutscher Lyriker, Schriftsteller und Übersetzer; wegen seiner hohen Anspruchshaltung, an sich wie an andere, arbeitete er Zeit seines Lebens weitgehend isoliert.

10 Zentrum, Kurzbezeichnung für die Deutsche Zentrumspartei, die Partei des politischen Katholizismus. Die Partei war bis März 1930 an allen parlamentarisch gestützten Reichsregierungen der Weimarer Republik beteiligt und stellte mehrfach den Reichskanzler. Nach dem Regierungsantritt Hitlers stimmte sie im März 1933 dem Ermächtigungsgesetz zu. Als letzte der bürgerlichen Parteien löste sich das Zentrum im Juli 1933 selbst auf. Viele ihrer führenden Politiker waren nach 1945 Mitgründer der CDU, so auch Konrad Adenauer.

11 Alfred Rosenberg (1893–1946), führender Rassenideologe des Nationalsozialismus. Er wurde 1946 in Nürnberg hingerichtet.

12 Theodor Leipart (1867–1947), Gewerkschafter; ab 1921 Vorsitzender des Allgemeinen Deutschen Gewerkschaftsbundes (ADGB; stellvertretender Vorsitzender Peter Grassmann), nach 1933 bemühte er sich zunächst um ein Einvernehmen mit Hitler. Im Rahmen der Zerschlagung der Gewerkschaften im Mai 1933 wurde er festgenommen und misshandelt, 1936 wurde ihm wegen angeblicher Veruntreuung von Gewerkschaftsgeldern als Wahlkampfhilfe für die SPD der Prozess gemacht. 1946 trat er der neu gegründeten SED bei.

13 Philipp Scheidemann (1865–1939), SPD-Politiker; nach Ausbruch der Novemberrevolution rief er am 9. November 1918 die Republik aus. Nachdem er im Februar 1919 Ministerpräsident an der Spitze der »Weimarer Koalition« (SPD, Zentrum und DDP) geworden war, trat er bereits im Juni wieder zurück, da er den Versailler Vertrag für unannehmbar hielt. 1933 emigrierte er zunächst nach Prag, später über die Schweiz, Frankreich und USA nach Dänemark.

14 Zitat aus dem polnischen Nationalepos »Pan Tadeusz« (1834, Paris) von Adam Mickiewicz (1798–1855). Er gilt als »Dichterfürst« Polens und wichtigster Vertreter der polnischen Romantik.

15 Daniel Prenn (1904–91), deutscher Tennisspieler; spielte von 1929 bis 1932 in der Nationalmannschaft, die im Davis-Cup England besiegte, und war der Doppel-Partner von Gottfried von Cramm. Seit 1933 befand er sich im Exil in Australien. Gottfried Freiherr von Cramm (1909–76) gilt als der weltbeste Tennisspieler der Nachkriegszeit, obwohl ihm der große Triumph im Wimbledon-Finale versagt blieb.

16 James Franck (1882–1964), deutsch-jüdischer Physiker; 1925 erhielt er zusammen mit Gustav Hertz den Nobelpreis. Er emigrierte 1933 in die USA und beteiligte sich dort im Rahmen des Manhattan-Projekts am Bau der ersten Atombombe. Wegen moralischer Bedenken übergab er am 11. Juni 1945 dem amerikanischen Kriegsminister einen Report (den sogenannten Franck-Report), den er gemeinsam mit Kollegen verfasst hatte, um einen Atombombenabwurf auf Japan zu verhindern. (Für Paria siehe Anmerkung 106)

17 »Der Querschnitt – Das Magazin zu Kunst und Kultur« erschien 1921–36 im Propyläen Verlag, Berlin und wurde herausgegeben von Alfred Flechtheim und Hermann von Wedderkop.

18 Hier irrt Sobański: Die Warenhauskette Karstadt war von dem nicht-jüdischstämmigen Rudolph Karstadt gegründet worden und wurde weder enteignet noch »arisiert«. Bestimmt meinte Sobański einen der von deutsch-jüdischen Kaufleuten gegründeten, berühmten Warenhauskonzerne Wertheim oder Tietz.

19 Johann von Leers (1902–65) Universitätsprofessor, NS-Publizist und Journalist; trat 1929 in die NSDAP ein und wurde Hauptschriftleiter der NS-Zeitschrift »Wille und Weg«; Autor zahlreicher Propagandaschriften. 1945 floh von Leers nach Italien, wo er sich fünf Jahre lang inkognito aufhielt. 1950 floh er nach Argentinien, wo er im deutschen Dürer-Verlag in Buenos Aires als Verlagslektor wirkte; hier war er für das Buchprogramm und die Herausgabe der Zeitschrift »Der Weg für die deutsche Minderheit in Argentinien« mitverantwortlich. 1955 ließ sich von Leers in el-Maâdi bei Kairo in Ägypten nieder und konvertierte zum islamischen Glauben. Unter Staatspräsident Gamal Abdel Nasser war von Leers im ägyptischen

Auslandspropagandadienst tätig, was ihm Gelegenheit bot, seine antizionistische Propaganda fortzusetzen. Seine Frau versuchte in Deutschland erfolglos, eine politische Amnestie für ihren Gatten zu erwirken. Von Leers starb in Kairo.

20 Adolf Nowaczyński (1876–1944), polnischer Publizist und Dramaturg mit nationalistischen und antisemitischen Ansichten.

21 Karl Liebknecht (1871–1919), sozialdemokratischer Abgeordneter im Reichstag und Mitbegründer des kommunistischen Spartakusbundes, später auch der Kommunistischen Partei Deutschlands (KPD); zusammen mit Rosa Luxemburg (1871–1919) in Berlin ermordet.

22 Béla Kun (1886–1939), ungarischer, kommunistischer Aktivist; 1919 bildete er die ungarische Räteregierung, 1920 floh er in die Sowjetunion. Dort wurde er 1937 verhaftet und zwei Jahre später hingerichtet.

23 Leo Trotzki (geb. Lew Dawidowitsch Bronstein; 1879–1940), bolschewistischer Revolutionär; er gründete die Rote Armee, bevor ab 1923 sein Einfluss schwand und er 1932 ins Exil gehen musste. 1941 wurde er in Mexiko durch einen sowjetischen Agenten ermordet. (Vgl. Anmerkung 109)

24 Karl Radek (geb. Karol Sobelsohn; 1885–1939), führender kommunistischer Politiker in Polen und Deutschland, später in der Sowjetunion. Im Moskauer Schauprozess von 1937 wurde er zu zehn Jahren Lagerhaft verurteilt.

25 Lew (Leo) Borissowitsch Kamenjew, eigentlich L. B. Rosenfeld (1883–1936), bolschewistischer Aktivist; er verlor 1926 seine Partei- und Staatsämter und wurde 1936 zum Tode verurteilt und hingerichtet.

26 Grigori Jewsejewitsch Sinowjew, früher Radomylski (1883–1936), bolschewistischer Aktivist; von 1919 bis 1926 war er erster Vorsitzender des Exekutivkomitees der Komintern, verlor 1926/27 alle Parteiämter und wurde im ersten Moskauer Schauprozess 1936 zum Tode verurteilt und hingerichtet.

27 Christian Georgijewitsch Rakowski (1873–1941), bulgarischer kommunistischer Aktivist und sowjetischer Diplomat; 1938 war er zu 20 Jahren Zwangsarbeit im Gulag verurteilt worden, bevor er 1941 erschossen wurde.

28 Gebrüder Rotter, eigentlich Alfred (1887–1933) und Fritz Schaie (1900–84); sie gründeten 1920 den bekannten Theaterkonzern Gebrüder Rotter. Alfred flüchtete mit seiner Frau Trude nach Liechtenstein, wo er erschossen wurde oder Suizid verübte. Fritz, Komponist, Dramaturg und Drehbuchautor, emigrierte 1933 zuerst nach England und dann in die USA, und kehrte 1948 nach Deutschland zurück.

29 Elisabeth Bergner (geb. Eittel, 1897–1986), bekannte deutsche Schauspielerin; die gebürtige Galizierin (Drohobycz) musste 1933 emigrieren und ging zuerst nach England, später in die USA, bevor sie 1954 nach Deutschland zurückkehrte.

30 Siegfried Arno, eigentlich Aron (1895–1975), Schauspieler in Film-komödien und Operetten; ab 1933 war er im Exil, zuerst in Frankreich und Portugal, seit 1940 bis zu seinem Tod in den USA.

31 Kazimierz Krukowski, polnischer Kabarettschauspieler, berühmt als »Lopek«. Während des Zweiten Weltkrieges spielte er Fronttheater. 1954 kehrte er nach Polen zurück.

32 jiddischer Ausdruck für »Gesicht«.

33 Kasimir III., genannt der Große (geb. Kazimierz Wielki, 1310–70), polnischer König; zur Stärkung der Wirtschaft schuf er 1334 sogenannte Ju-denprivilegien, die er 1336 und 1367 bestätigte.

34 Jankiel, in der polnischen Tradition der positive jüdische Held schlechthin, klug und ein Vorbild des polnischen Patriotismus.

35 Berek Joselewicz, Oberst der polnischen Armee; 1794 führte er das jü-dische Kavallerieregiment im Kościuszko-Aufstand in Polen an. Im Kampf gegen Österreich ist er später gefallen.

36 Cyprian K. Norwid (1821–83), bedeutender Poet Polens.

37 Beide Zitate stammen aus Norwids Gedicht »Polnische Juden« (*Żydowie polscy*) von 1861, das die jüdischen Aufständischen der nationalen Januarerhebung als Helden und Patrioten ehrt.

38 Alexander Moissi (1879–1935), deutscher Schauspieler und herausra-gender Shakespeare-Darsteller.

39 Fritz Kortner, eigentlich Fritz Nathan Kohn (1892–1970), österrei-chischer Theater- und Filmschauspieler; nach langjährigen Engagements in Berlin musste er 1933 emigrieren.

40 Für Eric Charell siehe Anmerkung 108

41 Max Pallenberg (1877–1934), bekannnter Charakterdarsteller; der gebürtige Wiener trat vielfach in Berlin auf. Er starb bei einem Flugzeugab-sturz (vgl. Anmerkung 43).

42 Gitta Alpár, eigentlich Regina Kalisch (1903–91), ungarisch-jüdische Opernsängerin und Filmschauspielerin in Deutschland; 1933 ging sie nach Österreich, ab 1939 lebte sie in den USA.

43 Fritzi Massary, eigentlich Massaryk (1882–1968), deutsche Theater-und Filmschauspielerin; 1933 emigrierte sie mit ihrem Mann Max Pallen-berg (vgl. Anmerkung 41) aus Deutschland.

44 Gustav Fröhlich (1902–97), deutscher Filmschauspieler; nach seiner Scheidung von Gitta Alpár (vgl. Anmerkung 42) lebte er mit Lída Baarová, der späteren Liebhaberin von Goebbels, zusammen. Bis 1945 spielte er in 45 Filmen, nach dem Krieg arbeitete er weiter als Darsteller an verschiedenen Theaterbühnen in Deutschland und Italien.

45 Bernhard Rust (1883–1945), ab 1933 kommissarischer preußischer Kultusminister, von 1934 bis 1945 Reichsminister für Wissenschaft, Erzie-hung und Volksbildung; verübte am 8. Mai 1945 Suizid.

46 »Die Rettung Wiens« und »Kościuszko bei Racławice«: ironische Anspielungen Sobańskis auf zwei patriotische Historiengemälde des bekannten polnischen Malers Jan Matejko, die an zwei glorreiche Ereignisse der polnischen Geschichte während der Besatzung und der Teilung des Landes (1793–1914/18) erinnern und den nationalen Stolz und Kampfgeist aufrechterhalten sollten: Die Rettung Wiens vor den türkischen Belagerern durch das vereinigte Entsatzheer unter dem Oberbefehl des polnischen Königs Johann III. Sobieski und der Sieg der Aufständischen in der Schlacht bei Racławice 1794 gegen die russische Besatzungsarmee unter der Führung des nationalen Freiheitskämpfers Tadeusz Kościuszko. Beide Gemälde hängen im Polnischen Nationalmuseum in Warschau.

47 Hanns Johst (1890–1978), deutscher Dramatiker; wurde 1935 Präsident der Reichsschrifttumskammer (RSK); Autor des Dramas »Schlageter«, das dem Andenken des von den Nationalsozialisten verehrten Albert Leo Schlageter dienen sollte, der 1923 Widerstandsaktionen gegen die französische Besetzung des Ruhrgebiets organisierte und dabei getötet wurde.

48 »Blutendes Deutschland«, Dokumentarfilm von Johannes Häußler. Der Film, uraufgeführt im März 1933, zeigt einen Abriss deutscher Geschichte seit 1871 und fordert die Tilgung der Schande von Versailles und die Revision der »blutenden Grenzen«.

49 Jan Kiepura (1902–66), polnischer Opersänger, der mit großem Erfolg in Deutschland auftrat.

50 Joseph Schmidt (1904–42), deutscher Opersänger; nach seiner Emigration 1933 starb er in einem Internierungslager in der Schweiz.

51 Alfred Hugenberg (1865–1951), deutscher Industrieller und Politiker der Deutschnationalen Volkspartei DNVP; mit dem Ankauf des Scherl-Verlags und der Nachrichtenagentur Telegraphen-Union entstand der sogenannte Hugenberg-Konzern, eine Mediengruppe aus Verlag, Nachrichtendiensten, Werbeagenturen, Korrespondenzdiensten, Filmgesellschaften und zahlreichen Zeitungsbeteiligungen. Zu Beginn der 20er Jahre übte Hugenberg einen beherrschenden Einfluss auf die rechtsgerichtete Presse aus und unterstützte Hitlers Kanzlerkandidatur. 1933 wurde Hugenberg im Kabinett Hitler Minister für Wirtschaft, Landwirtschaft und Ernährung, mit Auflösung der DNVP jedoch muss er im Juni 1933 von allen Ämtern zurücktreten. Hugenberg wird zum Verkauf seines Pressekonzerns gezwungen, aber umfangreich entschädigt. Die Filmgesellschaft UFA wird 1937 verstaatlicht.

52 Arturo Toscanini (1867–1957), italienischer Dirigent; ab 1898 leitete er die Mailänder Scala, 1908 nahm er ein Engagement an der New Yorker Metropolitan Opera an. 1915 kehrte er nach Italien zurück, um von 1920 bis 1929 erneut an der Scala tätig zu sein. 1930/31 dirigiert er bei den Bayreuther Wagner-Festspielen. Der überzeugte Demokrat Toscanini, der bereits in Italien abgelehnt hatte, die faschistische Nationalhymne zu spielen, verweigerte Auftritte in Deutschland nach Hitlers Machtübernahme; verschiedene Engagements bei den Salzburger Festwochen folgten. Nach dem sogenannten Anschluss Österreichs verließ Toscanini Europa und gründete in den USA das NBC-Rundfunkorchester.

53 Bruno Walter, eigentlich Bruno Walter Schlesinger (1876–1962), einer der bedeutendsten Dirigenten des 20. Jh.; entstammte einer deutsch-jüdischen Familie. Von 1929 bis 1933 war er Leiter des Leipziger Gewandhausorchesters als Nachfolger Wilhelm Furtwänglers. Er wechselte nach Berlin, erhielt aber bereits bei seinem vierten Konzert mit den Berliner Philharmonikern im März 1933 Auftrittsverbot. Walter emigrierte nach Österreich, dirigierte dort die Wiener Philharmoniker und arbeitete für die Wiener Staatsoper und die Salzburger Festspiele. 1938 erhielt er die französische Staatsbürgerschaft, emigrierte aber 1939 in die USA, wo er Chefdirigent der New Yorker Philharmoniker wurde.

54 Edmund Heines (1897–1934) galt als einer von Ernst Röhms Liebhabern in den 20er Jahren. 1925 trat er sowohl in die NSDAP als auch in die SA ein. 1929 wurde er wegen eines Fememordes zwar verurteilt, aber kurze Zeit später amnestiert. Zwischen 1931 und 1934 war er SA-Führer in Schlesien und Stellvertreter von Ernst Röhm. 1933 wurde er SA-Obergruppenführer und Preußischer Staatsrat, im Mai des gleichen Jahres Polizeipräsident von Breslau. Nach dem Röhm-Putsch wurde er 1934 verhaftet und hingerichtet.

55 Mathilde Ludendorff (1877–1966), Nervenärztin und Schriftstellerin; seit 1916 beschäftigte sie sich mit Philosophie und entwickelte aus den Erkenntnissen der biologischen Entwicklungslehre und einer rassistischen, antisemitisch begründeten Weltanschauung eine deutsch-völkische Glaubenslehre. 1926 ging sie ihre dritte Ehe mit Erich Ludendorff (1865–1937) ein. 1930 gründeten beide die Religionsgemeinschaft »Deutschvolk«, die im September 1933 verboten wurde. 1937 erhielt Erich Ludendorff von Hitler die Erlaubnis, einen »Bund für Deutsche Gotterkenntnis« (Ludendorff-Bund) zu gründen. Auch nach Ende des Krieges blieb Mathilde Ludendorff überzeugte Antisemitin, 1955 gründete sie eine »Schule der Gotterkenntnis«. Erst 1961 wurde ihr Trägerverein, der »Bund für Gotterkenntnis«, wegen verfassungsfeindlicher Aktivitäten aufgelöst.

56 Czesław Oraczewski (1891–1965), katholischer Priester und Anhänger einer mystisch-nationalen Philosophie; seit 1935 war er Pfarrer der Gemeinde des hl. Jakob im Warschauer Bezirk Ochota. Nach dem Krieg schloss er sich der katholischen Vereinigung PAX und der Bewegung der sogenannten patriotischen Priester an.

57 Stanisław Antoni Wotowski, Autor von Sensationsromanen, u. a. »Die Geheimnisse des Freimaurertums und der Freimaurer« (*Tajemnice wolnomularstwa i wolnomularzy*, 1926, Neuauflage 1990).

58 Wilhelm Kube (1887–1943), ab Juli 1941 Gauleiter und Generalkommissar für Weißrussland; er starb durch ein Attentat.

59 Hanns Kerll (1887–1941), 1935–41 Reichskirchenminister.

60 Hans Frank (1900–46), Rechtsanwalt; in Prozessen während der Weimarer Republik hatte er mehrmals die Verteidigung von Hitler übernommen. Ab Oktober 1939 wurde er Generalgouverneur des besetzten Polens. Er wurde im Nürnberger Prozess zum Tode verurteilt und gehängt.

61 Ernst Heymann (1870–1946), Professor für Rechtswissenschaft an der Universität Breslau, später in Berlin; ab 1937 Direktor des Kaiser-Wilhelm-Instituts für ausländisches und internationales Privatrecht.

62 Roland Freisler (1893–1945), Jurist; in jungen Jahren den Kommunisten nahe stehend, trat er bereits 1925 in die NSDAP ein. 1942 zum Präsidenten des Volksgerichtshofs ernannt, des höchsten Gerichts des NS-Staates für politische Strafsachen, leitete er u. a. die Schauprozesse gegen die Mitglieder der Widerstandsgruppe Weiße Rose und die Beteiligten am Attentat auf Hitler vom 20. Juli 1944. Er soll bei einem amerikanischen Bombenangriff auf Berlin getötet worden sein.

63 Ostmark, von der Weimarer Nationalversammlung eingeführte Bezeichnung der damals östlichsten Regionen des Deutschen Reiches, insbesondere der Raum Posen, Ostpreußen und die Freie Stadt Danzig.

64 Wilhelm Frick (1877–1946), von 1933–43 Reichsinnenminister, später Reichsprotektor von Böhmen und Mähren. Er wurde im Nürnberger Prozess zum Tode verurteilt und hingerichtet.

65 »*Myśl Narodowa*« (Nationales Denken), nationalistisches und antisemitisches Wochenblatt; erschien 1921–39 in Warschau. Zahlreiche Beiträge von Adolf Nowaczyński wurden hier veröffentlicht, (vgl. Anmerkung 20).

66 »*Robotnik*« (Der Arbeiter), Organ der Polnischen Sozialistischen Partei (*Polska Partia Socjalistyczna, PPS*). Ursprünglich illegal in Vilnius gedruckt, offiziell zwecks Täuschung der Zensur in Warschau herausgegeben (1894–1906); in diesen Jahren war die Zeitung entscheidend von Józef Piłsudski redigiert und verfasst worden; später, im freien Polen 1919–39, eine reguläre Tageszeitung.

67 Walery Sławek (1879–1939), Oberst und enger Mitstreiter von Marschall Piłsudski; er war dreimal Ministerpräsident Polens und Präsident des Verbandes Polnischer Legionäre; verübte Suizid.

68 Der sogenannte »Strohtod« steht im Zusammenhang mit der nordischen Mythologie und bezeichnet einen »unehrenhaften«, alters- oder krankheitsbedingten Tod. Er steht im Gegensatz zum Heldentod auf dem Schlachtfeld.

69 Gustav Krupp von Bohlen und Halbach (1870–1950), einer der wichtigsten Vertreter der deutschen Rüstungsindustrie; zuerst Gegner, später dann Anhänger und Geldgeber Hitlers. Während des Zweiten Weltkrieges beschäftigte er in seinen Werken Kriegsgefangene und Häftlinge aus Konzentrationslagern. Nach dem Krieg wurde er von den Alliierten verhaftet, aber aufgrund eines Schlaganfalls im Gefängnis nicht vor Gericht gestellt.

70 Das Gesetz über Treuhänder der Arbeit trat am 19. Mai 1933 in Kraft.

71 Am 14. Juli 1933 setzte Hitler, sechs Tage vor Abschluss des Reichskonkordats mit der katholischen Kirche, eine von den Landeskirchenführern vorgeschlagene neue Verfassung der Deutschen Evangelischen Kirche in Kraft, die das Führerprinzip mit einem lutherischen Reichsbischof an der Spitze festschrieb. Sie wurde von allen 28 Landeskirchen anerkannt. Bei den Kirchenwahlen vom 23. Juli 1933 erzielten die Deutschen Christen (Wahlslogans: »die SA Jesu«, »Christuskreuz und Hakenkreuz«) etwa zwei Drittel der abgegebenen Stimmen. In einzelnen Landeskirchen wurde ein Arierparagraf für Geistliche und Beamte im Bereich der Kirche eingeführt.

72 Vermutlich traf Antoni Sobański den katholischen Priester Maximilian Josef Metzger (1887–1944). Wegen seiner pazifistischen Überzeugung wurde er vom Volksgericht unter Vorsitz seines Präsidenten Roland Freisler am 14. Oktober 1943 zum Tode verurteilt und acht Monate später hingerichtet. Am 8. Mai 2006 eröffnete der Erzbischof von Freiburg das Seligsprechungsverfahren für Metzger, den er als »prophetischen Märtyrer« bezeichnete.

73 Als »Kulturkampf« wird die Auseinandersetzung zwischen der katholischen Kirche unter Papst Pius IX. und dem Königreich Preußen bzw. dem kaiserlichen Deutschen Reich unter Reichskanzler Otto von Bismarck zwischen 1864 und 1887 bezeichnet. Anlass war erstens die Veröffentlichung eines Verzeichnisses moderner theologischer und gesellschaftlicher Anschauungen und Lehren, die von der Kirche abzulehnen seien, durch Papst Pius IX. im Jahre 1864 (*Syllabus Errorum*). Dies bedeutete u. a. sowohl die Ächtung philosophischer Vorstellungen, wie die des Naturalismus, Pantheismus und Rationalismus, als auch die Ablehnung von Sozialismus, Kommunismus, Nationalismus und Liberalismus. Zweitens wurde im 1. Vatikanischen Konzil 1870 das Dogma der Unfehlbarkeit des Papstes definiert, wenn er in Fragen des Glaubens und der Sitte eine Lehre *ex cathedra* verkündet. Insbesondere im deutschen Sprachraum gab es Proteste gegen dieses neue Dogma, woraufhin es zu einer kirchlichen Abspaltung kam. Den sogenannten »Altkatholiken« wurde deswegen von der Kirche die Lehrbefugnis entzogen. Weil die Professoren aber auch Staatsdiener waren, sah der Staat dies als Eingriff in seine Belange an.

Der in Polen in deutsch verwendete Begriff *Kulturkampf* (vgl. Seite 12) bezieht sich jedoch auf etwas anderes. Er wird verwendet im Zusammenhang mit der Zwangsgermanisierung und Kolonisierung polnischer Gebiete unter Bismarck. Diese Gebiete waren seit der zweiten Teilung Polens (1793) von Preußen annektiert.

74 Lucjan Rydel (1870–1918), polnischer Dichter und Dramatiker; er war der Prototyp eines Bräutigams im bekannten Theaterstück Stanisław Wyspiańskis »Hochzeit« (Wesele) von 1901. (Für Mathilde Ludendorff siehe Anmerkung 55).

75 Łowicz ist eine Ortschaft zwischen Warschau und Łódz, bekannt für seine Folklore. Berühmtheit erlangten die traditionellen Łowiczer Scherenschnitte. Meist werden Szenen aus dem bäuerlichen Leben dargestellt.

76 Otto Johann Maximilian Strasser (1897–1974), 1917–20 Mitglied der SPD; führte im Widerstand gegen den Kapp-Putsch eine paramilitärische Gruppe (»Rote Hundertschaft«). Später zunächst enger Mitstreiter und später Konkurrent Hitlers. 1930 gründete er die »Schwarze Front« in Opposition zur NSDAP. 1933 emigrierte er aus Deutschland, wohin er erst 1955 zurückkehrte.

77 Wilhelm II. (1859–1941) war von 1888 bis 1918 Deutscher Kaiser und König von Preußen aus der Dynastie der Hohenzollern. Auf Druck der USA während des Ersten Weltkrieges, Friedensverhandlungen nicht ohne vorherige Abdankung des Kaisers zu beginnen, gab Reichskanzler Max von Baden ohne Wilhelms Einwilligung dessen Abdankung bekannt. Am 10. November 1918 fuhr der Kaiser aus seinem Hauptquartier in Spa in Belgien in die Niederlande und erbat dort Asyl.

78 »Deutschland, Deutschland über alles« lautet die erste Zeile des Deutschlandliedes von August Heinrich Hoffmann von Fallersleben, 1841 gedichtet auf eine Melodie von Joseph Haydn, auch »Lied der Deutschen« genannt. 1933–45 war die erste Strophe des Liedes, gefolgt vom nationalsozialistischen »Horst-Wessel-Lied«, die Hymne des »Dritten Reiches«. Nach Gründung der Bundesrepublik Deutschland wurde zu offiziellen Anlässen nur noch die dritte Strophe gesungen. 1991 wurde die dritte Strophe des Deutschlandliedes zur offiziellen Nationalhymne des wiedervereinten Deutschlands erklärt.

79 Esterka Małach, eine berühmte jüdische Schönheit, war laut der Chronik von Jan Długosz die Geliebte des großen polnischen Königs Kasimir III. (1310–70). Nach Długosz ist die für die polnischen Juden günstige Politik des Königs ihrem Einfluss zu verdanken. (Für Mickiewicz vgl. Anmerkung 14).

80 »Mein Kind, warum singst du das, du kennst doch auch polnische Lieder, sing lieber etwas auf Polnisch!«

81 »Heute ist der Tag des Blutopfers und der Ehre ...« lautet die erste Zeile der »Warszawianka« (Das Warschauerlied) von 1831, eine Übersetzung des Liedes »La Varsovienne«, 1830 von Casimir François Delavigne gedichtet anlässlich der französischen Julirevolution. Es ruft Polen zum Kampf um die Freiheit gegen die Besatzungsmächte auf. Noch heute wird die Melodie in Polen zu feierlichen Defilees von Militärorchestern gespielt.

82 *Sanacja* (von lat. *sanatio*), wörtlich »Heilung«, ist die Bezeichnung für Józef Piłsudskis Regierungslager zwischen 1926 und 1939. Der Name wurde von Piłsudskis Parolen zum Maiputsch 1926, die zur moralischen Heilung des öffentlichen Lebens der Gesellschaft (*sanacja moralna*) in Polen aufriefen, abgeleitet. *Sanacja* wurde vor allem durch den *Bezpartyjny Blok Współpracy z Rządem* (1928–35) und die von ihr gestellten Regierungen verkörpert. (Vgl. auch Anmerkung 85.) Sie bekämpfte den Kommunismus, propagierte autoritären Regierungsstil und schwächte die Opposition, indem sie eigene Anhänger einschleuste, die zur Zersplitterung der oppositionellen Parteien in konkurrierende Blöcke anstifteten. (Vgl. Anmerkung 95).

83 *Endecja*, polnische nationalkonservative Bewegung, die vom Ende des 19. Jahrhunderts bis zum Ende des Zweiten Weltkrieges existierte; nach dem Maiputsch 1926 wurde die *Endecja* systematisch von der *Sanacja* bekämpft. Als Antwort darauf entstand die außerparlamentarische Opposition *Obóz Wielkiej Polski* (Großpolnisches Lager, OWP), die vor allem aus national gesinnten Jugendlichen bestand. Hauptziel des OWP war der außerparlamentarische Kampf gegen die *Sanacja* um die Staatsmacht. Als die Sanacja die reale Gefahr erkannte, verbot sie 1933 das OWP und schikanierte ihre Mitglieder. Das OWP setzte seinen Kampf als *Obóz Narodowo-Radykalny* (Nationalradikales Lager, ONR) fort und wurde nach nur wenigen Monaten erneut verboten, nachdem die *Endecja* eine noch radikalere Richtung einschlug. (Vgl. Anmerkung 95).

84 Die Legion *Młodych* (Jugendlegion), eigentlich *Związek Pracy dla Państwa* (Arbeitsbund für den Staat), war eine 1929 von Sanacja-Politikern der sogenannten »Oberstsgruppe« gegründete Jugendorganisation mit zum Teil faschistischem, antidemokratischem und antikirchlichem Programminhalt.

85 Parteiloser Block der Regierungsunterstützung (*Bezpartyjny Blok Współpracy z Rządem*, BBWR), 1928 von Walery Sławek gegründet. (Vgl. Anmerkung 82 und 67).

86 Die Strophe stammt aus einem noch heute in Polen bekannten Ulanenlied *Jak to na wojence ładnie* (Wie schön es doch im Krieglein ist) eines unbekannten Autors aus dem 18. oder 19. Jh., das in den polnischen Legionen 1914–20 sehr populär war.

87 Walther Rathenau (1867–1922), deutscher Industrieller und Politiker (Deutsche Demokratische Partei); als Reichsaußenminister unterzeichnete er 1922 mit der Sowjetunion den Vertrag von Rapallo. Er wurde in Berlin von Offizieren der rechtsradikalen »Organisation Consul« ermordet.

88 Maurice Maeterlinck (1862–1949), belgischer Schriftsteller; er erhielt 1911 den Nobelpreis für Literatur.

89 »Lachendes Leben« war eine Zeitschrift für Freikörperkultur, die 1923 erstmals erschien, als diese Bewegung sich stark verbreitete. Die Machtübernahme durch die Nationalsozialisten war auch für die Freikörperkultur zunächst ein herber Rückschlag. Hermann Göring forderte am 3. März 1933: »Die Nacktkultur ist eine der größten Gefahren für die deutsche Kultur und Sittlichkeit. Es wird daher von allen Polizeibehörden erwartet, dass sie in Unterstützung der durch die nationale Bewegung entwickelten geistigen Kräfte alle Maßnahmen ergreifen, um die sogenannte Nacktkultur auszurotten. Die Nacktkulturverbände sind auf das Schärfste zu überwachen. Soweit Badeanstalten oder Gelände zur Verfügung gestellt wurden, ist auf die Eigentümer einzuwirken, dass die Verträge gelöst werden.«

Alle FKK-Vereine wurden verboten und die bisher erschienene FKK-Literatur zum größten Teil vernichtet. Aber es gab eine kleine »Hintertür«: Die FKK-Vereine konnten weiter bestehen, wenn sie sich klar zum NS-Regime bekannten und sich (zur besseren Kontrolle) dem »Reichsbund für Leibesübungen« anschlossen. In der Mai-Ausgabe der Zeitschrift »Freikörperkultur und Lebensform«, dem »Offiziellen Organ des Reichverbandes für Freikörperkultur RFK e.V.« erschien folgender Aufruf:

»An alle Bünde, Mitglieder und Freunde!

Die nationale Erhebung verlangt im Interesse des Volkes ein klares Bekenntnis aller Organisationen zum neuen Staat. Dies macht eine Trennung von volksfremden und solchen Mitgliedern und Gruppen erforderlich, die sich in die Neuordnung des Reiches nicht einfügen können.

Um an der Aufrichtigkeit unseres Bekenntnisses zur Regierung keinen Zweifel aufkommen zu lassen, ist es notwendig, dass alle Führer und Vorstandsmitglieder zurücktreten, die durch ihre bisherige politische Einstellung und allgemeine Betätigung bewiesen haben, dass sie für Führerämter im neuen Deutschland nicht geeignet sind. Eine politische Neutralität im althergebrachten liberalen Sinne kann es im neuen Deutschland nicht mehr geben.

Um eine Umbildung der Freikörperkulturbewegung im Sinne der vorstehenden Entschließung durchzuführen und um in Verhandlungen mit den zuständigen Regierungsstellen die grundsätzliche Anerkennung der Freikörperkultur und ihre Eingliederung in die Neuordnung der deutschen Leibesübungen zu erreichen, sind die Unterzeichneten von der unter Vorsitz von Professor Hauff am 23. April 1933 stattgefundenen Führerbesprechung als Kommissare mit der Leitung des Reichsverbands für Freikörperkultur beauftragt worden.«

90 Sobański zitiert aus Antoni Słonimskis Komödie »*Rodzina*« (Die Familie), die 1933 in Warschau uraufgeführt wurde. Das Stück wurde in Polen auch noch nach dem Krieg gespielt, u. a. im Fernsehen. Aus diesem Stück stammt die Bezeichnung Polens als »rotierendes Bollwerk«. Gemeint ist die Rolle Polens als europäischer Schutzschild gegen die abwechselnden Übergriffe von Türken, Schweden, Russen und Germanen.

91 Transferkonferenz, Mai 1934. Deutschland erlebte seine größte Depression im Verlauf der 1929 entstandenen Weltwirtschaftskrise. 1933 wurde der Transfer der deutschen Auslandsschulden per Reichsgesetz unter Aufsicht der Reichsbank gestellt. Alle Zins- und Tilgungsbeträge auf ausländische Vermögensanlagen in Deutschland mussten über die »Konversionskasse für deutsche Auslandsschulden« abgewickelt werden. Als 1934 die Reichsbank selbst genehmigte Devisenzuteilungen nicht mehr ausführen konnte, da ihr Gold- und Devisenbestand von 2,98 Mrd. Reichsmark (1930) auf 223 Mill. Reichsmark gesunken war, verkündete die Reichsbank im gleichen Jahr ein Transfer-Moratorium (Transferkonferenz im Mai 1934), d. h. für die Bedienung von mittel- und langfristigen Anleihen konnten von der Reichsbank keine Devisenbeträge mehr zur Verfügung gestellt werden. Die Konversionskasse wurde nach dem Gesetz zum Abschluss der Währungsumstellung vom 17. Dezember 1975 aufgelöst. (siehe auch Anmerkung 105 über den Reichsbankpräsidenten Hjalmar Schacht).

92 Klementyna Tańska-Hoffmanowa (1798–1845), polnische Schriftstellerin; Autorin patriotischer und pädagogischer Moralliteratur für Kinder und junge Frauen.

93 George Grosz (1893–1959), deutscher Maler, Grafiker und Karikaturist; er war bekannt für drastische und provokative Aussagen zu politischen und sozialen Fragen. Ab 1932 lebte er im Exil in den USA.

94 Wilhelm Busch (1832–1908), Zeichner, Maler und einer der bedeutendsten humoristischen Dichter Deutschlands; er gilt als einer der Urväter des Comics (Max und Moritz).

95 Maiputsch (*Przewrót majowy*) meint den Staatstreich des Marschalls Józef Piłsudski (1867–1935) vom 12. bis 15. Mai 1926 in Polen. Die Ursachen waren vielschichtig: Nachdem im November 1925 die zweite Grabski-Regierung stürzte und die neue Regierungskoalition (*endecja*, *chadecja*, NPR, PSL »Piast« und PPS) sich in Wirtschaftsfragen nicht einigen konnte, kam eine neue Regierung zustande, die jedoch in der Bevölkerung keinen Rückhalt besaß. Auch der seit Juli 1925 andauernde Deutsch-Polnische Zollkrieg und die mit ihm zusammenhängenden Wirtschaftsprobleme waren Gründe des Putsches.

Ein am 11./12. Mai 1926 in der Warschauer Garnison ausgerufener Alarm war der Beginn mehrtätiger Kämpfe zwischen regierungstreuen Truppen und Putschisten. Am 14. Mai hat sich die PPS auf die Seite der Putschisten geschlagen und zum Generalstreik aufgerufen, dem sich auch die Bahngewerkschaft anschloss. Angesichts des drohenden Bürgerkrieges gaben schließlich Staatspräsident Stanisław Wojciechowski und Regierungschef Wincenty Witos (PPS) nach und legten ihre Ämter nieder.

Der Putsch kostete 215 Soldaten und 164 Zivilisten das Leben, und es gab insgesamt ca. 900 Verletzte. Nach dem Putsch wurde Piłsudkis Vertrauter Kazimierz Bartel Ministerpräsident, Piłsudski selbst begnügte sich mit dem Amt des Verteidigungsministers. Am 31. Mai wurde er von der Nationalversammlung auch zum Staatspräsidenten gewählt, er nahm jedoch die Wahl nicht an und empfahl Ignacy Mościcki, der dann auch Präsident wurde. Gleichwohl blieb Piłsudski bis zu seinem Tod der starke Mann im Lande.

96 Der in der nationalsozialistischen Propaganda verbreitete Begriff »Röhm-Putsch« war ursprünglich vor allem als Röhm-Revolte bekannt. Der Volksmund sprach auch von »der Nacht der langen Messer«. Er bezeichnet die von Hitler befohlene und vom 30. Juni bis zum 2. Juli 1934 vollzogene Ermordung der SA-Führung einschließlich ihres Stabschefs Ernst Röhm und anderer Konkurrenten um die Macht. Die Aktion wurde von den NS-Behörden als präventive Maßnahme gegen einen angeblich geplanten Putsch Röhms dargestellt.

97 *À la page* (fr.), »auf dem Laufenden sein«.

98 Aufgrund der wachsenden Spannung zwischen der NS-Führung und der SA ernannte Hermann Göring am 20. April 1934 den SS-Reichsführer Heinrich Himmler zum Inspekteur der Geheimen Staatspolizei (Gestapo). Mit der Zentralisierung der Gestapo und der Monopolisierung von Heydrichs Sicherheitsdienst (SD) zum einzigen Nachrichtendienst der NSDAP baut Himmler ein engmaschiges Herrschafts- und Überwachungssystem auf. Damit wird der Einfluss der SS enorm gestärkt. Heinrich Himmler (1900–45) war 1929 Reichsführer der Schutzstaffel (SS) geworden, die zu dieser Zeit noch eine Untereinheit der Sturmabteilung (SA) mit 280 Mitgliedern war.

99 Die hl. Thérèse von Lisieux, auch »hl. Therese vom Kinde Jesus« genannt (1873–97), französische, katholische Nonne aus dem Karmelitinnen-Orden. Nach ihrem frühen Tod kam sie in den Ruf, eine der größten Heiligen zu sein, da unzählige Menschen ihrer Fürbitte das Erhören ihrer Gebete zuschrieben. Sie wurde 1925 heiliggesprochen.

100 *Zachęta* (dt. Ermutigung, Ansporn), Warschauer Kunstgalerie, gegründet 1860 während der russischen Besatzung auf Initiative der Gesellschaft zur Förderung der Schönen Künste. Den Sitz der Galerie erbaute 1898–1900 der Architekt Stefan Szyller im Stil eines eklektizistischen Stadtpalais. 1922 wurde das Gebäude der Schauplatz eines politischen Mordanschlages. Bei einer Vernissage wurde dort Gabriel Narutowicz, der erste Präsident der Unabhängigen Polnischen Republik, erschossen. Der Attentäter Eligiusz Niewiadomski war polnischer Maler und Kunstkritiker. Die Zachęta ist eines der wenigen Gebäude, welche die Angriffe auf die Innenstadt während des Zweiten Weltkrieges fast unbeschädigt überstanden. Bis 2003 war es Staatliche Kunstgalerie, heute beherbergt die Zachęta das polnische Nationalmuseum. Pius Weloński (1849–1931), polnischer Bildhauer; der hier erwähnte Gladiator entstand 1880 in Rom und war die erste Skulptur eines polnischen Künstlers, die große internationale Anerkennung fand. Sie stellt einen kampfbereiten Gladiator mit zum Gruß erhobenen Arm dar, der Gruß der Gladiatoren ist auf dem Sockel wiedergegeben: »*Ave Caesar! Morituri te salutant*« (»Heil dir, Caesar, die Todgeweihten grüßen dich!«).

101 siehe Anmerkung 90

102 Am 5. Mai 1934 wurde der Grundstein für den Erweiterungsbau der Reichsbank gelegt. Die Deutsche Reichsbank brauchte Platz. Und die neuen, die braunen Herrscher, brauchten propagandistische Höhepunkte. Es war das erste Mal, dass die Nazis ihre Vorstellungen von Architektur demonstrierten; Hitler selbst hatte den Architekten, Heinrich Wolff, ausgewählt. Und das erste Mal machten die Nazis eine Grundsteinlegung zum propagandistischen Großereignis. Die »Berliner Morgenpost« schrieb: »Ein ganzes Altstadtviertel ist in den letzten Monaten abgebrochen worden ..., um Platz für den großen Anbau zu schaffen. Dass es sich dabei um eines der größten Bauvorhaben der deutschen Wirtschaft handelt, geht nicht nur aus dem Kostenaufwand von 40 Millionen Mark hervor, sondern ebenso aus der räumlichen Ausdehnung. Eine Grundfläche von 32 000 Quadratmetern wird beansprucht und der umbaute Raum wird 550 000 Kubikmeter umfassen. Damit wird das neue Haus der Reichsbank um ein Drittel größer als das Reichstagsgebäude.«

Die Errichtung des Gebäudes setzte auch in anderer Hinsicht neue Maßstäbe. Der »Völkische Beobachter« schrieb: »Bei den Arbeitern für den Erweiterungsbau der Reichsbank wurde weitgehend die Arbeitsbeschaffung für die alten Kämpfer der SA berücksichtigt. Aufgrund eines Abkommens mit der Reichsbank müssen beim Abbruch wie beim Neubau 66 Prozent aller einzustellenden Arbeiter der SA entnommen werden. Damit ist rund 2000 SA-Männern auf die Dauer von drei Jahren eine Erwerbsmöglichkeit sichergestellt.«

Nach dem Zweiten Weltkrieg zog das Zentralkomitee der SED in das Gebäude ein. Nach der Wiedervereinigung wurde das Haus entkernt, freundlicher gestaltet und im Jahr 2000 zum Sitz des Auswärtigen Amtes.

103 *Prosopopöie* (griech., lat. *Personificatio*, dt. Beseelung, Personifikation) bezeichnet eine Ausdrucksfigur in der klassischen Rhetorik: Abstrakten Begriffen oder leblosen Dingen und Naturerscheinungen werden Eigenschaften, Tätigkeiten und Sprache beigelegt, wie sie nur der menschlichen Individualität zukommen.

104 Nationalfeiertag Polens. Am 3. Mai 1791 wurde vom polnischen Sejm die Verfassung der Republik Beider Nationen, Polen und Litauen (Rzeczpospolita) verabschiedet. Sie gilt als die erste moderne Verfassung Europas, als zweite überhaupt nach der Verfassung der USA. Die Verfassung vom

3. Mai wurde von den Nachbarländern Polens, nicht zuletzt wegen der zeitgleichen Vorgänge in Frankreich, als eine Bedrohung für deren absolutistische Herrschaftsform gesehen und nach der Konföderation von Targowica und der Intervention Russlands, die im Russisch-Polnischen Krieg von 1792 gipfelten, von Preußen unter Friedrich Wilhelm II. und dem Russischen Reich unter Katharina II. im Rahmen der Zweiten Teilung Polens 1793 außer Kraft gesetzt. Das Land wurde von den Nachbarstaaten Preußen, Österreich und Russland nach und nach besetzt. Von 1795 bis 1918 gab es kein eigenständiges Polen mehr. Nach dem Ersten Weltkrieg erklärte Polen am 11. November 1918 seine Unabhängigkeit. Das Land wurde jedoch vor dem Zweiten Weltkrieg zwischen Deutschland und der Sowjetunion aufgeteilt und 1939 erneut besetzt. Nach 1945 fand sich Polen im kommunistischen Ostblock unter russischem Diktat wieder. Erst in den Jahren 1989/1990 konnte Polen seine Unabhängigkeit wiedererlangen. Heute feiert Polen zwei Nationalfeiertage, den 3. Mai (seit 1990) und den 11. November (seit 1989).

105 Hjalmar Schacht (1877–1970) erwarb sich 1923 als Reichswährungskommissar besondere Verdienste um die Stabilisierung der deutschen Währung. Als Reichsbankpräsident (1924–30) setzte er sich für eine Eindämmung der Kreditaufnahme durch die öffentliche Hand im Ausland ein. Im »Dritten Reich« von 1933 bis 1939 erneut Reichsbankpräsident, von 1934 bis 1937 zugleich Wirtschaftsminister. In seiner zweiten Amtszeit als Reichsbankpräsident hatte Schacht die Aufgabe, die Arbeitsbeschaffungsprogramme und die Aufrüstung zu finanzieren. 1944 wurde er als Mitverschwörer des Attentats vom 20. Juli auf Adolf Hitler von der Gestapo verhaftet und bis zum Kriegsende in den KZ Ravensbrück und Flossenbürg gefangen gehalten. Als Hauptangeklagter im Nürnberger Prozess 1946 freigesprochen, hielten ihn die deutschen Behörden bis 1948 inhaftiert. Er war Mitinhaber des 1953 von ihm gegründeten Privatbankhauses Schacht & Co., Düsseldorf.

106 Der Begriff »Paria« wird im Sinne von Ausgestoßener bzw. Außenseiter verwendet. Parias oder Dalits (Unterdrückte), wie sie sich heute selbst nennen, sind die Unberührbaren im indischen Kastensystem. Paria dient auch als Bezeichnung für Kastenlose. Sie werden gesellschaftlich gemieden und verrichten die als unrein angesehenen Arbeiten, darunter fallen vor allem jene, bei denen man mit Blut in Berührung kommt. Zu den Parias können zum Beispiel Hebammen, Schlachter, Straßenfeger oder Wäscher gehören. Ihre Diskriminierung dauert in Teilen bis heute an.

107 Die Tradition der 1.-Mai-Feier, die die Arbeiterbewegung begründete, wurde im »Dritten Reich« zu Propagandazwecken aufrechterhalten.

108 Erik Charell, eigentlich Erich Karl Löwenburg (1894–1974), deutscher Regisseur und Schauspieler sowie Intendant mehrerer Varietés. Zu Beginn der 20er Jahre gründete er das Charell-Ballett und unternahm erfolgreiche Tourneen durch Ungarn und die Schweiz. Danach übernahm er als Direktor und Intendant den »Wintergarten«, ein zu dieser Zeit sehr bekanntes Revuetheater in Berlin. 1924 brachte er seine erste Revue heraus. Er schaffte es, die weltberühmten Tiller-Girls aus London zu verpflichten. Viele Schauspieler und Sänger wurden von ihm entdeckt, darunter so bekannte wie Fritzi Massary, Hans Albers und Trude Hesterberg. Die Comedian Harmonists wurden bei ihm über Nacht weltberühmt. Wegen seines Talents prunkvoller Inszenierungen übertrug man ihm 1931 die Regie des Films »Der Kongreß tanzt«, einem der ersten und zugleich auch erfolgreichsten Musikfilme der Tonfilmzeit. 1933 musste er, da er jüdischer Abstammung war, auf Verlangen der Ufa alle Tätigkeiten aufgeben. Drei Jahre später emigrierte er in die USA und arbeitete an einem Theater in Manhattan, bevor er 1945 nach München zurückkehrte.

109 Schauprozess des Obersten Gerichtshofes der UdSSR in Moskau gegen das sogenannte »trotzkistisch-sinowjewistische terroristische Zentrum« vom 19. bis 24. August 1936. Trotzki (schon seit Jahren im Exil) und Sinowjew hatten oppositionelle Gruppen um sich geschart, um den Widerstand gegen Stalin zu organisieren. Der Prozess war einer der »Moskauer Prozesse«, die 1935–38 im Rahmen der Stalin'schen Säuberungswelle durchgeführt wurden. Gegen insgesamt 50 der 66 Angeklagten wurde die Todesstrafe verhängt, die übrigen 16 wurden zu Freiheitsstrafen verurteilt (siehe auch Anmerkung 23).

110 Sobański spielt auf den Verlauf des Spanischen Bürgerkrieges an, der im Juli 1936 ausgebrochen war: Die aufständischen rechten Putschisten unter Führung des Generals Franco errangen rasche Erfolge, sodass man zur Zeit des Nürnberger Parteitages im September annehmen konnte, die rechtmäßig gewählte republikanische Regierung könne sich des Angriffs womöglich nicht erwehren. Tatsächlich konnte die Regierung, nicht zuletzt durch viele ausländische Freiwillige in den eigenen Reihen, dem Angriff aber noch bis Anfang 1939 standhalten, bevor nach einem brutal und äußerst verlustreich geführten Krieg Franco und seine faschistische Falange schließlich das ganze Land beherrschten und eine fast 40 Jahre dauernde Diktatur errichteten.

111 Léon Blum (1872–1950), französischer Politiker; 1936 wurde er der erste sozialistische Premierminister Frankreichs. Während des Zweiten Weltkrieges führender Kopf des französischen Widerstandes, wurde er vom Ministerpräsidenten des Vichy-Regimes, Pierre Laval, an die Nationalsozialisten ausgeliefert und 1943–45 im KZ Buchenwald inhaftiert. 1946 wurde er erneut zum französischen Premierminister gewählt.

112 *On ne sait a quel saint se vouer* (fr.), In großer Verlegenheit sein, wörtlich: »Nicht wissen, an welchen Heiligen man sich wenden soll«.

113 Gemeint ist wahrscheinlich die Fuldaer Bischofskonferenz vom 28. März 1933. In der Denkschrift ist u.a. zu lesen: »Die Oberhirten der Diözesen

Deutschlands haben aus triftigen Gründen, die wiederholt dargelegt sind, in ihrer pflichtgemäßen Sorge für Reinerhaltung des katholischen Glaubens und für Schutz der unantastbaren Aufgaben und Rechte der katholischen Kirche in den letzten Jahren gegenüber der nationalsozialistischen Bewegung eine ablehnende Haltung durch Verbote und Warnungen eingenommen, die so lange und insoweit in Geltung bleiben sollen, wie diese Gründe fortbestehen.«

114 Eigentlich Weißmeer-Ostsee-Kanal; eine 227 km lange Wasserstraße, Teil des Weißmeer-Ostsee-Wasserweges, der Sankt Petersburg mit der Barentssee verbindet. In knapp zwei Jahren (1931–33) wurde er auf Geheiß Stalins erbaut. Der Kanal, weitgehend aus Holz und Erde, wurde von Lagerhäftlingen erbaut, die dem Gulag unterstanden. Zusätzlich zu diesen Bauarbeitern wurden etliche Fachleute nur für den Kanalbau inhaftiert und nach dessen Fertigstellung wieder freigelassen. Nach nicht belegten Angaben von Alexander Solschenizyn sind von den ca. 350 000 Bauarbeitern im Laufe der Bauzeit ca. 250 000 ums Leben gekommen. Noch heute sind viele Holzkonstruktionen der 1930er Jahre erhalten. Sie sollen jedoch vollständig ersetzt und modernisiert werden.

115 Heinrich Brüning (1885–1970), deutscher Politiker der katholischen Zentrumspartei; in der Spätphase der Weimarer Republik (1930–32) war er Kanzler des Deutschen Reiches. Er emigrierte 1934 in die Vereinigten Staaten, kehrte 1952 für zwei Jahre nach Deutschland (BRD) zurück, bevor er endgültig in die USA übersiedelte.

116 Am 6. Mai 1935 begann in London eine einwöchige Feier anlässlich des silbernen Jubiläums der Regentschaft von König Georg V. (1865–1936).

117 Michael Wolgemut (1434–1519, auch Wohlgemut oder Wohlgemuth), Nürnberger Maler und ein Meister des Holzschnitts; er gilt als wichtigster Vertreter der älteren fränkischen Schule. In seiner Malerwerkstatt wurde auch Albrecht Dürer ausgebildet.

118 Veit Stoß (1447–1533, auch Stoss, polnisch: Wit Stwosz), einer der bedeutendsten Bildhauer und Schnitzer der Spätgotik; er stellte geschnitzte Holzaltäre, Gruppen und Einzelfiguren her. Während der Krakauer Schaffensperiode 1477–96 entstand u.a. der berühmte Krakauer Hochaltar der Marienkirche mit dem größten geschnitzten Flügelaltar der deutschen Gotik. Aus der Nürnberger Periode (1496–1503) stammt sein Meisterwerk, der Englische Gruß in der Lorenzkirche.

119 Adam Kraft (zw. 1455/1460–1509), deutscher Bildhauer und Baumeister der Spätgotik.

120 Peter Vischer der Ältere (1460–1529, auch: Fischer), deutscher Bildhauer und Erzgießer; er schuf zahlreiche bedeutende Werke, darunter gemeinsam mit seinen Söhnen Hermann d. J. und Peter d. J. das berühmte Sebaldusgrab im Chor der Nürnberger Sebalduskirche.

121 *Les purs* (fr.), »die Reinen« oder Katharer (von griechisch *katharós*, »rein«) bezeichnet eine Glaubensbewegung, die vom 11. bis 14. Jahrhundert vornehmlich im Süden Frankreichs, aber auch in Italien, Spanien und Deutschland, Anhänger fand. Katharer wurden von der Inquisition als Häretiker verfolgt, auch Kreuzzüge wurden gegen sie unternommen.

122 Zu Rosenberg vgl. Anmerkung 11

123 Julius Streicher (1885–1946), nationalsozialistischer Politiker und Herausgeber der antisemitischen Wochenzeitung »Der Stürmer«; er war einer der radikalsten Antisemiten der NSDAP, Organisator von Pogromen und Boykotten gegen Juden. Das 1923 erstmals erschienene Hetzblatt »Stürmer« erreichte 1938 mit einer halben Million Exemplaren seine höchste Auflage. Berüchtigt war »Der Stürmer« für seine gehässigen Judenkarikaturen und seine Verbindung des Antisemitismus mit pornografischen Obsessionen. 1940 entschied ein NS-Parteigericht, dass Streicher zur »Menschenführung nicht fähig« sei, er wurde aller Ämter enthoben. Grundlage waren neben seiner exzessiven Aggressivität auch die Verquickung privater und politischer Ambitionen, das öffentliche Bedrängen von Frauen, an denen er interessiert war, sowie persönliche Raffgier und Bereicherungsmentalität. Streicher wurde am 23. Mai 1945 in den Alpen festgenommen. Im Nürnberger Kriegsverbrecherprozess wurde er nach Anklagepunkt 4 (Verbrechen gegen die Menschlichkeit) für schuldig befunden, zum Tod durch den Strang verurteilt und hingerichtet.

124 Bereits 1901 wurde von Karl Fischer im Ratskeller des Steglitzer Rathauses in Berlin der »Wandervogel-Ausschuß für Schülerfahrten e.V.« gegründet. Während bei der Bündischen Jugend auch gesellschaftliches und politisches Engagement eine wichtige Rolle spielte, lag der Schwerpunkt bei den Wandervögeln auf der Fahrt, dem Naturerlebnis und einer romantisch verklärten Rückbesinnung auf die als ursprünglich empfundene Volkskultur. Das heute weltumspannende Jugendherbergswerk und die Reformpädagogik haben zu einem erheblichen Teil ihre Wurzeln in der Wandervogelbewegung.

125 Um einen Eindruck zu vermitteln, sei hier die 2. Strophe wiedergegeben:

> *Viele Jahre zogen ins Land,*
> *Geknechtet das Volk und belogen.*
> *Das Blut unsrer Brüder färbte den Sand,*
> *Um heilige Rechte betrogen.*
> *Im Volke geboren*
> *Erstand uns ein Führer,*
> *Gab Glaube und Hoffnung*
> *An Deutschland uns wieder.*
> *: Volk ans Gewehr! :*

126 Werner von Blomberg (1878–1946), Reichswehr- und Wehrmachts-general; ab 1933 war er Reichswehrminister (1935 mit der Einführung der allgemeinen Wehrpflicht Reichskriegsminister) und 1935 wurde er als erster Soldat der Wehrmacht zum Generalfeldmarschall befördert; 1938 musste er aus Anlass eines privaten Skandals seine Ämter aufgeben und aus der Wehr-macht ausscheiden. Er starb im März 1946 in Nürnberg in einem amerika-nischen Militärlazarett.

127 Józef Redo (1872–1941), polnischer Sänger, Schauspieler und Regis-seur; er war erfolgreich auf dem Gebiet der Operette und des Kabaretts.

128 »*lingua toscana in bocca tedesca*« (it.), wörtlich »toskanische Zunge in deutschem Mund«.

129 Das Nationalsozialistische Kraftfahrkorps (NSKK) war eine para-militärische Organisation der NSDAP; sie folgte dem seit 1930 bestehenden Nationalsozialistischen Automobilkorps der SA (»Motor-SA«) nach. 1934 wurde das NSKK die kleinste eigenständige Gliederung der NSDAP mit ca. 10 000 Mitgliedern. Korpsführer war lange Zeit Adolf Hühnlein.

130 Als Terziar oder Terziaren (auch Tertianer) werden Laienmitglieder eines Drittordens bezeichnet. Dritter Orden wird die jeweilige Gemein-schaft deshalb genannt, weil Erster Orden jeweils der Männerorden, Zweiter Orden dann ein entsprechender weiblicher Zweig genannt wird. Wer sich nicht den Evangelischen Räten vollumfänglich weiht, sondern an der Spi-ritualität der Ordensgemeinschaft unter den Bedingungen seines konkreten Lebensumfeldes als Laie teilhaben will, schließt sich dem entsprechenden Dritten Orden, etwa den Franziskanern, Dominikanern oder Karmeliten an. Der Jesuitenorden hat keinen weiblichen Zweig und keinen Dritten Orden. Der Drittordensbewegung ähnlich waren jedoch die jesuitisch angeleiteten Marianischen Männerkongregationen (heute Gemeinschaften Christlichen Lebens).

131 Lohengrin ist eine Gestalt aus dem mittelhochdeutschen Versepos »Parzival« (entstanden vermutlich Anfang des 13. Jahrhunderts) von Wolf-ram von Eschenbach. Auf Grundlage dieses Stoffes schrieb Richard Wagner 1850 die romantische Oper »Lohengrin«. Elsa, die Tochter des Herzogs von Brabant, wird beschuldigt, ihren Bruder Gottfried ermordet zu haben. Sie bestreitet die Tat. Wie sie zuvor geträumt hat, erscheint zum Gottesgericht, das nun über ihre Schuld oder Unschuld entscheiden muss, Lohengrin, der Sohn des Gralskönigs Parzival auf einem Boot, das von einem Schwan ge-zogen wird, um ihr zur Seite zu stehen und anschließend um ihre Hand anzuhalten.

132 Dr. Robert Ley (1890–1945), Chemiker, seit 1923 aktives Mitglied der NSDAP; ab 1933 übernimmt er die Leitung des »Aktionskomitees zum Schutz der deutschen Arbeit«, deren Ziel die völlige Zerschlagung aller bis-her freien und unabhängigen Gewerkschaften ist und die Übernahme der

Gewerkschaftsmitglieder in die neugegründete nationalsozialistische Deutschen Arbeitsfront DAF. Ley gründet innerhalb der DAF die Organisation »Kraft durch Freude«, die Arbeiter durch Reise- und Freizeitangebote binden will. Ab 1934 gründet er die sogenannten »Ordensburgen«, Parteischulen, die den politischen Nachwuchs ausbilden. Ab 1935 folgt in Zusammenarbeit mit dem Leiter der Hitlerjugend Baldur von Schirach (1907-74) der Aufbau von Oberstufeninternaten, der Adolf-Hitler-Schulen. Mit Kriegsbeginn schwindet der Einfluss Leys, da nun seine Konkurrenten Fritz Todt (1891–1942) als Reichsminister für Bewaffnung und Munition und dessen Nachfolger Albert Speer (1905-81) sowie Fritz Sauckel (1894–1946), der Generalbevollmächtigte für den Arbeitseinsatz, Schlüsselressorts besetzen. 1945 entzieht sich Ley durch Suizid im Gefängnis einer Verurteilung im Nürnberger Prozess.

133 Otto Dietrich (1897–1952), von 1933–45 Reichspressesprecher der NSDAP, SS-Gruppenführer und Staatssekretär im Reichsministerium für Volksaufklärung und Propaganda (RMVP), einer der engsten Mitarbeiter von Goebbels. 1949 wurde er als Kriegsverbrecher zu sieben Jahren Gefängnis verurteilt, ein Jahr später aber begnadigt.

134 In Polen bezeichnet der Titel *Wojewode* seit dem späten Mittelalter bis heute den obersten Chef der Verwaltung einer Wojewodschaft (Verwaltungsbezirk, seit 1999 sechzehn Bezirke). Der Begriff *Wojewoda* setzt sich aus *wojna* »Krieg« oder *wojsko* »Armee« und *woda* (veraltet) »Führer« zusammen und war ein slawischer Adelsrang (Woiwode, Vojvode, Vojvoda, Woiwod) unterhalb der Fürsten. Er bezeichnete einen Heerführer oder Militärstatthalter und ist vergleichbar mit dem deutschen Herzog. (Zu Słonimskis Drama »Familie« vgl. Anmerkung 90).

135 Hans Sachs (1494–1576), Dichter und Schuhmacher, der in Nürnberg und ganz Süddeutschland sehr verehrt wurde, nicht nur wegen seiner dichterischen Produktivität (6000 Werke) und Meistersängerkunst, sondern auch wegen seiner Toleranz. So schlug er z. B. vor, für die Beurteilung der Meisterlieder seiner Nürnberger Zunft dem großen Publikum zu übertragen. Wagners Oper »Die Meistersinger von Nürnberg« stützt sich auf Berichte über wirkliche Personen aus der Zeit von Hans Sachs.

136 Das geflügelte Wort »Nürnberger Trichter« geht auf den Titel eines Poetiklehrbuchs des Nürnberger Dichters Georg Philipp Harsdörffer (1607–1658) zurück, das unter dem Titel »Poetischer Trichter. Die Teutsche Dicht- und Reimkunst, ohne Behuf der lateinischen Sprache, in VI Stunden einzugießen« 1647 in Nürnberg erschien.

137 Rudolf Heß (1894–1987), seit 1933 Stellvertreter Hitlers in der NSDAP. Am 10. Mai 1941 flog Heß mit einer Messerschmitt Bf 110 nach Schottland, um mit dem Anführer – so glaubte er jedenfalls – der englischen Friedensbewegung, dem Duke of Hamilton, über einen Frieden zu verhandeln.

Dabei geriet er in britische Kriegsgefangenschaft. Sein Flug wurde von der nationalsozialistischen Regierung in der Öffentlichkeit als Verrat gewertet und Heß für verrückt erklärt. Sein eigentliches Ziel war es vermutlich, einen Zweifrontenkrieg mit Großbritannien zu verhindern, den er als »selbstmörderisch für die weiße Rasse« bezeichnete und deren Herrschaft er erhalten wollte. Umstritten ist bis heute, ob Heß auf eigene Faust, mit Wissen oder sogar auf Befehl Hitlers nach England flog. In den Nürnberger Prozessen wurde Heß wegen Planung eines Angriffskriegs und Verschwörung gegen den Weltfrieden zu lebenslanger Haft verurteilt und in das alliierte Militärgefängnis Berlin-Spandau überführt. 1987 beging er nach Angaben der Gefängnisleitung Selbstmord.

138 Viktor Lutze (1890–1943), kämpfte an der Seite Schlageters im Ruhrgebiet und trat 1923 in die NSDAP ein; während des so genannten Röhm-Putsches wurde Lutze 1934 Nachfolger des in Haft erschossenen Ernst Röhm als Stabschef der SA, die aber nach den Säuberungen und dem Aufstieg der SS schnell an Bedeutung verlor. Im November 1938 aktivierte Lutze ein letztes Mal das Terrorpotenzial der SA, die als Träger der organisierten Pogrome gegen die jüdische Bevölkerung Deutschlands reichsweit auftrat. Am 2. Mai 1943 kam er bei einem Autounfall ums Leben.

139 Adolf Wagner (1890–1944), seit 1929 Gauleiter der NSDAP in Bayern, wurde im März 1933 Staatskommissar und kommissarischer Innenminister, am 14. April 1933 Innenminister und stellvertretender Ministerpräsident, sowie am 1. Dezember 1936 bayerischer Kultusminister. Adolf Wagner erfreute sich der besonderen Wertschätzung Hitlers und blieb bis zu seiner Erkrankung (er erlitt 1942 einen Schlaganfall) einer der wichtigsten innerparteilichen Stützen des »Führers«. Gefürchtet wurde er wegen seines despotischen Führungsstils. Er war fanatischer Antisemit und Kirchenfeind (1941 versuchte er, die Kruzifixe aus den bayerischen Schulen entfernen zu lassen; angesichts starken Widerstands in der Bevölkerung wurde diese Aktion allerdings abgebrochen).

140 Charles Laughton (1899–1962), britischer Schauspieler und Regisseur; wurde 1934 für seine Rolle in »Das Privatleben Heinrichs VIII« mit einem Oscar als bester Hauptdarsteller ausgezeichnet.

141 Der Ausdruck Kataklysmus (griech. kataklysmos, dt. »Überschwemmung«) bezeichnet in der Geologie eine erdgeschichtliche Katastrophe, z. B. eine plötzliche Zerstörung durch Erdrutsch, Sintflut usw.

142 Jan Christian Smuts (1870–1950), Politiker und Militär, Berater des Präsidenten der Burenrepublik Transvaal. Im Burenkrieg war er der Oberbefehlshaber der Kap-Buren. Gleich nach Einstellung der Kampfhandlungen verfasste er eine Denkschrift über die Gründung einer internationalen Friedensorganisation und gab darin wertvolle Anregungen. Er kann daher neben Woodrow Wilson als einer der Väter des Völkerbundes gelten.

Später war er mehrmals Präsident der Südafrikanischen Union. Er beschäftigte sich mit Wissenschaftstheorie, Physik und Biologie und formulierte die Lehre vom »Holismus« (Ganzheitlichkeit).

143 Gemeint sind hier die sog. »Nürnberger Gesetze« vom 15. September 1935. Die systematische Politik der NSDAP-Führung, die Juden durch Verordnungen zu entrechten und in die Emigration zu treiben, konnte den antisemitischen Terror nicht aufhalten. Um diesen Terror zu kanalisieren, ließ Hitler 1935 auf dem »Reichsparteitag der Freiheit« eine gesetzliche Regelung zum Verhältnis von »Ariern« und »Nichtariern« ausarbeiten. Am 15. September wurde das »Reichsbürgergesetz« und das »Gesetz zum Schutze des deutschen Blutes und der deutschen Ehre« verabschiedet. Die »Nürnberger Gesetze« stempelten die jüdischen Mitbürger zu Menschen minderen Rechts. Im Gegensatz zu den mit vollen Rechten versehenen »Reichsbürgern«, die »deutschen oder artverwandten Blutes« sein mussten, konnten Juden fortan nur noch »Staatsangehörige« ohne politische Rechte sein. »Volljude« war, wer von mindestens drei jüdischen Großeltern abstammte. Als Bürger minderen Rechts galten auch »Mischlinge« mit einem oder zwei jüdischen Großeltern, die der jüdischen Religionsgemeinschaft angehörten oder mit einem »Volljuden« verheiratet waren. Alle anderen »jüdischen Mischlinge« erhielten das »vorläufige Reichsbürgerrecht«. Das »Blutschutzgesetz« verbot Eheschließungen zwischen Nichtjuden und Juden und stellte Geschlechtsverkehr als »Rassenschande« unter Strafe. Strafbar war auch die Beschäftigung »arischer« Dienstmädchen unter 45 Jahren in jüdischen Haushalten oder das Hissen der Hakenkreuzfahne – die auf dem Parteitag 1935 zur Reichsflagge erklärt wurde – durch Juden. Wer nicht unter die Diskriminierungen der »Nürnberger Gesetze« fallen wollte, musste einen Ariernachweis erbringen.

144 Loie Fuller (1862–1928), amerikanische Schauspielerin, Sängerin und Tänzerin; gilt als Vorreiterin bei der Erzeugung von Illusionseffekten auf der Bühne. Sie arbeitete als erste mit farbigen Lichtprojektionen und elektrischem Licht.

145 siehe Anmerkung 132.

146 *pjatiljetka* (rus.) – Fünfjahresplan der UdSSR.

147 *udarniki* (rus.) – (Mehrzahl) Vorarbeiter, Aktivisten, Führer, Leiter, Anführer.

148 siehe Anmerkung 40.

149 Mistinguett, eigentlich Jeanne-Marie Bourgeois (1875–1956), französische Schauspielerin und Sängerin. In den 1920er und 30er Jahren bezauberten ihre gewagten Nummern die Pariser. Sie wurde die populärste Entertainerin ihrer Zeit und erhielt Traumgagen.

150 Propaganda-Spionagefilm von Karl Ritter. Er produzierte (für die Ufa-Filmkunst) viele nationalsozialistische Propaganda- und Hetzfilme. »Verräter« erzählt von den Machenschaften »ruchloser« ausländischer Agenten in Deutschland und ihren Verbündeten in den Reihen der deutschen Bevölkerung. Der Film wurde auch in Polen gezeigt. In der polnischen Zeitung »Polska Zbrojna« (Wehrhaftes Polen), dem Presseorgan der Sanacja, wurde der Film allen empfohlen, denen die Wehrhaftigkeit Polens am Herzen lag.

151 Der Zeppelin LZ 129 »Hindenburg«, benannt nach dem deutschen Reichspräsidenten Paul von Hindenburg, war mit seinem Schwesterschiff LZ 130 das größte jemals gebaute Luftschiff. Nach seinem Jungfernflug flog der »Hindenburg« im März 1936 zu Propagandazwecken über Deutschland und warf Flugblätter für die Nationalsozialisten ab. Der LZ 129 »Hindenburg« ging am 6. Mai 1937 in New York/Lakehurst mit 97 Personen an Bord während der Landung in Flammen auf.

152 Codename der ersten Panzer, die ab September 1916 von britischen Streitkräften im Ersten Weltkrieg eingesetzt wurden. Das Rüstungsprojekt trug die bewusst irreführende Codebezeichnung »Tank«. Als Tank bezeichnete man ursprünglich selbstbewegliche Wasserbehälter.

153 Philips Wouwerman (1619–1668), niederländischer Maler des Barock, bekannt für seine panoramischen Kavallerie-Schlachtbilder in silbriggrauem Ton.

154 St. Lorenz ist eine der bedeutendsten mittelalterlichen Kirchen der ehemaligen Reichsstadt Nürnberg. Hier befindet sich auch das von Adam Kraft 1493–1496 geschaffene »Sakramentshäuschen«, ein 18,70 m hoher Turm aus Stein, der an geflochtene Ranken eines Baums erinnert und von vier hockenden Figuren gestützt wird. Das zweite bedeutsame plastische Werk der Spätgotik ist der »Englische Gruß« (auch »Engelsgruß im Rosenkranz«) des Bildschnitzers Veit Stoß aus dem Jahre 1518. (Vgl. Anmerkung 119 und 120).

155 Jarosław Iwaszkiewicz, »Die Allee meiner Freunde« (Aleja Przyjaciół), Warschau 1988, S. 7–8, 18. Der Titel erinnert an die Baumallee des kleinen Palais an der Ujazdowski-Allee 11, im Besitz von Feliks Sobański, Antonis Bruder. Vor dem Krieg gehörten der Familie Sobański mehrere Landsitze in Podole (heute Ukraine) sowie ein herrliches Palais in Guzów bei Żyrardów, 45 km westlich von Warschau, heute leider eine Ruine.

156 Witold Gombrowicz, »Polnische Erinnerungen, Argentinische Streifzüge und andere Schriften« (Wspomnienia polskie i wędrówki po Argentynie), Krakau 1999, S. 151–153 (Tagebucheintrag vom 23. Juni 1961), Dt. S. Fischer 2005, S. 179–183

157 Aleksander Janta-Połczyński, »Unruhige Seele« (Duch niespokojny), Posen 1998, S. 189–190.

158 Wacław A. Zbyszewski, »Verlorene Romantiker und andere« (Zagubieni romantycy i inni), Paris 1992, S. 162.

159 Antoni Słonimski, »Warschauer Erinnerungen« (*Wspomnienia warszawskie*), Warschau 1987, S. 68.

160 *Zaolzie*, »Land jenseits der Olza«, ein Gebiet, das deutsch Teschener Land genannt wird; nach dem Ersten Weltkrieg strittiges und umkämpftes polnisch-tschechisch-deutsches Grenzgebiet. Im Zuge des Münchener Abkommens 1938 über den Anschluss des Sudetenlandes an Hitlerdeutschland treffen Polen und Deutschland geheime Absprachen über den Anschluss des Teschener Schlesiens an Polen im Falle einer Aufteilung der Rest-Tschechoslowakei. Nach dem Einmarsch deutscher Truppen in die Tschechoslowakei besetzt Polen am 2. Oktober 1938 das strittige Gebiet. Die polnische Herrschaft dauert 11 Monate, bis Polen Nazideutschland zum Opfer fällt.

Glenway Wescott
Apartment in Athen
Roman

Aus dem Amerikanischen
von Paul Lukas.
276 Seiten,
Hardcover, Fadenheftung,
Schutzumschlag,
12,5 x 20,5 cm
ISBN 978-3-86601-915-7
€ 24,00/sFr 43,00

Athen zur Zeit der deutschen Okkupation im Zweiten Weltkrieg. Nikolas Helianos, Teilhaber eines angesehenen Verlagshauses, das durch den Krieg praktisch ruiniert ist, lebt mit seiner Familie in einem Vierzimmer-Apartment im Zentrum der Stadt. Mit der Beschlagnahme zweier Räume durch einen Offizier der deutschen Wehrmacht nimmt eine Tragödie ihren Lauf.

Der Deutsche, ein Hauptmann namens Kalter begegnet der Familie mit den Allüren eines Herrenmenschen, lässt sich bedienen, demütigt sie und lässt sie jederzeit spüren, dass er sie für minderwertig hält. Die bedrückende Situation bewirkt in ihrer Unabsehbarkeit auch ein inneres Zusammenrücken der Familie. Erst als Kalter von einem Heimaturlaub verändert zurückkehrt, zeichnet sich eine Wende ab.

Indem er die Schrecken des Zweiten Weltkrieg kammerspielartig aus der Perspektive des Alltags beschreibt, gelingt Wescott ein zu Herzen gehendes Plädoyer für ein Leben, das jenseits der Ideologien gelebt sein will.